W0471236

Adalbert Bieneck

Das wahre Lebensglück

Adalbert Bieneck

Das wahre Lebensglück

Laumann-Verlag Dülmen

Kurzinhalt

Nach seinem als Kind in Armut verbrachten Leben schildert der Ich-Erzähler, welche Hürden er überwinden musste, um allmählich Anerkennung zu gewinnen und um dem Leben das Gute abzuverlangen.

Es wird anschaulich dargestellt, wie der Erzähler aus der Rolle eines wenig beachteten Volksschulschülers langsam emporwächst und eine verlässliche Größe der Gesellschaft wird. Ehrenamtliche Tätigkeiten stärken sein Selbstbewusstsein und er entwickelt schlummernde Fähigkeiten. Durch die Liebe zu einem schönen Mädchen der Sparkasse wird sein Selbstwertgefühl gesteigert, sodass er genügend Möglichkeiten erhält, ihr und seiner späteren Familie ein gutes Leben bieten zu können. Doch finanziell müssen zunächst schwierige Zeiten durchlebt und mit großen Einschränkungen überstanden werden. Seine junge Frau unterstützt die Vorhaben mit viel Zuspruch und steht ihm auch beratend zur Seite.

In den schwierig erscheinenden Phasen seines Lebens steht dem Erzähler oft das Glück zur Seite. Mit klarem Blick und zielstrebiger Haltung nimmt er in kleinen Schritten ein Hindernis nach dem anderen, um langsam die Schraube des Erfolgs anzukurbeln und immer weiter nach oben zu gelangen. Es gelingt ihm auch, für die Ausübung von lebenswerten Handlungen genügend Freiraum zu schaffen, um diesen gemeinsam mit der Familie zu gestalten.

Bildmaterial aus dem Familienbesitz;
Ölgemälde und Aquarelle aus eigener Hand
Lektorat und Satzlayout: Dr. Melanie Bieneck

© 2024 by Laumann Druck & Verlag GmbH & Co. KG
Postfach 1461, 48235 Dülmen/Westf.

Gesamtherstellung:
Laumann Druck & Verlag GmbH & Co. KG
48249 Dülmen/Westf.

ISBN: 978-3-89960-506-8

info@laumann-verlag.de
www.laumann-verlag.de

Das Leben besteht aus vielen kleinen Münzen,
und wer sie aufzuheben vermag, hat ein Vermögen.

(Jean Anouilh, 1910–1987)

Die Dörfer

Mitten in der Feldmark, ungefähr zwei Kilometer vom Zufluchtsort entfernt, steht einsam auf einer unscheinbaren Erhebung ein steinernes Kreuz, überragt von einem viele Jahrhunderte alten Lindenbaum mit niedrigem, aber dickem Stamme und einer riesig ausladenden Krone. Die mächtigen Äste hängen bis auf die Erde herab, denn der Stamm ist im Verhältnis zur Krone ungewöhnlich kurz und darunter kräftig verwurzelt.

Man erzählt, dass vor dem Pflanzen des Bäumchens die Ästchen gestutzt und kopfüber in die Erde gepflanzt worden sind, nämlich mit den Wurzeln gen Himmel gerichtet. Bei diesem Kunstgriff bilden die Äste im Erdreich Wurzeln. Aus den himmelanstrebenden Wurzeln sprießt das Grün hervor, woraus starke Äste wachsen und der Stamm niedrig, aber kräftig und widerstandsfähig mit großem Durchmesser standhaft ist. So ein Baum könne über tausend Jahre den Stürmen und dem Unwetter trotzen, wenn er nicht vom Blitz getroffen würde.

Linde in der Feldmark

Das steinerne Kreuz verkörpert ein Mahnmal an die nachfolgenden Generationen. Im horizontalen Balken befindet sich der Schriftzug: ‚*In diesem Zeichen ist Heil*'.

Im Steinsockel ist die Inschrift eingemeißelt:
‚*Selig, die im Herrn ruhen*'.

Und des Weiteren ist im unteren Bereich in Stein gehauen zu lesen: ‚*Gewidmet von der Beelter Gemeinde*'.

Die Einheit der Linde mit dem Kreuz ist über einen schmalen Feldrain mit Grasbewuchs erreichbar. An diesem Ort stand vor Jahrhunderten der Mittelpunkt des Dorfes: die Kirche, mit Gräbern der Toten umsäumt. Die Kirche war dem Heiligen Bernward geweiht. Jährlich am 25. April wallfahrtet am Markustage die Kirchengemeinde vom Zufluchtsort in Prozession mit dem Pfarrer, betend, untermalt mit Gesang und mit den Trägern der Kirchenfahnen, zum untergegangenen Dorf Beelte. Sie gedenken der unruhigen Zeit vor mehr als siebenhundert Jahren, in denen der Ort vernichtet wurde und die Übriggebliebenen ihre Toten zur letzten Ruhe gebettet haben.

Die Flurprozession wird ob Sonne oder Regen begangen. Mit dem Lied ›Verleih' uns Frieden gnädiglich‹ endet der feierliche Umzug. (Öl)

Die Wallfahrt wird am Markustag begangen, weil der Heilige Apostel bei plötzlichem Tod angerufen wird, und man erbittet auch bei der Flurprozession in der Feldmark eine gute Ernte. Die Gläubigen und der Priester flehen um Frieden, und sie rufen Gottes Segen auf die umliegenden Felder und Flure herab.

In der blutigen Fehde zwischen einem Abkömmling des Welfenhauses und einem Sprössling des Herzogs von Schauenburg, die sich den Bischofsstuhl erstritten und heftig bekriegten, wurde das Dorf Beelte zum Opfer der Flammen. Das Ereignis fand bereits weit vor dem Dreißigjährigen Kriege statt. Die Bewohner des vernichteten Dorfes Beelte flüchteten in den nahegelegenen Wald und fanden später Aufnahme und Bleibe im zwei Kilometer entfernten Zufluchtsort, denn dieser blieb vom Fehdekrieg verschont. Den arbeitsamen Bauern von Beelte waren das fruchtbare Ackerland, das Bruchgebiet mit Weideland und ein Teil des Waldes geblieben. Die Häuser und die Kirche ihres Dorfes wurden nicht mehr aufgebaut, aber die verbliebenen Trümmer hat man weggeräumt. Die Bodenfläche des geschliffenen Ortes ist im Verlauf der Zeit zum fruchtbaren Ackerland umgestaltet worden. Die noch getrennten Feldmarken sind nach Jahren verkoppelt, und heute besteht der Name Beelte nur als Flurbezeichnung im Grundbuch. Die Beelter Bevölkerung siedelte im Zufluchtsort und bestellte ihre Felder in zwei Kilometern Entfernung. Eine Vermischung der Dorfbewohner durch Kauf und Verkauf, Heirat oder Erbschaft ging fließend in die gegenwärtige Zeit hinein, und einige Bewohner sind wohlhabend geworden.

Nicht nur die genannten Fakten ergänzen sich zum Wohlstand. Die Ackerflächen des Grund und Bodens bilden den Reichtum der Bauernschaft. Der Zufluchtsort hat fruchtbares Ackerland; es ist mit humusreichem Lehmboden gesegnet, mit hohen qualitativen Bodenwertpunkten auserwählt und trägt zum ausgezeichneten Wachstum des Weizens und der Zuckerrübe bei. Die ebenen Ackerflächen erleichtern die Arbeiten auf den Höfen und Feldern. Nur wenige kleine Hügel durchziehen die Landschaft. Es ist ein schwerer Lehmboden mit dunkelbrauner Farbe. Manche Flurstücke sind vom anthrazitfarbenen Ackerland geprägt. Das ist der Bruchboden; vor Jahrhunderten war diese Landschaft mit Graswuchs bedeckt und als Weideland genutzt worden. Der gesamte Landgürtel gehört zur fruchtbaren Börde, die sich bis in die Ukraine erstreckt. Bisweilen spricht man auch vom Schwarzerde-Boden der Börde. Die Bauern sind durch die Begünstigung der Börde mit gutem Erntesegen beschert. Der Anbau der hochwertigen Feldfrüchte bringt den Bauern beim Verkauf an die Mühlen oder Zuckerfabriken gute Erträge ein.

Mit Blick auf die großen Bauernhöfe wird ein gewisser Reichtum sichtbar: Einige prächtige Wohnhäuser der Großbauern mit riesigen Scheunen, die auch wunderbare Verzierungen beim Klinkermauerwerk oder Fachwerk an Fassaden aufweisen, fallen ins Auge. Selbst bei den Bauten der Stallungen setzt sich das aufwendige Bild fort. Die Erbauer dieser Gebäude zeigen ihre Geltung und Würde schon in der Pracht der Gebilde. Die Ahnen der gegenwärtigen Großbauern brachten auch im politischen Rahmen der Dorfgemeinde ihr einflussreiches Gedankengut ein, indem sie zum Bauernmeister gewählt wurden. In der neuen Zeit wird der Begriff mit Bürgermeister ersetzt. Die Bauern behalten aber den Einfluss in der örtlichen Politik. Als nach dem Zweiten Weltkrieg die Siegermächte die politischen Einrichtungen reformierten, nahmen die Engländer eine Teilung der Verwaltungsaufgaben vor. Sie setzten dem ehrenamtlichen Bürgermeister einen Gemeindedirektor zur Seite. Der Bürgermeister übernimmt seither die repräsentativen Aufgaben und der Gemeindedirektor die Verwaltung.

Die Kleinbauern konnten mit ihren oft kinderreichen Familien in ordentlichen Verhältnissen von ihren Erzeugnissen leben. Der Zufluchtsort war besonders von der Landwirtschaft geprägt.

Die helfenden Hände auf den Bauernhöfen mussten vom kargen Lohn oder den Naturalien, die sie von den Bauern für die schwere Arbeit erhielten, mit ihren Familien leben. Die landwirtschaftlichen Arbeiter wohnten in den Gesindehäusern der Bauern.

Der hauptsächliche Broterwerb liegt bei den landwirtschaftlichen Betrieben, doch entlang der Hauptstraße sieht man, beinahe wie aufgefädelt, einen Gewerbebetrieb zum andern: Molkerei, Lebensmittelladen, Gaststätte, Kaufmannsladen, kleines Textilgeschäft mit Kurzwarenhandel, eine Bäckerei, einen Fleischermeister, eine Schmiede, einen Schneidermeister, einen zweiten Schmiedemeister, Stellmacher, Tischlermeister, einen zweiten Fleischermeister, einen zweiten Bäckermeister, ein Gasthaus mit Saal. Dazwischen reihen sich auch Bauernhöfe ein. Der Spruch ist in aller Munde: ‚Und ist der Handel noch so klein, er bringt so manchen Pfennig ein'.

Eine neue, für die Region noch unbekannte Industrie verändert die bisher durch Land- und Forstwirtschaft gekennzeichnete Struktur der bäuerlichen Ortschaft. In der Gemarkung des Zufluchtsorts, in der Nähe der Beelter Linde, werden Erdbohrungen durchgeführt, erste Bodenproben genommen und großräumige Kalilager gefunden. Für die Ortschaft bedeutet dieser Fund einen wesentlichen Wandel. Der Bau der Schachtanlagen und die spätere Ausbeutung des großen Kalilagers verschaffen vielen Arbeitern, Handwerkern, Chemikern und Angestellten für die nächsten Jahrzehnte regelmäßig sicheres Einkommen. Die Landwirte als Grundeigentümer unterzeichnen Verträge, damit das Kaliwerk die rechtliche Grundlage erhält.

Der erste Spatenstich ist im Jahre 1906 und die Abteufung der Grube wird drei Jahre später auf Sohlentiefe von siebenhundertfünfzig Metern vollzogen. Das Landschaftsbild verändert sich durch den Aufbau der Schachtanlage und die Aufschüttung des unbrauchbaren Kaliversatzes bis hin zur Entstehung des Salzberges. Die Bevölkerungsstrukturen verschieben sich und beeinflussen das Leben der Gemeinde.

Durch den Zuzug von Bergleuten und Handwerkern erhält das bäuerlich geprägte Dorf eine industrielle Prägung. Somit hat die ärmere Schicht der Bevölkerung die Möglichkeit, sich arbeitsmäßig neu zu orientieren. Als Grubenarbeiter beziehungsweise als Handwerker unter Tage oder in den Fabrikgebäuden über der Erde liegen Angebote mit regelmäßigem Einkommen vor.

Veränderte Landschaft mit industriellem Anblick (Öl)

Die Gemeinde profitiert durch gute Gewerbesteuereinnahme, und die Bauern der umliegenden Felder erhalten vom Kaliwerkkonzern ein sogenanntes ‚Salz-Geld' für eventuelle Ernteschäden. Es wird als Pauschale gezahlt, denn bei länger anhaltendem sonnigem Wetter wird der Salzversatz des Berges trocken, und ein starker Wind trägt die losen Salzpartikel über die Felder. Eine übermäßige Menge des Streuguts kann beim Getreideanbau zu Ernteschäden führen.

Die Versorgung der regionalen Bauern mit Kalidünger erfolgt mit herkömmlichen Pferdewagen. Für die Auslieferungen in ferne Regionen wird die eingleisige, neu gebaute Bahnstrecke benutzt.

Blick in die Aufbauten des Tagesbetriebes (Öl)

Der Einwohnerstamm des Ortskerns hat sich wenig verändert, doch zum Ende des Zweiten Weltkrieges strömt eine große Anzahl von Flüchtlingen aus den deutschen Ostgebieten nach Westdeutschland. Die Bewohner des Zufluchtsorts müssen zusammenrücken und auf engerem Wohnraum leben. Die Flüchtlinge finden im Kaliwerk oder bei den Bauern Arbeit. Der Zufluchtsort wird nun für diese Flüchtlinge eine neue Heimat.

Nach den bitteren Jahren des Krieges, in denen mein Vater in Polen und Russland kämpfen musste und nun glücklicherweise aus der englischen Kriegsgefangenschaft zum Arbeitseinsatz im Kaliwerk entlassen wurde, konnte die zerstreute Familie hier wieder zusammengeführt werden. Meine Mutter musste von unserem landwirtschaftlichen Anwesen aus Ostpreußen mit drei kleinen Kindern und ihrer Mutter unter schwierigsten Bedingungen flüchten, und wir landeten in der Ostzone von Deutschland, die von den Russen besetzt war. Die ersten Jahre der Nachkriegszeit musste unsere geteilte Familie in der sowjetisch besetzten Zone bei Hunger und Kälte ausharren. Vom fünften bis zum achten Lebensjahr bekam ich dort die harte Seite des Lebens zu spüren, doch in der englischen Besatzungszone soll alles besser sein. Auf dem Gelände des Kaliwerkes steht eine Holzbaracke für mehrere Familien, die uns Schutz und Wohnraum bietet. Nach Jahren der Ungewissheit kann nun ein neues, hoffentlich glückliches Leben beginnen.

Morgengebet (Öl)

Meine Volksschuljahre

Wir schreiben das Jahr 1947. Ich darf täglich regelmäßig die Volksschule besuchen. Mit acht Jahren bin ich in die dritte Klasse aufgenommen worden. Vom Unterrichtsstoff habe ich viel nachzuholen, denn durch die Wirren der Nachkriegssituation ist es für mich der vierte Schulwechsel, bedingt durch die Umzüge in verschiedene Ortschaften innerhalb der sowjetischen Zone.

In der Schule des Zufluchtsorts habe ich kaum Wurzeln gefasst, da bereiten sich die Schülerinnen und Schüler meiner Klasse auf die Aufnahmeprüfungen für weiterbildende Schulen der Mittelschule oder des Gymnasiums vor. Von den einundfünfzig Schulkollegen einschließlich Mädchen meines Jahrganges 1939 fahren nur sechs, das sind zwölf Prozent, nach bestandener Aufnahmeprüfung in die nahe gelegene Stadt. Die teilweise vom Krieg zerstörten Oberschulen müssen wieder aufgebaut werden. Das Kriegsjahr 1939 zählt zum stärksten Geburtsjahrgang der deutschen Bevölkerung.

Meine Klasse zu Beginn des vierten Schuljahres (barfuß, ärmlich gekleidet)

Die Lehrkräfte haben eine *Herkulesarbeit* zu bewältigen. Vier Lehrer und eine Lehrerin müssen die große Schülerzahl in acht Klassen unterrichten. Auch am Nachmittag sowie samstags sind die Lehrkräfte mit der Erteilung des Schulunterrichts voll beschäftigt. Es stehen zwei alte Schulgebäude mit nur drei Klassenräumen und einem kleinen Raum als Notbehelf zur Verfügung. Die Lehrerschaft gönnt sich nur eine Stunde Mittagspause. In dieser katholischen Volksschule erteilen der Pfarrer und der evangelische Pastor Religionsunterricht.

Die beiden alten Schulgebäude (Öl)

Viele Kinder, besonders die Flüchtlinge und auch die Ausgebombten, sind unterernährt. In Deutschland sind noch zu wenig Nahrungsmittel vorhanden; deshalb wird der Verkauf dieser Waren durch die Ausgabe von Lebensmittelmarken geregelt. Damit die durch Kriegswirren benachteiligten Kinder zu Kräften kommen, erhalten alle Schüler eine Schulspeise. Täglich werden Kessel mit Essen in der Schule abgeliefert. In der großen Pause stehen die Kinder mit ihren Behältern und Löffeln in der Schlange an, um sich eine Kelle voll Nahrung abzuholen. Der Inhalt des gekochten Eintopfes wechselt täglich: Bohnen, Steckrüben, Erbsen, Kartoffeln, quer durch den Garten. Zu meiner besonderen Freude gibt es manchmal Schokoladensuppe. Die angedickte Süßspeise mit Schokoladengeschmack ist für mich eine Delikatesse, denn Süßwaren sind teuer und rar.

Nach dem Wechsel der Schüler in die weiterführenden Schulen verbleiben noch kluge Köpfe in der Volksschule. Sie wären ebenfalls den höheren Anforderungen gewachsen, doch die Eltern haben wenig Geld oder sind sogar mittellos. Die guten, lernwilligen Kinder der fünften Klasse sind redlich bemüht, den Anschluss an die Spitzenschüler nicht zu verlieren. Andere sitzen friedlich in den Bänken und sind froh, nach Möglichkeit nicht vom Lehrer angesprochen zu werden. Lernschwache sind in die Klassengemeinschaft eingegliedert.

Unter den Kindern gibt es einige Rowdys, die oft Unruhe verbreiten. Sie suchen kleine Anlässe für ihre regelmäßigen Raufereien. Die Lehrer müssen nicht selten einschreiten, um die Raufbolde zu trennen und ihnen scharfe Verhaltensregeln zu erteilen.

Am Futternapf (Öl auf Naturholzgrund)

Die Kampfhähne

Auch in meiner Klasse ist ein Junge, der dem kleinen Grüppchen der Unfriedenstifter angehört. Henner will immer beweisen, dass er der Stärkste der Klasse sei. Das ist er wahrscheinlich auch, denn er hat Auseinandersetzungen immer zu seinen Gunsten entschieden. Niemand wagt es, sich ihm zu widersetzen.

Henner hat einen stattlichen, muskulösen Körper. Er ist auch ein Jahr älter als ich. In der Pause rempelt er mich wiederholt an, um mich zu reizen. Mir wird sein Verhalten zu dumm und ich schreie ihn unbeherrscht an: „Hör' damit auf, du Knallkopf!" Das hätte ich nicht sagen dürfen, aber nun ist das Wort ausgesprochen und ich kann es nicht wieder einfangen. Die Pausenglocke läutet zum Beginn der letzten Schulstunde. Henner brüllt mir ins Gesicht: „Na warte, auf dem Heimweg nach dem Unterricht verprügele ich dich nach Strich und Faden!"

Im Klassenraum kann ich dem Unterricht nicht mehr folgen. Sobald sich der Lehrer der Tafel zuwendet, dreht sich Henner um, droht mir mit geballter Faust und fletscht mit den Zähnen. Andauernd überlege ich, wie ich nach Schulschluss dem Unheil entkommen kann, aber ich finde keinen Ausweg. Wir beschreiten nämlich den gleichen Heimweg zur Schachtsiedlung. Ich überlege: ‚Soll ich dem Lehrer eine Magenübelkeit vortäuschen, damit er mich vor Unterrichtsschluss nach Hause entlassen würde?' Diese Möglichkeit habe ich schnell verworfen, denn mehrere Jungen und Mädchen haben mitgehört, dass es ein Duell von Henner und mir geben wird. Die Mitschüler würden mich als Feigling verschreien und mich zukünftig als solchen behandeln. Kein Schüler der Klasse würde mir jemals mehr mit Respekt begegnen. Außerdem haben wir täglich den gleichen Schulweg, und wenn ich mich heute vor dem Kampf drücke, würden wir irgendwann doch zusammenkrachen. Ein anderer Gedanke kommt mir in den Sinn, und ich simuliere für mich, wie der Kampf ablaufen könne. Mir fallen einige Ringkampfkniffe ein, die mein zwei Jahre älterer Bruder und ich auf der grünen Wiese oft geübt haben. Aber ich weiß nicht, wie der Angreifer den Kampf beginnt ... Ich muss auf verschiedene Kampfmethoden gefasst sein und entsprechend reagieren. Nur mit viel Mut kann ich den Kampf meistern, rede ich mir ein. Ich bin zwar schlank, aber kein Schwächling! Mit Gewandtheit kann ich Faustschläge unterwandern oder mit meinen Händen geschickt abwehren und dann meine Fäuste schnell fliegen lassen. Auch diese Geschicklichkeiten habe ich mit meinem Bruder geübt, aber Henner ist nicht umsonst von den Klassenkameraden gefürchtet und als stärkster Junge anerkannt.

Die Schule ist aus. Die Schachtkinder sowie einige aus dem Dorf laufen heute mit, um die Schlägerei zu sehen. Die Sensation zwischen Dorf und Kalischacht wollen sie nicht verpassen. Nach dem Passieren der letzten Häuser des Dorfes gibt Henner mir einen harten Stoß mit seinem kräftigen Körper. Ich gerate ins Wanken. Kleinlaut sage ich: „Hör doch auf." Henner, der immer der Sieger ist, wertet meine leise Äußerung als Feigheit. Er baut sich protzig mit aufgerichteten Fäusten vor mir auf und schreit mich an: „Ich werde dir die Fresse polieren!" Es durchzuckt mich und ich denke: ‚Bloß keine Schwäche zeigen, ich setze mich so gut es geht zur Wehr.'

Henner schlägt mit seinen Fäusten auf mich ein. Mit Abwehren und Abducken habe ich meine große Not. Nach der anfänglichen Verteidigung gehe ich in die aktive Gegenwehr. Mir glückt das Unterlaufen des Gegners und mit einem Wurf über die Hüfte werfe ich Henner in den Straßengraben. Ich fühle mich befreit und stürze mich auf ihn. Der Kampf geht im hohen Wildkraut und in den Brennnesseln weiter. Die zerzausten Nesseln wehren sich mit ihren feinen Härchen. Die sommerliche Kleidung, barfuß mit kurzen Hosen und kurzärmligen Hemden, bietet keinen Schutz gegen das sträfliche Brennen an den bloßen Körperteilen. Das Hin- und Zurückrollen beim Ringkampf, von den Brennnesseln das begleitende Prickeln auf der Haut, wird zur großen Plage. Mal schreit der Eine: „Wollen wir aufhören?" Und dann ruft der Andere: „Lass mich los!" Doch die Streithähne halten ihre Körper im Wildwuchs fest umschlungen. Im schmalen Graben können sie sich nur mühsam bewegen.

Ein Mann kommt mit dem Fahrrad des Weges gefahren. Er steigt ab, faltet seine flache, leere Ledertasche wie eine Fliegenklatsche zusammen und verpasst uns beiden einen kräftigen Hieb auf die Hinterteile. Ein Schreck fährt uns durch die Körper. Henner und ich lösen unsere Umklammerung und springen, erlöst von den peinigenden Brennnesseln, aus dem Graben. Gegen das Brennen der Nesseln sind die Schläge des Mannes harmlos. Der Radfahrer ist Henners Vater. Er ist zufällig vom Dorf gekommen. Der Vater verschwendet keine Zeit. Ein Betrachten der dicken Blasen, die von den unbarmherzigen Brennnesseln verursacht worden sind, gibt es nicht und auch kein Lecken der Wunden im Gesicht. Der Vater fragt auch nicht, wer Verursacher des Streites ist. Er weiß, dass Henner sich gern in Raufereien begibt. Kurzerhand nimmt er seinen Sohn auf die Querstange seines Herrenfahrrads und radelt heimwärts in Richtung der Schachthäuser. Ich stehe da mit kurzen Hosen und Hemd mit kurzen Ärmeln. Das blutende Jochbein im Gesicht findet kaum Beachtung, aber die prallen, wässrigen Blasen an den Beinen und Armen lösen den spickenden Juckreiz aus. Die vom mutigen Kampf faszinierten Kinder entfernen sich vom Schauplatz des Geschehens, um am nächsten Tag in der Schule zu verbreiten, dass ich mich tapfer gegen Henner verteidigt habe. Fortan werde ich in der Klasse als gleichwertig starker Junge angesehen. Zu meinem Glück hat mich niemand mehr zum Kampf herausgefordert.

Mit angeschlagenem Jochbein und geschwollenem Auge zu Haus angekommen, fragt mich meine Mutter, was geschehen sei. Meine Ausrede klingt glaubhaft, dass ich beim Rennen auf dem Schulhof mit einem Jungen zusammengestoßen sei. Beim zwei

Kilometer langen Heimgang sind die Blasen an Beinen und Armen verschwunden und somit auch der starke Juckreiz.

Heimische Vögel: Distelfink (Öl)

Reiten auf Ackergäulen

Im Zufluchtsort müssen die Bauern, bedingt durch den schweren humusreichen Ackerboden, mit kräftigen Zugpferden ihre Ländereien bearbeiten. Die Kaltblüter der Rassen *Belgier* oder *Oldenburger* sind bevorzugte Ackergäule. Die Pferde strotzen vor Kraft. Sie bringen das Gewicht von einer Tonne auf die Waage. Schon als Fohlen werden ihre Schweife am Stumpf gestutzt, damit sie beim Rundumschlag des Schweifes nicht mit der Leine kollidieren. Während der Mittagspause ruhen die arbeitsamen Tiere von der schweren Arbeit in ihren Ställen aus. Nach dem Versorgen der weiteren Tiere auf den Höfen und dem Mittagessen fahren die Gespanne, von den Knechten gelenkt, wieder auf die Felder hinaus. Oftmals trifft man auf dem Heimweg von der Schule diese Fuhrwerke. Der landwirtschaftliche Arbeiter hält die Pferde an und ruft: „Junge, willst du reiten?!“

Es ist ein erhabenes Gefühl, hoch oben auf dem Rücken des Pferdes zu sitzen. Deshalb nehme ich solche Angebote gern wahr, zumal der Heimweg bis zum Schacht schneller überbrückt wird. An sportlicher Betätigung jeder Art bin ich immer interessiert. Freudig steige ich zwischen den beiden Pferden auf die Deichsel des Ackerwagens, balanciere nach vorn und schwinge mich, abgestützt am breiten Zuggeschirr, aufs Pferd. Meine kurzen Beine können die Zugsielen nicht berühren. Der dicke Körper des Tieres verhindert es, und somit bleiben meine Beine freischwebend in der Luft.

Los geht's! Fröhlich, ohne Argwohn, throne ich hoch oben. Plötzlich treibt der Knecht die Kaltblüter an. Zunächst lässt er sie dahin traben und dann knallt er mit der Peitsche, so dass die Pferde schreckhaft ins Galopp fallen. Ich kralle mich an der Mähne fest. Das schwere Geschirr schlägt auf und nieder. Mein Körper schwebt mehr in der Luft als dass er mit dem breiten Rücken des Kaltblüters Kontakt hätte. Hinter mir donnert bedrohlich der schwere Ackerwagen. Ich schreie: „Halt, halte an!“ Aber der Knecht hört nichts durch den lauten Geräuschpegel. Ich bin unsicher; vielleicht hat er mein Geschrei absichtlich überhört. Endlich sind die schweren Pferde leicht ermüdet, ihr Galopp wird ruhiger. Der schnelle Lauf verwandelt sich ins Traben und schließlich kommen sie in die normale Gangart des Wechselschrittes. Erleichtert atme ich durch, erhole mich allmählich vom Schock und springe vom Pferd. Die Glieder zittern vom gefährlichen Ritt. Der Pferdelenker spricht zu mir, doch ich nehme ihn kaum wahr: „Hattest du etwa Angst? Ich habe etwas Spaß, die Pferde mal richtig in Schwung zu bringen!“ Zum Glück kann ich unbeschadet das Pferdegespann verlassen, und bei diesem verantwortungslosen Knecht werde ich nie wieder ein Pferd besteigen.

Die schwerfälligen Kaltblüter haben normalerweise ein gutes Gemüt, und sie lassen sich selten aus der behäbigen Ruhe bringen. Aber wenn die schweren Kolosse wie eine Lawine ins Rollen kommen, sind sie nicht zu halten.

Die Lehrpersonen

Die Volksschullehrer sind nicht nur auf das Lehren in bestimmten Fächern ausgerichtet. Ihr breit ausgelegtes pädagogisches Können erlaubt es, in mehreren Fachgebieten Unterricht zu erteilen. Manche Lehrer erarbeiten sich, je nach Begabung in speziellen Fächern, besondere Fähigkeiten, die sie in der Unterrichtsgestaltung fachlich anwenden. Der Konrektor unterrichtet in meiner sechsten Klasse die Fächer Rechnen, Raumlehre und Zeichnen. In der siebenten Klasse erteilt er uns Jungs zusätzlich Werkunterricht. Dieser Lehrer versteht es, die Schüler zu begeistern und gutes Allgemeinwissen zu vermitteln. Sein Ideenreichtum im Fach Zeichnen hat mich stets fasziniert, sodass ich bald begonnen habe, Aquarellbilder zu malen. Für die Wahl meines später erlernten ersten Berufes ist seine Unterrichtsmethode für mich richtungsweisend.

Mein Musiklehrer ist ein älterer hochgewachsener Herr, der als Junggeselle seine Eigenarten nicht verbergen kann. Die Schüler finden schnell heraus, in welcher Situation sie ihn ärgern können. Zur Einschüchterung und hauptsächlich als Drohung legt er immer einen Rohrstock aufs Lehrerpult. Manchmal kommt, aber nur versehentlich, der Stock zum Einsatz. Der Lehrer erregt sich oft über Kleinigkeiten: Ein Schüler flegelt sich in der Bank herum, ein anderer brummt absichtlich laut beim Singen. Dem Musiklehrer wird es zu unruhig und er schreit: „Wer war das?“ Er greift zum Rohrstock, läuft nach hinten und hebt ihn hoch. Ein Schüler fühlt sich bedroht und ruft: „Ich war's nicht!“ Ein anderes Kind schreit von vorn. Der Lehrer wendet ab und rennt nach vorn. So geht die Jagd hin und her. Die Schüler ziehen die Köpfe ein für den Fall, dass der Stock einmal zum Zuge kommen würde. Der Rücken könnte es verschmerzen. Von allen Seiten ertönen kurze Schreie und der Rohrstock kommt nicht zum Einsatz. Nur selten landet das Drohmittel auf dem Rücken eines

Schülers, der den Schlag leicht verschmerzt. Manchmal wird ein Bösewicht vom Lehrer erwischt, zur Rede gestellt und mit ausgefallenen Ausdrücken betitelt. Ein Standardsatz kommt dabei häufig zum Einsatz: „Du hässliche ausgestopfte Angorakatze!“ Durch diese Ausdrücke geht der Respekt zum Lehrer ganz verloren.

Die Maikäfer sitzen in Schwärmen in den Eichenbäumen und fressen die Blätter an den Ästen kahl. In diesem Jahr sind die kleinen Tiere zur Plage geworden. In der Dämmerung kommen die Käfer im Tiefflug zu Häusern und Gärten geflogen, und man kann die Plagegeister mit der Mütze einfangen. Einige Kinder fangen die Maikäfer, schließen sie in leere Streichholzschachteln ein und bringen diese am nächsten Tag zur Gesangsstunde mit. Die krabbelnden Füßchen der Käfer in ihren Gefängnissen verursachen ein kratzendes Geräusch. Der Musiklehrer hört in die Klasse hinein. Die Schüler verhalten sich mucksmäuschenstill. Das kribbelnde und krabbelnde Geräusch in den Streichholzschachteln ist deutlich wahrnehmbar. Der Musiklehrer greift zum Rohrstock und will erkunden, wer das Geräusch macht. Er geht im Klassenraum nach hinten in der Meinung, den Störenfried gefunden zu haben. Mehrere Schüler ziehen unter den Bänken die Schachteln auf, und ein Schwarm von Maikäfern genießt die Freiheit. Der Jubel und das Geschrei der Klassenkameraden nehmen kein Ende.

Der Rektor der Schule erscheint in der Klasse, und mit einem Schlag ist Ruhe eingekehrt. Die leeren Streichholzschachteln liegen weit verstreut im Klassenraum. So kann kein Schuldiger ermittelt werden, und der Schulleiter gibt nur die Anweisung: „Öffnet mal alle Fenster, damit hier ein frischer Wind weht“ – und verlässt den Raum.

Der Musiklehrer ist fachlich gut anerkannt. Mit den Kindern übt er zweistimmige Lieder ein und leitet in seiner Freizeit den dörflichen Männergesangverein, aber die heranwachsenden Kinder bekommt er nicht in den Griff.

Der Winter soll die nächste Episode bringen. Winterzeit gleich ‚Schlachtezeit'. Es gibt Maurer, die im Sommer ihr Geld am Bau verdienen und sich während der kalten, langen Winterzeit ihr Einkommen als Hausschlachter aufbessern. Viele Siedlungshäuser haben Ställe, in denen die Eigentümer Hühner, Gänse, Enten und Schweine aufziehen, die im Winter schlachtreif sind. Das Schlachten der Schweine, Zerlegen des Fleisches und das Wurstmachen erledigt der Hausschlachter. Vom Hausschlachtefest bringt ein Schüler zur Gesangstunde einen Schweineschwanz mit, der an einer Sicherheitsnadel hängt. Nach dem Schrillen des Pausenzeichens drängen sich die Kinder um den Musiklehrer herum. Unbemerkt heftet der Junge unten an das Jackett des Lehrers den Schweineschwanz an. Das normalerweise nebensächliche Ereignis wird für die Kinder der unteren Klassen zu einer lustigen Veranstaltung. Der Lehrer geht zur Pausenaufsicht auf den Schulhof und zieht eine Schar der kleinen Schulkinder hinter sich her, die lachend, in die Hände klatschend um ihn herumtanzen. Er versucht, mit Handbewegungen die Kinder wegzuscheuchen. Es gelingt ihm nicht. Ein Lehrerkollege beobachtet das Treiben der Kleinen, geht der Sache auf den Grund und befreit seinen Kollegen von der peinlichen Situation. Der Betroffene und die weiteren Lehrkräfte werten den Vorgang als kleinen Scherz mit Erheiterung, ohne weitergehende Maßnahmen zu ergreifen.

Mit Ende des sechsten Schuljahres kündet sich für mich ein Wendepunkt an, der sich später herauskristallisieren wird, denn zum Anfang der siebenten Klasse sind von der Schulleitung wegen Mangels eines Klassenraumes die Karten neu gemischt worden. Das achte Schuljahr weist eine geringere Anzahl von Schülerinnen und Schüler auf. In der zukünftigen siebenten Klasse, also meinem Jahrgang, sind zu viele Kinder, somit werden zwölf Schülerinnen beziehungsweise Schüler, die gute Zensuren haben, in die achte Klasse eingegliedert. Die verbleibenden Schülerinnen und Schüler der neuen siebenten Klasse haben mit den Sechstklässlern zusammen Unterricht.

Durch diese neue Regelung habe ich das Glück, zu den ‚Ausgewählten' zu gehören. Ich genieße den Vorteil, in die achte Klasse eingestuft zu sein, denn wir werden vom Schulleiter unterrichtet, der strenge Maßstäbe anlegt. Somit werde ich zwei Jahre lang von seinem Unterricht in den Fächern Deutsch, Rechnen, Erdkunde und Geschichte profitieren. Der Rektor legt Wert darauf, dass der Lehrstoff in den beiden verbleibenden Schuljahren dem Niveau einer Mittelschule annähernd angepasst ist.

Gedichte müssen gelernt, aber auch Balladen oder lange Gedichte gelesen oder vorgetragen werden. Zum Repertoire zählt unter anderem das Interpretieren längerer Schriften, wie etwa der *Nibelungensage*, des Epos *Dreizehnlinden* sowie der Novellen *Immensee* und *Der Schimmelreiter*. Folgende Balladen und Gedichte sind Bestandteil des Lehrstoffs: *Die Bürgschaft, Der Erlkönig, Archibald Douglas, Die alte Waschfrau*, die Meistersprüche des *Liedes von der Glocke, Der Zauberlehrling* und *Nis Randers*. Sehr entspannt und mit besonderem Interesse verfolge ich das Vortragen der Gedichte und die Geschichten des Rektors, wie *Der Tulipan, Der Taucher, Die Kraniche des Ibykus* und *Kannitverstan*. Dem Lesen des Klassenlehrers folge ich sehr gern, denn seine präzise Aussprache mit guter Betonung und den Gesten, ähnlich einem Schauspieler, versetzt mich in die Situation des schriftstellerisch intendierten Ausdrucks. Nach den Interpretationen der Lese- und Besprechungsphasen müssen die Schüler als Hausaufgaben Kurzaufsätze schreiben. Die Niederschrift in Aufsatzform soll die eigenen Gedanken fördern, um die richtige Wortwahl zu finden und man soll sich auch an das Schönschreiben erinnern, das in den ersten Schuljahren geübt wurde.

Ich sitze, mit täglich geputzten schwarzen Lederschuhen, in der ersten Reihe der Schulbänke. Eines Tages sagt der Rektor zu mir: „Steh mal auf und stell dich hier in den Mittelgang." Er weist auf meine Schuhe und spricht zu den verblüfft schauenden Schülern: „Jeden Morgen sehe ich diese blank geputzten Lederschuhe, obwohl er einen weiten schmutzigen Weg bis zur Schule gehen muss." Und an mich gewandt: „Mach nur so weiter! Du darfst dich wieder setzen." Ich bin erstaunt, worauf der Schulleiter achtet.

Im Unterrichtsfach Rechnen wird vom Rektor vorausgesetzt, dass Formeln und das große Einmaleins einwandfrei auswendig abgerufen werden können. Manche Kinder können Textaufgaben nicht richtig deuten. Sie wenden Dreisatz- oder Prozentaufgaben falsch an oder haben bestimmte Rechenmethoden schlichtweg vergessen. Ein Schüler aus dem achten Schuljahr ist ein sehr guter Rechner. Der Lehrer holt ihn manchmal zur Tafel, um den Mitschülern Rechenaufgaben zu erläutern.

Eines Tages sagt der Klassenlehrer: „Bringt bitte für morgen zwanzig Pfennig mit. Ein Rechenkünstler hat sich bei mir angemeldet. Er wird euch Rechentricks, Rechnen in Windeseile und etwas Zauberei vorführen. Für dieses Genie will ich eure Spargroschen verwenden."

Der sehr gute Rechner des achten Jahrgangs steht an der Tafel und der Rechenkünstler in der Mitte des Klassenraumes. Der Schüler schreibt hohe Zahlen zum Multiplizieren und Dividieren an die Tafel, und innerhalb von Sekunden rechnet der begabte Besucher im Kopf das Ergebnis aus. Der Mitschüler rechnet schriftlich an der Tafel nach. Alle im Kopf gerechneten Ergebnisse sind richtig. Auch gestellte Aufgaben mit Plus und Minus sind immer richtig beantwortet. Die Schülerinnen und Schüler staunen über die prompten richtigen Antworten des Rechenkünstlers. Das Genie fragt die jungen Leute nach ihren Geburtsdaten. Der jeweils Befragte nennt den Tag, den Monat und das Jahr. Der Künstler kneift die Augen zu, überlegt kurz und nennt den Wochentag der Geburt. Mit weiteren Vorführungen bringt er die

Anwesenden zum Staunen, und auch mit seinen Spielkarten löst er Begeisterung aus. Mit eleganter Geschicklichkeit führt er Zaubertricks durch. Plötzlich greift er dem Rektor in die Brusttasche des Anzugs und zieht eine Spielkarte heraus. Der Zauberer zeigt seine Handflächen und auch die Rücken der Hände. Es ist nichts zu sehen. Mit einem Griff in die Luft zeigt er die Spielkarte in seiner Hand. Er wird aufgefordert, die Rückhand zu zeigen: Sie ist leer. Mit einem weiteren Griff in die Luft ist die Handfläche leer und wieder ein Luftgriff und die Karte ist da. Dieses trickreiche Spielchen hat er wiederholt durchgeführt und man kann nicht erkennen, wo die Karte zwischenzeitlich ist. Obwohl alle Augen genau schauen, können die Zaubertricks nicht durchschaut werden.

Spieltricks

Der Unfall

Vom Nachmittagsunterricht entlassen, schlendern die Schüler der sechsten Klasse über den Schulhof zum Nebenausgang des Hofes. Aus der Ferne hört man das Traben von schweren Pferden, begleitet vom lauten Rollen der eisenbereiften Wagenräder. Das Gespann verlässt soeben die Schotterstraße vor dem Dorfe. In der Erntezeit gehören diese Geräusche zum Alltagsgeschehen. Das Gefährt hat das Dorf und damit die Zone der mit Kopfstein gepflasterten Straße passiert. Von diesem Bereich verläuft die Straße leicht abschüssig. Man hört deutlich, dass sich die Pferde jetzt im Galopp nähern. Das donnernde Rollen der Räder auf dem Kopfsteinpflaster hört sich bedrohlich an. Die Schüler schauen um die Ecke des Schulgebäudes und sehen den hochbeladenen Erntewagen schwankend heranrollen. Sie springen zurück auf den Schulhof und die schäumenden Pferde rasen vorbei in Richtung des Dorfplatzes. Der Knecht sitzt auf dem Getreidewagen, hält die Leine im festen Griff und zieht die zentnerschweren Pferde kraftvoll zurück. Gegen die Schubkraft des hoch beladenen Erntewagens haben die Pferde keine Chance, das Gefährt in die langsamere Geschwindigkeit zu bringen. Unaufhaltsam rennen die Gäule in ihr Elend.

Den Dorfplatz umsäumen Schule, Kirche, Pfarrhaus, ein Bauernhof und ein Tante-Emma-Laden. Fünf Straßen führen zur freien Fläche. Für den Pferdelenker gilt es nun, in Sekundenschnelle die richtige Wahl für einen guten Ausgang der teuflischen Fahrt zu treffen. Er lenkt die Rosse nach rechts in die Straßeneinmündung, um so den heimischen Hof anzusteuern. Das ist die Fehlentscheidung, denn ausgerechnet diese Kurve ist spitzwinklig. Das Gespann donnert in die Mauer des Vorgartens vom Bauernhof. Die Spitze der Deichsel ist mit Eisen ummantelt. Sie wirkt wie ein Dorn, der die Backsteinmauer durchbohrt. Die Mauer schlägt nieder, die Deichsel zerbricht. Die beiden Rosse liegen, ächzend und stöhnend, im Geschirr verwickelt auf den Trümmern der Mauer. Der Knecht fliegt im hohen Bogen auf die geschundenen Leiber der Tiere. Ein kleiner Teil der Getreideladung stürzt über ihn. Der landwirtschaftliche Arbeiter wühlt sich, bis auf kleine Schürfwunden unverletzt, aus der Verwirrung der Getreidegarben hervor. Der Bauer, der Eigentümer des Gespanns ist, wird benachrichtigt, und er kommt mit dem Tierarzt zur Unfallstelle. Der Mediziner versorgt ein Pferd und für das weitere Tier ist keine Hilfe mehr möglich. Es muss eingeschläfert werden.

Der Mähdrescher

Pferde sind ein kostbares Gut in der Landwirtschaft. Deshalb sind bei vielen Bauernhöfen die Pferdeställe neben dem Wohnhaus als Anbau platziert. Durch eine Verbindungstür geht man direkt in den Stall, sobald nachts Unruhe bei den Pferden aufkommt. Bei plötzlichen Krankheiten der Tiere, wie Koliken, ist oftmals sofort Hilfe erforderlich. Im Dorf sind nur ein Bulldog und ein Trecker vorhanden, sodass die Pferde auf den Bauernhöfen unverzichtbar sind.

Getreideernte (Öl)

Auf den Feldern und Wegen sieht man im Sommer des Jahres 1953 die hoch beladenen Getreidewagen, die von den Pferdegespannen in die Scheunen gezogen werden, damit später aus den Garben mit der Maschine in den Scheunen das Korn gedroschen werden kann. Diese Arbeitsweise ist bekannt, doch der Zufluchtsort bietet heute eine Sensation. Mittags ist der Schulunterricht beendet und im Dorf spricht sich schnell herum, dass ein großer Bauer des Ortes mit einem Mähdrescher sein Getreide mäht. Wir Kinder rennen zum Kornfeld, wo das große Ereignis stattfindet.

Damit das Getreide nicht von den Maschinen niedergestreckt und zerfahren wird, ist ein breiter Streifen um das Feld herum bereits von Hand abgemäht worden. Vom Fahrer gelenkt, zieht der Trecker den Mähdrescher auf dem Getreidefeld. Das seitlich installierte Flügelwerk drückt die Ähren mit den Halmen in das Schneidewerk. Das abgeschnittene Getreide wird in die Maschine befördert und die Körner werden ausgedroschen. Die Dreschmaschine leitet das Getreide in den oberen Bereich, wo die Säcke mit der Auffangeinrichtung des Korns hängen. Ein landwirtschaftlicher Arbeiter steht oben auf der Plattform, löst die vollen Säcke von der Halterung und zieht sie zur Seite, um die leeren Säcke dort anzuhängen. Die vollen Säcke sind auf den bereitstehenden gummibereiften Anhänger umzuladen. Der Trecker zieht später den Anhänger mit den gefüllten Säcken in die Scheune. Das gebündelte Stroh spuckt der Mähdrescher im unteren Bereich aus. Nach der Ernte werden die zusammengepressten Strohbunde in die Scheune gebracht, dort gestapelt und für das Lager der Haustiere verwendet. Über die Sensation des technischen Wunders, das nun auch in unserem Dorf Anwendung findet, hat uns der Klassenlehrer einen Aufsatz schreiben lassen.

Moderner Mähdrescher im Hintergrund (Öl)

Die neue Schule

Durch die Eingliederung der Flüchtlinge des Weltkrieges ist die Schülerzahl so stark angewachsen, dass es unumgänglich ist, eine neue Schule zu bauen. Auf lange Sicht bleibt es für Lehrer und Schüler unzumutbar, die Vor- und Nachmittagsstunden in der Schule zu verbringen. Die beiden alten Gebäude müssen durch ein weiträumiges, modernes Bauwerk ersetzt werden. Die Planung ist vollzogen und im Frühjahr des Jahres 1951 findet die Grundsteinlegung statt.

Der Grundstein des neuen Gebäudes

Im Spätherbst wird das Richtfest gefeiert. Der Musiklehrer übt Lieder für einen zweistimmigen Kinderchor ein, die dem Festakt eine besondere Note verleihen sollen. Mit dem Lied, das in mehreren Strophen verfasst ist, wird die Feier eingeleitet:

Gerichtet ist das neue Dach,
Gefügt sind fest die Steine,
Gott sei das Bauwerk anvertraut,
dann ist das Haus zum Heil gebaut.

Zur Einweihung der schönen Schule im Herbst 1952 mit einem langen Pausengang, der zugleich die Verbindung zur neuen Turnhalle bietet, sind viele Gäste des öffentlichen Lebens eingeladen. Der Rektor hält eine lange Begrüßungsansprache, benennt die anwesenden Gäste mit Namen und betitelt sie mit den beruflichen Funktionen: den Regierungsdirektor, Schulrat, Gemeindedirektor, Bürgermeister, katholischen Pfarrer, evangelischen Pastor. Der gesamte Gemeinderat ist ausnahmslos erschienen. Die geladenen Gäste und die Lehrkräfte stehen erhöht in der Pausenhalle wie auf einem Podium, das mit vier Treppenstufen vom Schulhof zu besteigen ist. Die Bedachung wird von roten Sandsteinsäulen getragen. Von dieser erhabenen Aussicht ist die Schülerschar auf dem Schulhof wunderbar zu überblicken.

Mehrere Redner wechseln am Pult. Nach den Reden der wichtigen Persönlichkeiten überreichen der Architekt und der Maurermeister dem Rektor symbolisch einen großen, goldenen Schlüssel aus Pappe.

Das Schulgebäude mit Rektor- und Lehrerzimmer sowie ausreichende Klassenräume mit neuzeitlicher Ausstattung erleichtern den Ablauf des Schulalltags. Es erfolgt auch eine Aufstockung des Lehrerpersonals. Alle Engpässe sind beseitigt und der Nachmittagsunterricht ist nun Vergangenheit. Im Parterrebereich des Pausenganges sind noch zwei Klassenräume ungenutzt. Man hat in der Planung mit Reserve gebaut. Die Toiletten sind auf der gleichen Ebene im Pausengang. Im unterkellerten Pausengang befinden sich die Lehrküche zum Kochenlernen für die älteren Mädchen, ein Werkraum für die Jungen und Umkleideräume für den Sportunterricht in der Turnhalle. Von hier geht man ebenen Fußes in die Turnhalle. Am Abend nutzt der Turn- und Sportverein die Räumlichkeit.

In der neuen Schule hat der Konrektor verschiedene Möglichkeiten, um den Jungen der Klasse Handhabungen der Werkzeuge zu zeigen, sie richtig zu nutzen und die Geschicklichkeit bei der

Anwendung zu prüfen. Als Werklehrer steht er uns vorbildlich zur Seite. Sein Ziel ist es, Gegenstände anzufertigen, die öffentlich angeschaut werden können. Der Werkunterricht ist wichtig, weil die meisten Jungen einen Handwerksberuf erlernen möchten. Werken ist eine Vorbereitung auf und Übung für den späteren Beruf. Der Werklehrer stellt mit uns gemeinsame Bemühungen für die Anfertigung eines Reliefs an. Die Jungen und der Lehrer fahren mit dem Rad zum acht Kilometer entfernten Schloss, das im flachen Land auf einem hohen Felsen gebaut ist. Mit dem Visiergerät, das der Lehrer mitführt, vermessen wir den Berg und notieren die Daten. Von den vier Himmelsrichtungen werden der Berg und das Schloss anvisiert, um die Höhen festzuhalten.

Blick auf die Burg (Öl)

Die fixierten Punkte sind für die zukünftige Bastelarbeit zu verwenden. Das Relief wird im Werkunterricht der Schule maßstabgerecht gebaut. Mit der Laubsäge zerteilt man die drei Millimeter starke Sperrholzplatte in kleinere Stücke und diese wiederum in formgerechte Plättchen. Die unteren großen Plättchen bilden das Fundament des Berges und aufsteigend bis zum Plateau werden die geformten Holzbrettchen immer kleiner. Die Plättchen werden mit Holzleim übereinander geklebt und die verbleibende geriffelte Oberfläche wird mit Spachtelmasse geglättet. Nach dem Trocknen dieser Vorgänge erhält die gespachtelte Oberfläche einen glatten Schliff, die erste Grundierung sowie die Farbbemalung. Nach der Bemalung des Reliefs mit den Farben der Landschaft wird die Bastelarbeit mit Klarlack überzogen.

Einer der beiden noch nicht genutzten Klassenräume, die im Zwischenbau des Pausenganges gelegen sind, wird mit Leben erfüllt. Das Klassenzimmer soll für das Bauen einer selbst konstruierten Modelleisenbahn für den Werkunterricht hergerichtet werden. Der Bahnkomplex wird den ganzen Raum ausfüllen. Nur in der Mitte bleibt ein freier Platz, sodass Besucher oder Gäste am Tag der offenen Tür von diesem Ort die gesamte Anlage betrachten können. Damit die Besucher in die Mitte der umlaufenden Schienengleise gelangen können, wird in der Breite der Türöffnung ein stabiler Schienenübergang als Auftrittfläche gebaut. Aus großen Sperrholzplatten mit drei Millimetern Stärke wird die Modellbahn gebastelt. Für die Schienen sägt man mit der Laubsäge Streifen ab, die eine Höhe von einem Zentimeter haben, und die Spurbreite der Schienen ist auf acht Zentimeter festgelegt. Die Schwellen sind zwölf Zentimeter lang, der Abstand zwischen ihnen beträgt zwölf Millimeter.

Schienengebilde mit Doppelkreuz- und zwei normalen Weichen

Die Schienenstränge und -schwellen werden mit Holzleim zusammengefügt und zusätzlich aufeinandergenagelt, um eine stabile Einheit zu gewährleisten. Der zweigleisige Schienenstrang erstreckt sich im großen Bogen im Raum, der durch Weichen, Bahnhof, Lokomotivschuppen, Abstellgleise mit Prellbock und Drehscheibe unterbrochen wird. All diese Gegenstände sind aus Sperrholz angefertigt.

Endstück mit Prellbock

Die Schienen führen durch Tunnel, über Brücken und in Täler. Für die Befestigung der Berghänge und für das Bauen der Tunnel benötigen wir kleine flache Schieferplättchen, die in Kalksandstein am Waldesrand auf dem Erdboden zu finden sind. Der

Tunnel und die Bogenbrücke werden mit den flachen Steinen gemauert. Tunnel und Berg sind mit Moos bedeckt.

Wir schreiben das Jahr 1953. Unser Werklehrer erzählt mit Begeisterung: „Genau vor zwanzig Jahren begannen die Arbeiten beim großen Bauprojekt der *Golden Gate Bridge*. Sie verbindet die Bucht von San Francisco. Das Objekt ist die längste Hängebrücke der Welt. Anlässlich des zwanzigjährigen Jubiläums werden wir dieses Exemplar mit Sperrholz bauen. Unsere Modelleisenbahn soll mit dieser Brücke eine besondere Aufmerksamkeit erfahren und unsere Ideenfindung bereichern." Der Konrektor blättert einen Plan auf, nickt uns Jungen zu und spricht weiter: „So sieht die Hängebrücke aus. Unser Schienenstrang wird über die Brücke geleitet. Obwohl unsere Brücke und auch die beiden hohen Pfeiler aus Holz gearbeitet werden, muss die Brücke stabil sein. Sie soll auch ein schweres Gewicht tragen können und dem Zug und Druck der Seile Widerstand leisten. Für die Pfeiler müssen die Sperrholzbrettchen mehrfach verleimt werden. Auch die Brücken- und Schienenauflage erhält die stabile Konstruktion. Als Seile verwenden wir Draht aus mehrfach gedrehten Fasern. Diese Seile können weder brechen noch reißen."

Nach Fertigstellung der Gleisanlage wird die Strecke elektrifiziert. Beim Schienenbau sind bereits Nägel mit flachen Köpfen im Abstand von fünf Zentimetern auf die Sperrholzschienen genagelt worden. Auf die Nagelköpfe lötet man mit Zinn und Lötkolben Draht auf die Schienen. Über den Transformator wird Strom in die Verdrahtung der Schienen geleitet. Eisenbahnwaggons verschiedener Art werden zum Teil mit Zigarrenkisten sowie mit Sperrholz gebaut. Für die Räder eignen sich vortrefflich die Holzspulen vom Zwirn, die in der Mitte durchgesägt werden. Von einer Spule erhält man zwei Räder. Auf die Unterböden der angefertigten Waggons sind Achsen aus Holz geklebt und die Räder dort angeschraubt.

Für den Antrieb der Lokomotive müssen die Räder aus Metall sein, um den Strom von der Steckdose über den Transformator zum Motor, der sich in der Lok befindet, und zu den Metallrädern sowie der Verdrahtung der Schienen fließen zu lassen. Der Rumpf der Lokomotive wird aus Blech geformt und das Metall gelötet.

Bei den Bastelarbeiten lernen die Jungen viel Geschicklichkeit, die sie später für Handwerksberufe, wie Tischler, Klempner, Schlosser und Elektriker gebrauchen können. Nach Beendigung der Bastelarbeiten am Objekt der Modelleisenbahn führt der Konrektor eine Belastungsprobe auf der Hängebrücke durch. Demonstrativ stellt er zunächst vorsichtig einen Fuß und dann das volle Körpergewicht auf das kostbare Stück. Das aus Sperrholz gearbeitete Gebilde bleibt standhaft. Mit tatkräftiger Hilfe des Konrektors hat die achte Klasse das Werk vor dem Schluss des Schuljahres vollendet, denn bald folgt die Entlassung aus der Volksschule.

Die zukünftige achte Klasse hat die Lorbeeren geerntet. Eine Abordnung der Bundesbahn kommt zur Besichtigung unserer Modelleisenbahn in die Schule und bewertet die Anlage mit „Ausgezeichnet“. Die nach uns folgende Schulklasse erhält eine gesponserte Klassenfahrt von der Bundesbahn zur Belohnung.

Die neue Schule mit Hausmeister-Wohnbereich

Winter in der Stadt (Öl)

Winter auf dem Land (Öl)

Die Schneewanderung

Im Februar 1954 hat es kräftig geschneit. Die geschlossene Schneedecke und der Frost versprechen eine länger anhaltende Winterzeit. Kurzerhand entschließt sich der Konrektor, mit unserer Schulabschlussklasse eine lange Schneewanderung zu unternehmen. Es soll auch eine Belohnung für das eifrige Basteln der Jungen an der Modelleisenbahn sein.

Die Mädchen und Jungen der Klasse befassen sich mit den Vorbereitungen. Es wird festgelegt, welche Jungen ihre Rodelschlitten mitbringen, um die Rucksäcke darauf zu transportieren für den Fall, dass diese Gepäckstücke auf den Schultern drücken. Auch ein leerer Schlitten muss mitrutschen, falls ein Verletzter transportiert werden müsste. Der Werklehrer legt telefonisch den Zeitplan für die Unterkunft in der Jugendherberge der etwa dreißig Kilometer entfernten Kleinstadt fest. Proviant für den ersten Tag der weiten Wanderung wird in Rucksäcken mitgenommen.

Der Lehrer hat eine Route für die Wanderung ausgearbeitet, die uns auf den bewaldeten Bergrücken entlangführt und zwischendurch auch zu Tal geht. Als die Hälfte des Weges zurückgelegt ist, wird das Stapfen durch den Schnee zunehmend beschwerlich. Immer wieder hört man Stimmen: „Wie weit müssen wir noch laufen? ... Wann sind wir am Ziel?" Auch der Lehrer wird befragt und jedes Mal ist die gleiche Antwort: „Noch 'ne gute halbe Stunde!" Die vermeintlich kurze Zeit wird sich noch über Stunden erstrecken. Der Konrektor trägt seine Wehrmachtsstiefel, die ihm im Krieg treue Begleiter waren und schon hunderte Kilometer Leistung erbracht haben. Diese ‚Knobelbecher' hat er lange nicht getragen. Vom nutzlosen Stehen ist das Leder erhärtet, die Stiefel drücken, die Hacken schmerzen und die Füße fangen an zu brennen. Mein Schulfreund und ich ziehen einen Schlitten, der mit Rucksäcken voll beladen ist. Der Lehrer läuft unserem Schlitten nach und will sich bäuchlings aufs Gepäck werfen. Wir spüren seinen Anlauf und ziehen den Rodelschlitten blitzschnell nach vorn und rennen des Weges. Der Konrektor fällt lang in den Schnee und ruft uns hinterher: „Ihr Schlingel, ich fang euch doch noch ein!“ Wir bleiben stehen und holen den leeren Schlitten, um den Fußkranken zu transportieren. Des Abends in der Jugendherberge zieht er die Stiefel und Socken aus, betrachtet seine dicken Blasen, versorgt sie mit Pflaster und erzählt: „Als Soldat im Zweiten Weltkrieg musste ich Hunderte von Kilometern marschieren und die Füße haben nicht versagt. Na ja, ich bin nun einige Jahre älter geworden.“

Planmäßig wollen wir am nächsten Tag ohne Gepäck von der Jugendherberge zur zwölf Kilometer entfernten Burgruine wandern. Der Lehrer muss seine kranken Füße schonen; deshalb fahren wir mit der Bimmelbahn bis in die Nähe des Berges, aber den Aufstieg zur zerfallenen Burg erklettert er mit uns gemeinsam. Er ist wieder in guter körperlicher Verfassung.

Für den nächsten Tag ist eine Führung durch die Kleinstadt geplant und der Rest des Tages steht zur freien Verfügung. Zum Abendessen gibt es eine gelbe Suppe. Darin schwimmen kleine Kügelchen, ähnlich dem Kaviar. Die Suppe schmeckt sehr gut, sie ist süß mit säuerlichem Zitronengeschmack. Die Jungen holen sich einen reichlichen Nachschlag und nennen die Flüssigkeit einfach ‚Fischeiersuppe‘. Die Mädchen lösen das Geheimnis und sagen: „Das ist doch Sago!“ Nach dem Essen wird eine Gruppe für den Küchendienst eingeteilt. Da ich Freude an geselligen Aktivitäten habe, melde ich mich auch. Die Mädchen waschen das Geschirr und die Jungen trocknen ab. Damit bei der stumpfsinnigen Arbeit etwas Stimmung aufkommt, stimme ich ein Wanderlied an. Spontan bilden die Jungen einen Kreis und spazieren singend durch die Küche. Die Jungen greifen die abgewaschenen Teller von der Spüle, drehen mit Gesang eine Runde im Raum und stellen das abgetrocknete Geschirr ab. Die Mädchen singen fröhlich mit. So wird der Küchendienst mit

Freuden erledigt und niemand merkt, dass die Zeit wie im Fluge vergeht.

Am vierten Tag rüsten wir für die Rückwanderung in die Heimatschule. Im Radio ist Tauwetter angesagt. Der Schnee ist über Nacht weich und glitschig geworden. Der Lehrer entscheidet, dass wir die zwanzig Kilometer bis in unsere Heimatstadt mit dem Zug fahren, und vom Bahnhof wandern wir mit den Schlitten über den leicht angetauten Schnee die Zehn-Kilometer-Strecke zur schönen neuen Volksschule unseres Dorfes.

Vor dem Haupteingang der neuen Schule stehen die Absolventen der Volksschule aus der achten Klasse zusammen mit dem Grüppchen der Involvierten aus der siebten Klasse und allen Lehrpersonen.

Werbeschilder für wirtschaftliche Unternehmen werden auch in Malerwerkstätten angefertigt. Diese Technik wird in der Berufsschule des Malerhandwerks gelehrt.

Der Handwerksberuf

Vor der Entlassung besucht ein Berufsberater vom Arbeitsamt die Klasse der Volksschulabgänger, um für verschiedene Handwerksberufe zu werben. Es gibt Schülerinnen und Schüler, die noch unentschlossen bei ihrer Berufswahl sind. Viele Schülerinnen möchten, falls sie die Aufnahmeprüfung bestehen, die Handelsschule besuchen. Andere wollen zur Hauswirtschaftsschule gehen. Auch die Berufe Krankenschwester, Schneiderin, Kindergärtnerin und Verkäuferin sind gefragt.

Fast alle Jungen wollen ein Handwerk erlernen. Die Aussage: ‚*Handwerk hat goldenen Boden*' findet großen Zuspruch. Beliebte Berufe sind: Schlosser, Dreher, Elektriker oder Maurer. Zimmermann, Dachdecker und Bergmann sind interessant, weil in diesen Branchen hoher Lohn gezahlt wird. Als einziger der Schulabgänger will ich Maler werden, denn das Zeichnen oder Malen mit Wasserfarben macht mir Spaß. Der Zeichenlehrer hat meine Malerei stets gut oder sehr gut bewertet. Der Berufsberater händigt mir eine Liste mit Namen und Adressen von Malermeistern im Stadtgebiet aus, die einen Lehrling suchen.

Ich wähle mir einen Meisterbetrieb aus, der für mich mit dem Bus und Fußmarsch angemessen erreichbar ist. In den nächsten Tagen fahre ich in die Stadt zum Malermeister. Der alte Herr erklärt mir, dass er keine ‚*Katze im Sack*' kaufe, und er legt mir ein Blatt mit Rechenaufgaben vor, die ich lösen muss. Während eines kurzen Gesprächs zieht er aus seiner Schreibtischschublade einen Bogen Papier mit der Überschrift: ‚Warum ich Maler werden will?' Diese Frage muss ich in Form eines Aufsatzes beantworten. Nach dieser schriftlichen Aufnahmeprüfung sagt der alte Meister: „Mir liegen mehrere Bewerbungen vor, die ich noch bewerten muss. Sollte ich mich für dich entscheiden, dann schreibe ich dir eine Postkarte."

Am ersten April 1954 ist mein erster Arbeitstag in diesem Malerbetrieb. Der Lehrling des dritten Ausbildungsjahres nimmt mich von der Werkstatt mit zum Neubau des bischöflichen Palais. Auf dieser Baustelle ist ein über dreißig Jahre alter Geselle für die Arbeitseinteilung der weiteren Mitarbeiter verantwortlich. Er gibt mir eine kurze Einweisung. Ich muss den ganzen Tag die Fensterrahmen mit Spachtel und Sandpapier säubern, die von den Maurern mit Putzmörtel bespritzt und verschmiert worden sind. Der trockene Mörtel auf den Naturholz-Fensterrahmen lässt sich nur mit Anstrengung entfernen. In der Frühstückspause sitze ich zusammen mit den Gesellen und werde kaum beachtet, während einige von ihnen schamlose Witze erzählen. Als vierzehnjähriger Jüngling muss ich alles mit anhören, obwohl ich diese Redensarten nicht ertragen kann.

In der Mittagspause sagt ein Geselle zu mir: „Hol doch mal die Fußleistenleiter! Ich brauche sie nach dem Essen." Ich überlege kurz und weiß sofort, dass er mich in den April schicken will. Meine Antwort: „Für die Fußleiste benötigt man keine Leiter." Die Gesellen ziehen verblüffte Mienen. Mit dieser Antwort haben sie nicht gerechnet. Am Ende des ersten Arbeitstages stelle ich mir enttäuscht die Frage: ‚Habe ich den falschen Beruf gewählt? Ich will doch malen!'

Das exklusive Bischofshaus wird mit den fortschreitenden Malerarbeiten täglich schöner. Der Neubau des bischöflichen Palais ist auf dem Grundstück des im Zweiten Weltkrieg zerstörten Hauses gebaut worden. Die Türen und Fenster, mit denen die geschmackvoll ausgewählten Tapeten harmonieren, sind aus Naturholz angefertigt. Die Fenster bekommen die letzte Lasur und ich erkenne, dass die gründliche Säuberungsarbeit meines ersten Arbeitstages sehr sinnvoll ist.

Beim Streichen der Kellerräume darf ich mitwirken. Der Herr Bischof besichtigt das neue Gebäude. Die beiden Tore mit Rundbogen öffnet der Sekretär seiner Exzellenz und fährt das Auto in die Vorhalle des Bischofshauses. Dieser Bereich ist ins Palais-Gebäude integriert. Seine Exzellenz, der Bischof, steigt einige Stufen hinauf und befindet sich im Parterre, dem Hauptbereich des Hauses einschließlich Wirtschaftsraum und Küche. Nach Begehung der Räume begibt er sich auch in den Keller, um die Maler bei ihren restlichen Arbeiten zu begrüßen. Für jeden findet er ein paar persönliche Worte. Ich weiß diesen für mich würdigen Tag als kleiner Lehrling zu schätzen.

Mein noch junger Meister ist im Krieg als Leutnant mit seiner Truppe an der bayerisch-österreichischen Grenze in amerikanische Kriegsgefangenschaft geraten, und die Amis übergaben den Truppenteil den Russen. Damit ging für ihn der Marsch nach Osten. Er ist in die Gefangenschaft nach Sibirien ins Lager von Karpinsk deportiert worden. Nach mehreren Jahren Gefangenschaft kehrt er – schwer krank mit Gelbsucht – heim, macht seine Malermeisterprüfung und übernimmt den Malerbetrieb seines eigenwilligen Vaters, der nun in Rente geht.

Ich bin im zweiten Lehrjahr und habe das Glück, zukünftig vom jungen Meister ausgebildet zu werden. Er erkennt sehr schnell, dass ich wissbegierig und arbeitswillig bin; deshalb darf ich bei besonderen Arbeiten, die sauber und mit Sorgfalt erledigt werden müssen, mitwirken. Die Privatkundschaft muss besonders gepflegt werden, denn diese Auftragsgeber sind gewillt, etwas mehr zu zahlen, aber die Arbeit muss pünktlich und ordentlich ausgeführt sein. Diese Klientel behält der Meister als Dauerkunden, schließlich fallen Malerarbeiten im regelmäßigen Rhythmus an.

Durch die vielen im Krieg zerbombten Häuser besteht die Notwendigkeit, die Wohnungsnot schnell zu beheben. Wohnungsbaugesellschaften, -vereine und große Maurerfirmen bauen Mehrfamilienhäuser, die termingerecht fertig sein müssen, sonst droht den Unternehmen oder den nachfolgenden Handwerksbetrieben eine Konventionalstrafe.

Die Maler sind immer die letzten Handwerker am und im Bau. Hier gilt das Sprichwort: ‚*Den Letzten beißen die Hunde*'. Mein Meister arbeitet oft mit einem jungen Architekten seines Alters zusammen, der für große Bauten die Verantwortung trägt. Er macht immer ‚Dampf' in den Neubauten und kontrolliert alle Gewerke. Man hört im Bau den Motor seines VW-Käfers, und ein Handwerker schreit: „Der Architekt kommt!" Plötzlich sind alle Handwerker übereifrig an ihren Arbeitsplätzen, selbst die Raucher drücken die Zigaretten aus. Im Laufschritt rennt er durch alle Etagen, erteilt hier und da Anweisungen und schnell ist er mit seinem VW verschwunden. In späteren Jahren ist er in verschiedenen Städten Deutschlands als berühmte Persönlichkeit anerkannt.

Die Wohnungen in den schlicht gebauten Häusern mit Kohleöfen müssen oftmals vor dem Einzug des Winters bezugsfertig sein. Der nasse Putz und der frisch eingezogene Estrichfußboden bringen viel Feuchtigkeit in den Neubau; deshalb werden zum Austrocknen der Räume Koksbrenngeräte aufgestellt. Die Gebilde bestehen aus einer Eisenwanne, die auf Metallfüßen steht und im oberen Bereich mit Eisenstäben versehen ist. Diese Art der Beheizung fördert nicht die Gesundheit der Bauhandwerker. Mit dem über dreißigjährigen Altgesellen, der im Krieg als Unteroffizier gekämpft hat, arbeite ich gern zusammen, denn von ihm kann ich viel lernen. Er ist gerecht, präzise und korrekt im Arbeitsverhalten. Der Begriff »Altgeselle« sagt nichts über das wirkliche Lebensalter aus. Die Verlässlichkeit und die Berufserfahrung spielen eine wichtige Rolle, ebenso die Führungsqualität im Kollegenkreis. Auf großen Baustellen hat er als Vorarbeiter das Sagen.

In einem Neubau müssen die Wohnungen schnell bezugsfertig sein. Der Termin drängt, sonst droht die Vertragsstrafe. Die Wohnungsbaugesellschaft genehmigt den Mietern, sich Tapeten auszusuchen, die den Betrag von vier D-Mark für eine Rolle nicht überschreiten dürfen. Bei einem höheren Betrag muss der Mieter dazuzahlen. Tapeten in den niedrigen Preislagen sind aufgrund des dünnen Papiers leicht zu verarbeiten. Der Meister vertraut dem Altgesellen, dass er mit mir gemeinsam den termingebundenen Auftrag erfüllen werde. Der Altgeselle spricht zu mir mit einem leichten Spott auf den Lippen: „Na, dann lass uns mal ranklotzen!" Ich lege das Tapezierbrett auf die beiden Böcke, befestige die Stahlschiene zum Abschneiden der Tapetenränder und stelle den Tapezierkasten mit der langen Schere und dem langen stumpfen Messer, Lot und Bürste griffbereit auf die Fensterbank. Die Tapetenrolle wird auf dem Tapezierbrett ausgerollt, man beachtet das Muster und schneidet die Rolle auf die Länge der Bahnen ab. Nach dem Einkleistern falte ich die Tapetenbahn zusammen, schneide die Ränder mit dem langen Tapeziermesser ab, stapele mehrere feuchte Bahnen zum Weichen übereinander. Den Stapel übergebe ich dem Altgesellen, der die einzelnen Bahnen an die Wand klebt, mit der Bürste glattstreicht, festklopft und über der Fußleiste kürzt. Die Handhabung verläuft wie am Fließband in äußerster Schnelligkeit. Bis zum Feierabend sind alle Räume der siebzig Quadratmeter großen Wohnung fertig tapeziert. Der Chef erscheint auf der Baustelle, um zu schauen, ob der Zeitplan eingehalten werden kann oder ob noch andere Malerkollegen helfen müssen. Der Meister ist erstaunt, dass die Neubauwohnung fertig tapeziert ist. „Das habe ich noch nicht erlebt", sagt er. Der Altgeselle entgegnet: „Das ist wahr, aber mit diesem Tempo können wir nicht weiterarbeiten. Wir beide sind trotzdem bemüht, den gesteckten Zeitrahmen einzuhalten. Die weiteren Wohnungen in diesem Hause werden wir beide zusammen zeitgerecht tapezieren. Unser Lehrling ist mir eine gute Hilfe."

Am nächsten Morgen steigen der Altgeselle und ich im Treppenhaus des Neubaus nach oben. Ein älterer Fliesenleger kniet auf einem der Podeste und verlegt dort Platten in den frischen

Estrichmörtel. Der Altgeselle schlängelt sich zwischen Kübel und dem Arbeiter durch und berührt versehentlich mit dem Schuh eine verlegte Platte. Es ist nichts passiert. Der Kniende schreit: „Du verrücktes Aas trittst meine Platten 'runter!" Vor Wut schäumend, schreit der Geselle: „Du alter Esel hast hier zu Haus gesessen und ich musste für deinen warmen Hintern im Krieg kämpfen. Dafür werde ich jetzt von dir beschimpft!"

Man erkennt, dass der Stachel der Kriegsereignisse in der Nachkriegszeit noch tief sitzt und solche Wortduelle zwischen den ehemaligen Kämpfern und den Zivilisten nicht selten vorkommen.

Unser Malerbetrieb beschäftigt auch Meister, die für Gesellenlohn arbeiten, denn um einen eigenen Betrieb zu gründen, fehlt das nötige Eigenkapital. Mit einem Meister, der klein von Gestalt ist, bin ich oft auf Arbeitsstellen. Wir sind im Neubau eines Mehrfamilienhauses zum Deckenstreichen. Dafür bauen wir ein schnelles und praktisches Gerüst. Wir stellen auf zwei Seiten eine Stehleiter auf, und dazwischen liegt ein Gerüstbrett. Der Partner ist viel kleiner als ich; deshalb wird das Brett auf seiner Seite eine Sprosse höher gelegt. So ist die Auftrittfläche immer in Schieflage. Mit der Bürste streiche ich, bedingt durch die Reichweite meiner längeren Arme, zwei Drittel der Fläche und mein Nebenmann nur ein Drittel. Die Schräglage des Brettes beansprucht besonders die Waden, wegen des ungleichen Stands der Füße. Beim tagelangen Deckenstreichen im großen Gebäude schmerzen Bizeps und Waden, aber es schadet mir nicht. Die Muskeln werden gestärkt und sportlich bin ich auch. Mit diesem ‚unselbstständigen Meister' arbeite ich gern, denn er ist freundlich und manchmal spaßig aufgelegt.

Nach Fertigstellung der Tapezierarbeiten habe ich mit dem kleinen Meister die Türen in den Wohnungen weiß lackiert. Die Vorarbeiten: Grundierung, Schleifvorgänge, Spachtelung und Vorlackierung sind schon an den vorherigen Tagen erledigt worden. Mir wird bewusst, dass man im Malerberuf eine durchschnittliche Größe haben sollte, denn beim Lackieren der Türen muss der Meister einen Tritt benutzen, um an die Türhöhe zu gelangen.

Zur Entspannung will der Kollege eine Zigarette rauchen. Er entnimmt der Schachtel eine Zigarette, fasst in seine Hosentasche und stellt fest, dass sein Feuerzeug fehlt. Im Obergeschoss wohnt schon eine Familie und er beauftragt mich, von dort Feuer zu holen. Er gibt mir seine Zigarette mit. Der Mieter ist hilfsbereit und hält mir ein brennendes Streichholz entgegen. Die Zigarette halte ich in die Flamme. Der Mieter lacht und sagt: „Du Dummkopf musst auch ziehen." Meine Antwort: „Nein, ich mache keinen Zug an der Zigarette, denn ich bin Nichtraucher." Den Zigarettengeschmack will ich nicht erproben, damit ich nicht nikotinsüchtig werde. Der Mieter zieht, und somit erhalte ich die Zigarette mit der Glut.

Nach einiger Zeit arbeiten der Altgeselle und ich im Neubau der Villa eines Fabrikeigentümers. Die anderen Handwerker haben die Baustelle nach Fertigstellung ihrer Arbeiten bereits verlassen. Der Erbauer der Villa wünscht, dass die Malerarbeiten nur von einem verlässlichen Personenkreis ausgeführt werden dürfen. Der Meister hat den Altgesellen und mich ausgewählt. Es gibt keinen Termindruck, aber man legt auf gute und saubere Arbeit großen Wert. Der Maler muss dem Auftraggeber stets mit Rat zugänglich sein. So wünscht es der Bauherr.

Die Decke des großen Wohnzimmers ist in abgestufter Form gegossen. Es gibt einen höheren Bereich, und die untere Abstufung ist gerundet mit geschwungenem Verlauf, der mit Stuckeinlagen umfasst ist. Auf Gardinenstangen wird verzichtet; dafür sind Aussparungen im Deckenbereich vor den großen Fenstern vorhanden. Optisch gesehen fließen dann die Vorhänge und Gardinen direkt aus der Deckenfläche in den Fensterbereich. Die unterschiedlichen Deckenhöhen werden mit aufeinander abgestimmten Farbtönen gestrichen, wodurch die schöne Stuckarbeit hervorgehoben wird. Auf die Wände kleben wir eine wertvolle Tapete. Beim Tapezieren der dicken strukturierten Tapete muss peinlichst beachtet werden, dass die Kanten bei den Zusammenstößen unsichtbar bleiben.

Solche Malerarbeiten können nicht mit Schnelligkeit, sondern ausschließlich mit Sorgfalt ausgeführt werden. Wir sind in der Adventszeit. Die Villa ist durch die Zentralheizung erwärmt, und der Altgeselle und ich begleiten unsere Arbeit mit dem Singen von Weihnachtsliedern. Bei der stimmungsvollen Atmosphäre gehen die Malerarbeiten flott von den Händen. Es befindet sich keine andere Person in diesem Haus und wir können nach Herzenslust singen. Das Singen auf einer Baustelle ist zu jeder Jahreszeit beliebt bei Kollegen, die fröhlich ihre Stimmen zur Geltung bringen mögen. Man singt dann eben Schlager oder Heimatlieder.

Der Altgeselle befragt mich: „Was machst du so in deiner Freizeit? Hast du Freunde, mit denen du gut harmonierst?“ Ich erzähle: „Mit zwei Schülern, die ein Gymnasium besuchen, bin ich gut befreundet. Einer wohnt in meiner unmittelbaren Nachbarschaft. Durch die Nähe treffe ich mich oft mit ihm. Im vergangenen Jahr, bevor es schneite, kam er zu mir und sagte, ich solle mal mitkommen, er wolle mir etwas zeigen. Er wies mit der Hand auf ein paar alte, verkommene Skibretter, die ihm ein bekannter Jüngling geschenkt hatte. Der Junge ist unsportlich und kann mit diesen Ungetümen nichts anfangen, zumal sie schwer und hässlich sind. Es sind Skier, mit denen die Pioniere im Weltkrieg in den Bergen als Wegbereiter gefahren sind. Die Bretter sind aus vollem Holz gearbeitet, deshalb auch dick und schwer. Durch die starke Beanspruchung seitens der Soldaten im Gebirge und die jahrelange Lagerung auf dem Dachboden hatten die Skibretter und die Bindungen sehr gelitten. Das Auffrischen der Skier war für mich problemlos möglich. Mit grobem Sandpapier schliff ich die stark beschädigten Kanten, rundete sie ab, und mit feinem Sandpapier säuberte ich die glatten Flächen. Es folgten der Grundanstrich und die Hochglanzlackierung im schwarzen Farbton. Nach den durchgehärteten Anstrichen erhielten die schwarzen Bretter weiße Striche an den Rändern und ein wirksames Aussehen mit einem weißen dünnen Strich daneben. Für ein schnelles Gleiten im Schnee wurde die Unterseite der Bretter gewachst. Im vergangenen Jahr haben mein Freund und ich auf diesen neu hergerichteten Brettern das Skilaufen erprobt. In der Feldmark suchten wir den leicht abschüssigen Hang auf. Die ersten Abfahrtsversuche auf diesem ‚Idiotenhügel' haben uns Freude bereitet. Im Wechsel schnallten wir uns die Skier unter die Schuhe. Das Auf und Ab am Hügel beflügelte uns zum Üben eines Stemmbogens, um Hindernissen auszuweichen, und um plötzlich zu stoppen, übten wir den Schneepflug. Damit beherrschen wir nun wichtige Grundlagen fürs Skilaufen."

Nachdem ich Gefallen am Skisport gefunden hatte, beschloss ich, mir vom Teil meines ersparten Lehrlingslohnes neue Skier zu kaufen, damit ich mit meinem Freund losziehen kann. Jetzt erklimmen wir gemeinsam höhere Abfahrten, um ins Tal zu sausen. Die neuen Skier sind gewichtmäßig leichter, denn die Bretter sind vierfach verleimt und dadurch elastisch. Unebenheiten werden federnd überwunden.

„Mein Freund und ich streifen gerne über die Felder in den nahen Wald und durchkreuzen diesen bis zum Berghügel in der Nähe des Teiches. Der Teich liegt im Tal, umgeben von großen Wiesen, steilen, mit Gras bewachsenen Hängen und hohen Pappeln. Es ist eine ideale Landschaft zum Skifahren. Zunächst gleitet man auf dem seichten Abhang auf der Wiese in Richtung des Teiches, dann den steilen Berg hinunter über den Weg, der um den Teich verläuft. Der Weg wirkt wie eine Sprungschanze und weiter geht's am Ufer des Teiches herunter, vorbei an den hohen Pappeln auf die mit Schnee bedeckte Eisfläche. Auf der glatten

Fläche rutschen die Skier im weiten Bogen, und der angespannte Körper kann sich erholen. Für den Aufstieg des Berges benutzen wir den Hohlweg, der zwischen zwei Hügeln langsam ansteigt."

Teich mit Schilfwuchs in Richtung Osten (Öl)

Meine Schilderung wird vom Gesellen mit dem Einwand unterbrochen: „Ich bin verwundert über solche närrischen Abfahrtsläufe. Bei diesen Kapriolen riskiert ihr Kopf und Kragen, und die Skier können auch zu Bruch gehen." Mit einem leichten Lachen auf den Lippen entgegne ich: „Wir sind noch sehr jung und denken nicht ans Risiko. Die Abenteuerlust überwiegt und drängt nach immer neuen Erlebnissen. Im Sommer ist dieses Gebiet mit dem Teich für sonntägliche Spaziergänge beliebt. Die Leute aus dem Dorf erkennen diese Landschaft mit frischer Luft, schattigem Wald und dem Teich, der mit Quellwasser gespeist wird, als Erholungsgebiet an. In diesem Teich haben mein Freund und ich vor einigen Jahren Schwimmen gelernt. Auch dieses Unternehmen war nicht ohne Risiko. Bei herrlichem Wetter tummeln sich viele Kinder und Jugendliche in diesem Gewässer. Das Wasser ist sauber, denn der Untergrund besteht aus kleinen Sandstein-Schiefern. Der Grund kann nicht aufgewühlt werden, aber der

Teich hat seine Tücken. Im flachen Wasser halten sich die Nichtschwimmer auf. In dem Bereich ist Hochbetrieb, doch hinter dieser Zone fällt der Untergrund steil nach unten ab. Einige unvorsichtige Nichtschwimmer geraten in Panik, denn plötzlich wird es gefährlich. Die guten Schwimmer sind schnell zur Stelle und sofort hilfsbereit. Diese Situationen geben den Ansporn, möglichst schnell das Schwimmen zu lernen. Mein Freund und ich haben uns gegenseitig zum Schwimmerfolg angespornt."

Der Altgeselle fragt: „Was unternimmst du mit deinem anderen Freund, du hast doch von zwei Freundschaften gesprochen?" Ich erzähle weiter: „Wir begegnen uns wöchentlich beim Turnen. Seine Eltern besitzen eine Gastwirtschaft mit einem großen Saal. Der Raum ist ungefähr sieben Meter hoch; deshalb wird er auch, in Ermangelung einer Turnhalle, für das Geräteturnen benutzt. Im Raum neben der Bühne sind die Turngeräte gelagert. Für das jährlich stattfindende Schauturnen werden für die Zuschauer die Tische und Stühle in die Nähe der Wände gestellt, und die Bedienung sorgt für den Imbiss und die Getränke. Im Innenbereich des Saales bleibt die große Fläche zum Aufstellen der Turngeräte wie Barren, Reck, Pferd, Kasten, Trampolin und die Turnmatten, die aus Kokosfasern hergestellt sind, frei. Nach den Vorführungen des Schauturnens steht eine Musikkapelle auf der Bühne, und die Gäste begeben sich auf die von Turngeräten frei geräumte Tanzfläche. Auch außerhalb der Turnstunden treffe ich mich mit meinem Freund, und wir holen die Turnmatten in den Saal, um am Boden den Handstand, Salto, Überschlag, Radschlag und Flick-Flack zu üben. Im Winter laufen wir Schlittschuh auf dem zugefrorenen Tümpel in der Feldmark."

Der Maleraltgeselle schaut mir ins Gesicht und spricht zu mir: „*Nenne mir deine Freunde und ich sage dir, wer du bist!* Dieser Satz bringt die Wahrheit ans Licht. Pflege weiterhin diese Freundschaft, dann wirst du dem guten Pfad folgen und den richtigen Weg in deinem Leben einschlagen!"

Die Malerarbeiten im Neubau der Villa sind fertiggestellt. Ich muss das Material vom Tapezieren, die Farb- und Lackbehälter, Spachtelmasse, Bürsten, Pinsel und weitere Utensilien auf den Zweirad-Malerkarren laden, ihn zur Werkstatt schieben und dort abladen. Diese Baustelle ist in der Nähe unserer Werkstatt und ebenen Fußes zu erreichen. Aber Auftraggeber, die weiter entfernt wohnen, sind oftmals mit dem Malerkarren mit großer Kraftanstrengung zu erreichen, denn Hügel und kleine Berge in der Stadt entziehen dem menschlichen Antrieb die Luft und Kraft. In der Mitte der Stadt ist eine Straße, die ziemlich stark ansteigt. Diese Straße muss häufig befahren werden, damit man zur Werkstatt kommt. Bereits vor dem Hügel nehme ich mit dem Karren Anlauf, um die Kuppe der Anhöhe zu erreichen. Oben angekommen muss ich verschnaufen und tief durchatmen. Ich denke an den Spruch: *Lehrjahre sind keine Herrenjahre.*

Im Sommer des Jahres 1954 wird im Radio eine Sonnenfinsternis angekündigt. Zur Mittagszeit bin ich mit dem Fahrrad von einer Baustelle zur Werkstatt unterwegs. Zunächst scheint die Sonne. Bald aber wird der Himmel grau, und ich habe das Gefühl, es würde gleich einen Regenguss geben. Die schwüle Luft steht still und flimmert.

Bei meiner Ankunft stehen vor der Werkstatt die Familie meines Meisters und einige Nachbarn und schauen durch schwarz geräucherte Glasscheiben zur langsam verfinsterten Sonne empor. Auch ich darf das Glas benutzen. Vom Schauspiel der Himmelskörper bin ich beeindruckt.

Im dritten Lehrjahr bin ich oft im Privatkundenbereich unterwegs. Viele Arbeiten, wie Decken farbig streichen, teure Tapeten kleben, Türen spachteln oder spezielle Farblackierungen aufbringen, gehören zu meinen Aufgaben. Das Streichen der Decken in verschiedenen Farben ist in Mode. Ich mische den gewünschten Farbton, streiche einen kleinen Bereich zur Probe an, und die Kunden geben ihr Einverständnis. Bei exklusiven Arbeiten in der Kirche und Vergoldungen darf ich zu meiner Freude mitwirken, und auch Aufträge für die Schriftmalerei werden von mir durchgeführt. Für Schriften, die direkt aus dem Pinsel heraus, ohne Skizzierung, geschrieben werden, habe ich eine gute Fähigkeit entwickelt. Deshalb beschrifte ich Schilder, die der Werbung für Handwerksfirmen vor großen Bauvorhaben dienen. Ich verwende einen flachen Pinsel, welcher der Breite des Schriftzuges angepasst wird.

Eines Tages arbeite ich allein im Neubau eines Mehrfamilienhauses und verrichte Nachbesserungen bei Arbeiten, die von Kollegen erledigt wurden. In Kürze will die Baugesellschaft gemeinsam mit meinem Meister die Bauabnahme durchführen. Nach meinen abgeschlossenen Ausbesserungsarbeiten sind noch in drei Wohnungen die Sockel in den Badezimmern zu streichen. Die Bäder sind nur dürftig ausgestattet und sie befinden sich im Innenbereich der Wohnungen im Hause. Folglich sind sie ohne Fenster, und nur ein spärlicher Entlüftungsabzug ist vorhanden.

Aus Kostengründen sind die Sockel nicht gefliest, sondern mit dicker plastischer Farbe eingestrichen und mit einer großen Bürste mit kurzen Borsten gestupft. Die Oberfläche erhält somit eine leichte Struktur. Diese Arbeit ist vollzogen und die plastische Fläche bereits durchgehärtet. Die Endbehandlung muss noch erfolgen. Für die Lackierung der Sockel verwende ich Chlorkautschukfarbe. Dieses Mittel wird auch für die Becken in Badeanstalten benutzt, denn der Lack ist wasserabweisend.

Zwei Badezimmersockel habe ich nun mit dieser stark riechenden Lackfarbe gestrichen. Ich schaue aus einem Fenster der Wohnung und sehe, dass es draußen dämmert. Da ich keine Uhr bei mir habe, glaube ich, dass längst Feierabend sei und mache mich auf den Weg zur Werkstatt. Wie in Trance gehe ich die Straßen hinunter, und schwankend erreiche ich mein Ziel. Der Meister sieht mich in diesem Zustand und fragt, was geschehen sei.

Noch immer benommen erzähle ich, dass ich zwei Badezimmer mit der Chlorkautschukfarbe gestrichen habe. Höchst erschrocken klärt er mich auf: „Ich bin froh, dass du hier angekommen bist, denn die Farbe enthält eine chemische Verbindung mit Betäubungs- und Lösungsmitteln. Hättest du länger in den geschlossenen Räumen gearbeitet, dann wärest du besinnungslos geworden, und zu allem Übel war keine weitere Person im Neubau. Die Arbeiten mit dieser Farbe müssen immer mindestens zwei Kollegen gemeinsam verrichten. Ich bin froh, dass du rechtzeitig deinen Arbeitstag auf dieser Baustelle beendet hast."

Die Symptome der ätherischen Mittel haben bei mir eine Sinnestäuschung verursacht, denn in Wirklichkeit ist es noch taghell und auch nicht die Zeit des Feierabends.

Erholsamer Ort (Öl)

In die Malerwerkstatt werden manchmal Figuren aus kirchlichen Einrichtungen, Privatbesitz oder aus dem Krankenhaus gebracht, die der Auffrischung der Farben oder der Renovierung bedürfen. An diesen Arbeiten bin ich beteiligt. Eines Tages steht ein schwarzer Flügel, der am ‚Zahn der Zeit' gelitten hat, in der Werkstatt. Der Meister mustert das Musikinstrument, während er zu mir spricht: „Traust du dir zu, diesem Schatz ein ansehnliches Gesicht zu verleihen? Der Kunde wünscht die Verwandlung von Schwarz zu Goldbeige, in Schleiflack-Technik behandelt. Bei den vielen Ecken, Winkeln, Kanten und Rundungen musst du beim Schleifen äußerst sorgfältig arbeiten, damit die frisch lackierten Kanten nicht beschädigt werden."

Mit der flachen Auflage der Schleifmaschine und Wasserschleifpapier mache ich mich an die Arbeit. Die schwarze schadhafte Lackierung habe ich vorsichtig gewässert, mit Wasserschleifpapier mattgeschliffen und gründlich mit dem Schwamm gesäubert. Nach dem Trockenvorgang erfolgt die goldgelbe Vorlackierung. Dieser Farbanstrich wird trocken, kantenschonend mit Sorgfalt geschliffen. Nach gründlicher Trocknung erfolgt die goldbeige Hochglanzlackierung. Infolge der dreitägigen Trockenzeit sind die Lackfarben durchgehärtet. Nun beginnt im wahrsten Sinne des Wortes ‚Der letzte Schliff'. Mit Sandpapier feinster Körnung schleife ich, mit leichtem Gefühl in Hand und Fingern, immer in die gleiche Richtung. Der starke Glanz des Lackes wird seidenmatt. Die Kanten des Instrumentenkörpers bleiben unbeschädigt.

Bei speziellen Aufträgen bespricht sich mein Meister mit seinem gut bekannten Dozenten, der in der Meisterschule lehrt oder er beauftragt ihn, bei der Ausführung des Kundenauftrags zu helfen. An solchen Arbeitsvorgängen darf ich als Handlanger mitwirken. So ist es auch bei den Arbeiten zur Anbringung eines Sgraffitos an der Außenfassade einer neu gebauten Dorfschule. Für solche Arbeiten ist unser Malermeisterbetrieb bekannt. Vor kurzer Zeit ist bereits ein Kratzputz bei einer Schule in der Stadt mit dem Motiv des ‚Stadtbildes' ausgeführt worden. Ebenso lassen auch gut situierte Leute bei ihren neu gebauten Privathäusern an der Fassade ein Familienwappen als Sgraffito anbringen.

Kratz-Putz-Arbeit

Jetzt liegt der Auftrag für eine Dorfschule vor. Auf dem hohen Giebel soll das Motiv ›Kinder beim Drachensteigen‹ erscheinen. Bei dieser Arbeit darf ich helfen. Den betonierten Hof vor der Werkstatt lege ich mit großen Bögen Packpapier aus und klebe die Kanten mit Tapetenkleister zusammen. Auf der großen Papierfläche entwirft der Dozent das Motiv und deutet die Farbgebung an. Die Umrisse der Gestalten umfahre ich mit dem Pausrädchen; die Zacken am Rädchen drücken Löcher durchs Papier. Diese Vorlage rolle ich zusammen, und der Meister nimmt sie mit zum Neubau der Schule.

Die Maurer stehen auf dem Gerüst und putzen die bisher ausgesparte Außenwandfläche mit farbigem Putz in vier Lagen: rot, blau, grün und gelb. Die obere Schicht wird mit Rauputz bedeckt, nämlich so, wie die Außenhaut der gesamten Fassade. Drei Malergesellen und ich übernehmen die Plätze auf dem Gerüst, die jetzt von den Maurern freigegeben sind. Die angefertigte Schablone wird an die Wand gehalten und der Meister streicht mit dem durchlässigen Beutel, der mit schwarzer Trockenfarbe gefüllt ist, auf die Schablone. Die schwarze Farbe dringt durch die kleinen Löcher der Schablone und haftet am Putz. Die leicht abgebundene Putzfläche wird von den Malern schichtweise abgekratzt, und die jeweils erforderlichen Farben werden sichtbar. Malergesellen, Meister und Lehrling müssen schnell kratzen, denn das Gesamtwerk des Bildes muss die Fassade schmücken, bevor die Putzschichten durchgehärtet sind.

In der Berufsschule werden fachbezogene Themen sowie Gemeinschaftskunde und Fachrechnen nach Aufmaßformeln gelehrt. Vorgänge, die in der Praxis Anwendung finden, werden am Reißbrett entworfen. Die Entwürfe in Form von Zeichnungen, Malen von Gegenständen oder Farbgestaltungen werden zu Papier gebracht und verschiedene Techniken erprobt. Für Beschriftungen eines Spruches oder Reimes an Wänden, die besonderen Blickfängen ausgesetzt sind, wird das Schreiben der gotischen Schrift geübt. Zum Skizzieren eignet sich ein flacher Haarpinsel.

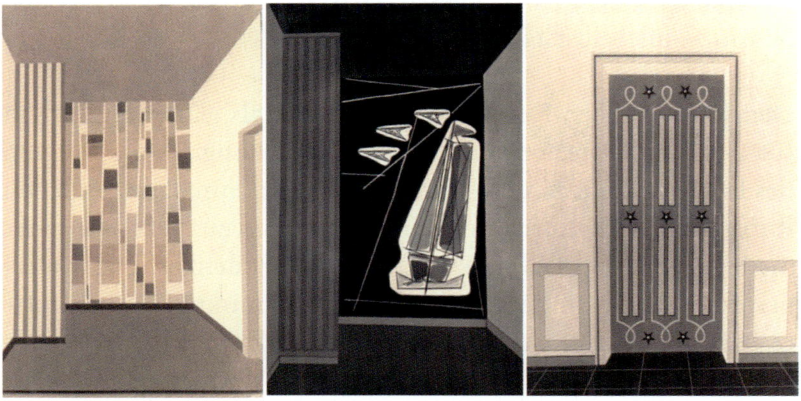

Verschiedene Raumgestaltungen, auf dem Reißbrett entworfen

Der junge Berufsschullehrer versucht, die Lehrlinge zum freien Sprechen zu bewegen. Die Anregung habe ich befolgt und zu fachlichen Themen kurze Referate gehalten. An den Anblick, von vorn in die Gesichter der Mitschüler zu schauen, habe ich mich bald gewöhnt. Meine Aufzeichnungen für den Kurzvortrag lerne ich teilweise auswendig, um mehr Sicherheit beim freien Sprechen zu bekommen. Dem fachorientierten theoretischen Unterricht bin ich gern gefolgt, und auch der praktische Teil kommt mir sehr gewogen. Nach dem dritten Lehrjahr habe ich die Gesellenprüfung als Bester von zweiundsiebzig Lehrlingen meines Jahrgangs bestanden. Die große Anzahl der Berufsschüler im Malerhandwerk ist in zwei Klassen unterrichtet worden. Ich bin glücklich über mein Prüfungsergebnis. Meinem Lehrmeister bin ich zum Dank verpflichtet, weil er mir Gelegenheiten bot, an außergewöhnlichen Arbeiten mitzuwirken.

Noch ein Jahr bin ich meinem jungen Lehrmeister als Geselle treu geblieben. Durch den ausgezeichneten Lehrabschluss hätte ich für die Ausbildung an der Meisterschule ein Stipendium bekommen, doch ich habe eine wichtige Erfahrung gesammelt. Im Malerbetrieb meines Lehrmeisters haben während meiner vierjährigen Zugehörigkeit drei Personen mit Meisterprüfung für Gesellenlohn gearbeitet. Diesen Meistern hat das Geld für den Schritt in die Selbstständigkeit gefehlt.

Den sonntäglichen Kirchgang erkenne ich als gläubiger Mensch für notwendig und persönliche Pflichterfüllung. Den Predigten des Pastors höre ich interessiert zu, aber manchmal nutze ich den Ruhepol in der Kirche, um in einen Tagtraum zu fallen oder über mein Leben und die berufliche Arbeit nachzudenken. Der Malerberuf hat schöne und interessante Gesichtspunkte. Der besondere Reiz liegt darin, dass man sein Tagewerk zufrieden anschauen kann. Aber das stark unterschiedliche Niveau der Kollegen hat seine Schattenseiten. Ich fasse den Entschluss, diesen Beruf aufzugeben. Nach dieser Erkenntnis werde ich versuchen, in der freien Wirtschaft oder im kaufmännischen Bereich Fuß zu fassen. Einige im Malerberuf erworbene Fähigkeiten kann ich weiterhin als Hobby fortführen. Malerarbeiten im Haus und im Außenbereich sind zu jeder Zeit begehrt, weil sie auch der Erhaltung der Substanzen dienen, und ich lasse mich von der Überzeugung leiten: ‚Ich bin erst achtzehn Jahre alt, und falls ich mit meinem Vorhaben scheitern würde, könnte ich jederzeit in dem erlernten Malerberuf arbeiten. Gott sei gedankt, dass die Evolution mir ein starkes Denken an die Zukunft angedeihen ließ. Ich vertraue auf meine Zukunftsplanung, obwohl mein Malermeister, dem ich viel zu verdanken habe, mir handreichend entgegenkommt.‘

Seit der Währungsreform sind zehn Jahre vergangen und man lebt noch in der ‚Zeit des kleinen Geldes‘, nämlich mit achtundvierzig Stunden wöchentlicher Arbeitszeit, und als Geselle verdiene ich 1,68 Deutsche Mark pro Stunde. Im ersten Lehrjahr habe ich fünfundzwanzig D-Mark im Monat verdient und musste von April bis zum Winter sparen, um mir einen Trenchcoat kaufen zu können. Im zweiten Lehrjahr erhalte ich fünfunddreißig D-Mark und im dritten fünfundvierzig D-Mark.

Jeweils am Freitag werden die Wochenlöhne an alle Mitarbeiter des Malerbetriebes mit Bargeld ausgezahlt. Der Chef fährt zu den Baustellen oder zur Privatkundschaft und händigt die Lohntüten an seine Beschäftigten aus. Gedanklich erforsche ich meinen Freizeitbereich. Mit einem kleinen finanziellen Aufwand kann ich mich künstlerisch in die Hobbymalerei einbringen. Bisher habe ich zu Hause Aquarellbilder gemalt, doch aus reiner Liebe zur Kunstmalerei könne ich mir vorstellen, dass es keine Tätigkeit gibt, die so eine innere Zufriedenheit ausstrahlt. Es besteht die Möglichkeit, andere Techniken anzuwenden, denn der Schlüssel für die Schönheit eines Bildes liegt im Auge des Betrachters. Nach Fertigstellung eines Bildes sehe ich mir in Ruhe das Werk an, ob eine Korrektur erfolgen muss, aber besonders erfreue ich mich über die gelungene Arbeit und Verwirklichung meiner Idee.

Formtreue in der Küche (Aquarell)

Mir ist bewusst, dass ich für den Einstieg in einen ganz anderen Berufszweig erneut zur Schule gehen muss. Als Malergeselle habe ich etwas Geld gespart. Mit der kleinen Rücklage und meinem jugendlichen Alter von achtzehn Jahren erkenne ich eine günstige Gelegenheit zur Weiterbildung.

Münzen nach der Währungsreform 1948 in Deutsche Mark

Die Beerdigung

Viele katholische Gläubige sind zum Requiem ihres langjährigen Pfarrers gekommen und befinden sich auf dem Weg von der Kirche zum nahegelegenen Friedhof. Sie singen Trauerlieder und beten. Auch ich befinde mich im Trauerzug, um meinem ehemaligen Religionslehrer von der Volksschule und Pfarrer unserer Gemeinde die letzte Ehre und Dankbarkeit zu erweisen. Ich habe in der Kirche seinen Predigten gern zugehört. In die biblischen Lesungen und Deutungen der Evangelien ließ er häufig weltgeschichtliche Begebenheiten mit Vergleichen zur Kirchengeschichte einfließen. Da ich mich für das Schulfach Geschichte sehr interessiere, sind für mich seine Predigten eine Bereicherung meines Wissens gewesen.

Unsere Familie hat den Verstorbenen nicht nur vom Besuch der heiligen Messe recht gut gekannt. Bei kurzen privaten Begegnungen wechselte man mit dem Pfarrer einige Sätze. Im großen Pfarrgarten wachsen Äpfel, Birnen und Zwetschgen in großer Fülle. Zur Erntezeit hat unsere Familie das Obst für das Pfarrhaus gepflückt, und als Lohn durften wir uns reichlich Früchte zum eigenen Bedarf mitnehmen.

Der lange Trauerzug scheint nicht zu enden. Unter den Trauergästen sind fünfzehn Pfarrer und Kapläne von den Nachbargemeinden einschließlich Domvikar. Ein hochgewachsener, gutaussehender Kaplan, der auch für kurze Zeit mein Religionslehrer war, wird in späteren Jahren Universitätsprofessor für Theologie in der Stadt Münster. Der Rektor der Volksschule, mein ehemaliger Schulleiter, hält die Grabrede. Nachdem sich die Traube der Gläubigen am offenen Grab aufgelöst hat, schlendere ich über den Friedhof und betrachte die Inschriften und Gravuren auf den Grabmälern. Es gibt nur wenige freie Plätze für neue Gräber. Die Belegung ist bald erschöpft, sodass ein neuer Friedhof angelegt werden müsste.

Trauergäste am Grab des ehemaligen Pfarrers der Gemeinde

An der Grenze des Friedhofs, dicht an der Hecke, entdecke ich sechs eingerahmte Gräber. Auf jedem Grab liegt eine kleine Steinplatte mit eingemeißeltem Vor- und Familiennamen sowie Geburtsdatum und Todestag. Die Namen zeugen von osteuropäischer Herkunft. Die Vornamen der Gravuren weisen bei den Toten auf fünf Männer und eine Frau hin. Die Toten sind im jungen Alter zwischen zweiundzwanzig und fünfundzwanzig Jahren gestorben. Mir fällt besonders auf, dass die jungen Menschen innerhalb von drei Tagen gestorben sind. Diese in Stein gehauene Tatsache will meinen Gedanken nicht entfliehen. Deshalb spreche ich von Zeit zu Zeit Leute aus der älteren Generation an, die eine Auskunft geben könnten. Nur wenige sind bereit, über die Entstehung der Gräber zu sprechen. Einige haben gewusst, dass nach dem Krieg ein Galgen in der Nähe des Salzberges gestanden hat.

Hier und da sickert durch, dass Kriegsgefangene aus Osteuropa im Kaliwerk zur Arbeit angetrieben worden seien und zu wenig

Essen erhalten hätten. Die ausgemergelten Körper hätten keine Leistungen mehr erbringen können, weshalb die Geknechteten die Arbeit verweigert hätten. Einige nazitreue Führungskräfte des Kaliwerkes hätten die Rädelsführer des Aufstandes ermittelt, und diese seien wahrscheinlich ohne Gerichtsverfahren aufgehängt worden.

Mein Recherchieren hat im Zusammenhang mit dem Galgen und den Sterbedaten der jungen Leute im Zeitraum von drei Tagen einen Zusammenhang vermuten lassen. Die Schandtaten sind kurz vor dem Ende des Zweiten Weltkrieges geschehen. Alles ist mit dem Mantel der Verschwiegenheit gedeckt worden, und die Nazi-Schergen können nicht zur Rechenschaft herangezogen werden. Die Mitwisser sind bis heute schweigsam geblieben.

Sommerblüten (Öl)

Schreibmaschine, 1960-er Jahre

Kaufmännische Ausbildung

Nun will ich wagen, im kaufmännischen Beruf mein Glück zu finden. Um im neuen Arbeitsbereich Fuß zu fassen, denke ich an die Vorteile, die ein Berufswechsel mit sich bringen kann: ‚Ich brauche im Winter nicht draußen bei der Arbeit zu frieren. Ich arbeite immer im Trocknen. Ich habe eine saubere und hoffentlich geistvolle Arbeit, vielleicht auch ein besseres Einkommen und ganz bestimmt einen höheren Bildungsstand. Die vielen dummen Sprüche und das niederträchtige Reden über Frauen, besonders dann, wenn sich verschiedene Handwerker auf der Baustelle tummeln, muss ich nicht mehr anhören. In den Pausen sitzen oft die Bauleute in einem Raum zusammen. Einige setzen sich mit beleidigenden Redensarten in Szene, sodass mir manchmal der Bissen im Halse stecken bleibt, und ich verziehe mich in den Nebenraum. Ich bin nicht spröde und kann auch zweideutige Witze vertragen, aber hier sind die Grenzen weit überzogen.‘

Als Sprungbrett in das kaufmännische Leben eignet sich am besten der Besuch einer Handelsschule. Mit großen Schwierigkeiten beginne ich in einigen Fächern, wie in Stenografie. Beim richtigen Schreiben in Schönschrift der einzelnen Buchstaben und der Silben habe ich keine Defizite, aber mit dem Beginn des Schnellschreibens beim Diktat des Stenografie-Lehrers bin ich benachteiligt. Die schwerfälligen Hände des Malerberufes können der Schnelligkeit des Diktats nicht folgen. Nur durch ständiges Üben und Lockern des Handgelenkes gleitet der Schriftzug leichter schwebend über den Stenoblock. Bis zur Prüfung muss der Mangel bezüglich der steifen Hände und Finger behoben sein. Die vorgeschriebene Anzahl der Silben pro Minute muss geschafft werden, um das Stenogramm in Schreibmaschinenschrift fehlerfrei zu übertragen.

Noch größere Probleme bereitet mir das Tippen auf der Schreibmaschine. Beim Versuch, nur eine Taste herunterzudrücken, greifen die unbeholfenen Finger beim Zehnfingerschreibsystem gleich zwei oder drei Tasten, und die Schrifttypen schlagen übereinander. Die längste Zeit meiner Hausaufgaben verbringe ich täglich mit dem Üben an diesem Gerät. Durch stetes Bemühen und wiederholte Fingergymnastik werden die Gelenke geschmeidig. Auch die Schwielen der Hände geben ihren Widerstand auf, sodass ich an die geforderten Leistungen der beiden Fächer anknüpfen kann.

Mit dem Abschlusszeugnis der Handelsschule, das auch die Leistungen der weiteren kaufmännischen Fächer nachweist, habe ich die Voraussetzung für Bewerbungen zum kaufmännischen Beruf erlangt.

Malven (Öl)

Die Sparkasse

Nach Beendigung der Handelsschule bemühe ich mich, eine Ausbildungsstelle im Kaufmannswesen zu finden. Ich halte mein Sparkassenbuch in der Hand und prüfe den Bestand meines ersparten Geldes. Meine Aufmerksamkeit wird auch auf das ersparte Geld gelenkt, das meine Eltern für mich als kleines Kind bis zum fünften Lebensjahr in der Heimat Ostpreußen in Reichsmark gespart haben. Der ansehnliche Betrag ist zunächst wertlos gewesen, doch nach der Währungsreform des Jahres 1948 ist das Guthaben mit 6,5 Prozent von der Sparkasse in D-Mark umgewertet worden. Die sogenannten Altsparer haben auf Antrag und Vorlage des alten Sparkassenbuches die Geldaufwertung erhalten. Der Betrag in Deutsche Mark bildet die Grundlage für meine weiteren Ersparnisse.

Beim Sichten der Zahlen kommt mir der Gedanke: ‚Ich bewerbe mich bei der Kreissparkasse. Vielleicht habe ich Glück. Versuch macht klug!' Ich setze mich an die Schreibmaschine, tippe die Bewerbung, füge den handschriftlichen Lebenslauf und meine Zeugnisse einschließlich des Malergesellenbriefs bei. Gekleidet in meinen Sonntagsanzug mit den Unterlagen in der Hand gehe ich in die große Sparkassenhalle. Das Gesicht des freundlichen Kassierers kenne ich von den Einzahlungen meiner bisher kleinen Sparbeträge. Ich denke: ‚Er ist ein sehr wichtiger Mann und wird mir behilflich sein.' Mit einem Lächeln weist er mir den Weg: „Geh mal zur Treppe in der Kassenhalle, die zur Halbetage führt, auf dieser Ebene geradeaus weiter, dann siehst du die Beschriftung in goldenen Buchstaben ›Sekretariat‹."

Ich klopfe an und mir wird Einlass geboten. Drinnen sitzen vier Damen in einem lauten Geräuschpegel von Schreib- und Additionsmaschinen. Der Gruppenleiterin des Büros übergebe ich meine Unterlagen. Kurz sichtet sie die Bewerbungsunterlagen und sagt: „Ich werde sie vorlegen. Warten Sie auf der kurzen

Bank vor der Tür!“ Nach einer Stunde Wartezeit klopfe ich an und frage, ob ich vergessen worden sei. Die Antwort: „Nein, warten Sie!“

Nach einer weiteren, langen Wartezeit darf ich endlich eintreten. Die Dame öffnet mir die Tür zum Raum des Personalchefs. Ich betrete respektvoll das komfortabel ausgestattete Zimmer mit Konferenztisch und Sesseln. Der Oberamtmann sitzt an seinem Schreibtisch, springt exakt auf und bleibt am Platz stehen. In Front seines Schreibtisches steht ein leerer gepolsterter Stuhl. Ich weiß nicht, wie ich mich verhalten soll. Von ihm kommt keine Anweisung, also stelle ich mich ihm gegenüber vor den Schreibtisch. Er führt mit mir ein längeres Gespräch im Stehen und schaut immer nach links in Richtung Fenster. Ich finde es befremdlich, dass er mich beim Sprechen nicht anschaut, und ich denke: ‚Die gepolsterten Stühle und Sessel sind zwar wirkungsvoll, jedoch nutzlos, wenn sie nicht dem längeren Gespräch dienlich sind.‘

Aus meinen Bewerbungsunterlagen ist ersichtlich, dass ich die Handelsschule besucht habe. Deshalb stellt mir der Personalchef viele Fragen aus der Betriebswirtschaftslehre, die ich aus dem umfangreichen Lernstoff nur teilweise, unzureichend oder stockend beantworten kann. Zum Höhepunkt der schulmeisterlichen Abfrage soll ich alle Bestandteile des Wechsels laut Gesetz aufzählen. Beim Überlegen spreche ich langsam. Der Oberamtmann unterbricht mich und spuckt, wie aus dem Maschinengewehr, die acht Bestandteile heraus. Zum Ausklang des Gesprächs sagt er mit strenger Miene: „Lassen Sie mal die Unterlagen hier.“ Beim Verlassen des Raumes denke ich: ‚Diesmal bin ich ein Versager, aber warum hat er meine Unterlagen behalten?‘

Auf ein Schreiben von dieser Kreissparkasse warte ich gespannt, doch es kommt nicht. Es verstreichen vierzehn Tage und ich mache mich auf den Weg zur Sparkasse, um meine Bewerbungsunterlagen abzuholen. Die Gruppenleiterin des Sekretariats gibt mir den Hinweis, dass der Personalchef in einem wichtigen Diktat sei. Also wieder lange Wartezeit auf der ‚Strafbank'. Nach dem Einlass empfängt mich der Oberamtmann mit den Worten: „Gut, dass Sie kommen, sonst wäre der Vorgang für mich erledigt gewesen. Ich habe etwas vorbereiten lassen." Er zieht aus der Schreibtischschublade ein paar Bogen Papier mit dem Hinweis: „Lösen Sie bitte die vorgeschriebenen Aufgaben des kaufmännischen Rechnens und schreiben Sie einen Aufsatz als Erörterung über das Thema ›Habsucht und Geiz, in der Mitte liegt die Sparsamkeit‹. Ich gebe Ihnen zwei Stunden Zeit. Suchen Sie sich bitte vorn im Sekretariat einen Platz!"

Die Damen rücken an ihren Schreibtischen ein wenig zusammen, und ich finde einen Platz vor den Schubläden, sodass ich nicht so richtig weiß, wo meine Beine bleiben sollen. Das große Übel in diesem Raum ist für mich das Ticken und Rasseln der Schreib- und Additionsmaschinen und das Klingeln der Telefone. Das Kommunizieren der Kolleginnen untereinander und die Geräuschkulisse sind eine Zumutung für meine Konzentration. Nachdem ich innerhalb des mir vorgegebenen Zeitrahmens meine Arbeit beendet habe, holt mich der Personalchef in sein Zimmer und erklärt mir, dass ich dieses Mal schriftliche Nachricht bekomme. Nach einer Woche erhalte ich die Nachricht, dass ich die Aufnahmeprüfung bestanden hätte und zeitnah der Lehrvertrag abgeschlossen werden könne. Da ich noch minderjährig sei, müssten auch die Eltern unterschreiben. Mit 21 Jahren ist man erst volljährig.

Eines Tages nach dem betrieblichen Unterricht, der immer nach Feierabend stattfindet, unterhalte ich mich mit den beiden Mitstreiterinnen, die mit mir die Sparkassenlehre begonnen haben. Ein Mädchen hat die mittlere Reife und die andere Dame ist mit Abitur und zwei Semestern Studium an der pädagogischen Hochschule von der Sparkasse als Lehrling eingestellt worden.

Sie ist verlobt und hat ihr Studium aufgegeben. Ich erzähle von meiner Aufnahmeprüfung bei unserem Personalleiter. Die beiden Mitlehrlinge sind erstaunt und berichten mir, dass ihnen diese Prüfung erspart geblieben sei.

Wir drei Lehrlinge stimmen überein, dass der Oberamtmann mit zweierlei Maß misst. Mein Volksschulabschluss und meine Berufsausbildung mit sehr gutem Ergebnis, praktischer körperlicher Arbeit als Geselle und Handelsschulabschluss passen wohl nicht in das System der Kreissparkasse. Deshalb hat mich der Personalchef mit seinen Prüfungsanforderungen gequält. In seinen Augen hat wohl die mittlere Reife einen höheren Stellenwert. Meine Kolleginnen wissen auch zu erzählen, dass er im Krieg ein hoher Offizier gewesen und auch verwundet worden sei. Äußerlich sichtbar erkennt man die Narben. Das Ende des Krieges erlebte er als Major. Bei späteren Gesprächen in seinem Wirkungskreis hat er immer seine militärische Haltung bewahrt.

Heimische Vögel: Rotkehlchen (Öl)

Der Jugendleiter

Die Seelsorgestelle der Pfarrgemeinde hat ein jüngerer, dynamischer Dechant eingenommen. Er schart die Jugend um sich und bildet altersgemäße Gruppen, die an verschiedenen Abenden in seiner Anwesenheit im Sitzungsraum des Pfarrhauses zusammenkommen. Es werden geistreiche Themen diskutiert, Quizfragen gestellt, Ratespiele erarbeitet, Bibeltexte erörtert und Spielabende durchgeführt. Die Kartenspiele *Sechsundsechzig*, *Skat* und *Doppelkopf* werden gern zur Hand genommen.

Konzentriert beim Kartenspiel

Diese Zusammenkünfte sind beliebt. Am Schluss trennen sich die Jugendlichen von der frohen Runde. Ein älterer Jugendlicher, der noch als Pfarrjugendleiter den Platz hält, hat sich verlobt und wird das Aufgabenfeld abgeben. Der Dechant bittet mich, diesen Posten zu übernehmen. Ich bin noch sehr jung und im Begriff, eine berufliche Neuorientierung anzustreben. Mit achtzehn Jahren soll ich gleich Verantwortung übernehmen und bei öffentlichen Anlässen ein paar vernünftige Sätze formulieren. Ich fühle mich wie ins Wasser geworfen, um einfach zu schwimmen, aber nach weiteren Gesprächen mit dem bald ausscheidenden Pfarrjugendleiter nehme ich diesen Posten an.

Die wöchentlichen Gruppenstunden werden weiterhin vom Dechanten vorbereitet, doch für weitere Veranstaltungen bin ich federführend. Für Tanzabende unter Jugendlichen treffe ich eine Vereinbarung mit einer Drei-Mann-Kapelle. Die jungen Männer sind noch Schüler; sie spielen Trompete, Schlagzeug und Gitarre und singen dazu. Ich mache die ersten Versuche als Conférencier. Für die Veranstaltung wird etwas Geld für die Drei-Mann-Kapelle gesammelt.

Beim Tanzabend der Jugend

Im Sommer organisiere ich eine zweitägige Busfahrt, die vollen Anklang bei den jungen Leuten findet. Der Fahrt habe ich ein vollgestopftes Programm verpasst. Am frühen Morgen ist der Treffpunkt in der Kirche. Der Dechant erteilt uns den Reisesegen, wünscht eine frohe Fahrt und eine glückliche Heimkehr. Am Bus reicht mir der Dechant die Hand und sagt: „Du hast alles im Griff und ich wünsche dir, dass du die Kontrolle behältst."

Die Busfahrt führt nach Bremen. Dort unternehmen wir einen Stadtrundgang an den *Bremer Stadtmusikanten* und dem *Roland* vorbei, durch die *Böttchergasse* zum Hafen.

Bewegung auf dem Bremer Marktplatz.
Rechts ist das Rathaus.

An der Reede liegt das Segelschulschiff ›*Deutschland*‹. Der Dreimaster ragt majestätisch aus dem Wasser. Unser Hauptziel gilt in Bremen dem Überseemuseum. Die Ausstellungsthemen und Exponate sind beeindruckend, besonders die afrikanischen Lebensweisen und die Bewohner in ihren Hütten. Die Jugendlichen schauen interessiert und mit Begeisterung die Ausstellungsgegenstände an; dabei läuft die Zeit davon.

Den Zeitverlust soll der Busfahrer einholen, doch es gelingt ihm nicht. Bei Planung der Fahrt habe ich für die Jugendgruppe die Übernachtung in der Jugendherberge Cuxhaven-Duhnen angemeldet. Unser Bus trifft mit Zeitverspätung bei Dämmerung ein. Ich will mich beim Jugendherbergsvater entschuldigen, aber ich habe keine Chance, zu Wort zu kommen. Unentwegt schreit er herum und schimpft auf die Einzelwanderer, die ohne Voranmeldung kommen und die Plätze einnehmen. Ich denke: ‚Das kann ja heiter werden! Die Begrüßung unserer Truppe habe ich mir freundlicher vorgestellt.' Ein hochgewachsener Jüngling unserer Gruppe, der alle Beteiligten überragt, macht eine spritzige, spaßige Bemerkung.

Wutentbrannt wühlt sich der Hausherr durch die Menge und will diesen ‚Flegel' rausschmeißen. Ich schreite ein, zeige dem Herbergsvater meinen Pfarrführer-Ausweis von der Diözese, entschuldige mich für die Verspätung des Busses, übernehme dafür die Verantwortung und stelle glaubhaft dar, dass ich als junger Gruppenleiter noch unerfahren bin. Der Herbergsvater beruhigt sich und ich kann mit ihm über die Knappheit der Betten sprechen. Für Einige unserer Gruppe kann er nur eine Unterkunft im Keller anbieten, die dann auf ausgelegten Matratzen auf dem Fußboden schlafen müssen. Die Mädchen bekommen die normalen Betten in den Räumen; ein Teil der Jungen und ich nehmen mit der Schlafstätte im Keller vorlieb. Der Herbergsvater ist, wie eingangs nicht vermutet, mit der aufmüpfigen jungen Gesellschaft zufrieden.

Am nächsten Morgen geht es auf das Schiff ›*Wappen von Hamburg*‹. Die jungen Leute besteigen froh gelaunt das Schiff, das mit uns die ersehnte Insel Helgoland ansteuern wird. Die Sonne scheint herrlich, und die Freisitze auf dem Deck sind für die Jugendlichen die willkommene Gelegenheit zum Sonnenbaden. Auf hoher See verdunkelt der Himmel, das Wasser wird vom aufkommenden Wind rauer und das Schiffsteil am Bug hebt und senkt sich leicht von den anrollenden Wellen. Ohne Sonnenschein vergnügt sich die Gruppe mit spaßigen Gesprächen und fröhlichen Gesängen. Alle kennen lustige Seemannslieder, die nun freudig aus voller Brust gesungen werden. Man erkennt wieder, dass Singen in der Gruppe Freude verbreitet. Jeder bemüht sich, seinen Beitrag im Textverlauf einzubringen, selbst die fremden Passagiere finden ihren Spaß beim Mitsingen. Einigen der Jugendlichen vergeht jedoch der Spaß. Sie ziehen sich mit blassen Gesichtern an die Schiffsgeländer zurück. Der Kapitän behält von seiner Steuerkanzel den Überblick und erklärt am Mikrofon, dass die Passagiere nur bei der Hinfahrt eine Übelkeit verspürten, weil das Schiff gegen die Strömung fahre und vorn angehoben werde, um sich bald wieder zu senken. Aber bei der Rückfahrt würden wir mit dem Strom schippern und niemand würde mehr seekrank werden.

Wegen ihres tiefen Schiffgangs kann die ›*Wappen von Hamburg*‹ nicht direkt am Ufer der Insel anlegen. Es stehen Boote auf See bereit, und die Passagiere steigen vom großen Schiff in kleine Boote um. Diese bringen die Helgoland-Besucher zur Insel. Das große Schiff bleibt vor Anker stehen, bis die Passagiere zur Rückreise kommen. Nach einem Imbiss sichten wir die *Lange Anna* im Blick von oben zum Meer, schauen vom Oberland in Richtung Schwimmbad, das im Unterland liegt und nach einem Rundgang auf dem Plateau bleibt uns noch Zeit bis zur Rückfahrt. Wir genießen die salzhaltige Meeresluft und einige

Jugendliche tätigen noch zollfreie Einkäufe. Zigaretten und alkoholische Getränke sind begehrt. Nach der Einbootung in das Passagierschiff erwartet uns eine erholsame, wellenfreie Rückfahrt. Alle sind munter und die ›*Wappen von Hamburg*‹, begleitet von Liedern der jungen Leute und sangesfreudigen Passagieren, schwimmt im ruhigen Fahrwasser zum Heimathafen.

Das Passagierschiff beim Ausbooten vor der Insel Holgoland

Der Bus bringt die fröhlich singende Gesellschaft nach Hause und bei vier der jungen Mitreisenden hat die Fahrt zu ihrem eigenen Glück beigetragen. Diese zwei Paare stehen später am Traualtar.

Durch meine Tätigkeit als Pfarrjugendleiter lerne ich den ehrenamtlichen Diözesanjugendleiter gut kennen. Einige Kilometer vom Bischofssitz entfernt sollen Räumlichkeiten für Jugendliche renoviert werden. Auf dem Komplex stehen eine kleine Kapelle im Fachwerkstil und ein Fachwerkhaus, das als Jugendbegegnungsstätte hergerichtet werden soll. Das Hofgelände, das abseits vom nächsten Dorf angesiedelt ist, gehört zum Bischofssitz.

Der Diözesanjugendleiter weiß, dass ich Maler gelernt habe, und er fragt mich, ob ich die Arbeiten verrichten könne. Selbstverständlich erkläre ich mich bereit. Stellenweise ist der Lehmputz marode, den ich abschlage und erneut mit dem gleichen Material ausbessere. Von den Decken und Wänden wasche ich die alte Leimfarbe ab, und nach dem Trocknen der Flächen streiche ich die Decken weiß und die Wände farbig. Die Holzbalken unter der Decke präpariere ich mit Holzlasur. Diese Arbeiten habe ich im Frühjahr durchgeführt.

Aus dem Gespräch mit dem Mann der Diözese, der hauptberuflich Mittelschullehrer ist, geht hervor, dass er Kontakt zu einer älteren deutschen Frau hat, die seit vielen Jahren in Spanien lebt. Im neuerlichen verbindlichen Kontaktgespräch hat sie sich bereiterklärt, als Dolmetscherin tätig zu werden, falls Jugendliche ihren Urlaub in Spanien verbringen möchten. Bei der Planung würde sie auch behilflich sein. Er fragt mich, ob wir gemeinsam das Unternehmen starten wollen. Ich bin bereit und erkundige mich in der Jugendgruppe, ob Interesse an einer anstrengenden Urlaubsreise nach Spanien besteht. Es erfolgt ein guter Zuspruch mit der Anzahl von dreizehn Jugendlichen. Fünf Mädchen und acht Jungmänner begeistern sich für das besondere Erlebnis.

Die schöne Stadt Santander im Norden Spaniens ist das Reiseziel. Ein Programm mit vielen Abwechslungen wird den Mitreisenden angekündigt. Das interessante Umfeld und die landschaftliche Vielfalt mit Parkanlage in der Nähe des Strandes wird gepriesen. Wir jungen Leute sind sehr gespannt und gehen von der Erwartung aus, einer Fahrt mit reichen Erlebnissen zu begegnen.

Santander: Park mit Palmen am Meer

Spaziergang um die Weltkugel

Spanienurlaub

Die Zusammenstellung des Programms liegt in den Händen des Diözesanjugendleiters in fernmündlicher Absprache mit der dolmetschenden älteren Dame.

Im Sommer 1962 fährt die kleine Jugendgruppe mit dem D-Zug durch Frankreich über die Pyrenäen in das Baskenland. Unser Ziel ist die Stadt Santander am Golf von Biskaya. Der Wagen des Zuges ist durch Abteilungen getrennt, aber es gibt keine Schlafgelegenheit. Junge Leute sind nicht zimperlich. Sie schlafen zusammengekauert auf den Sitzen oder liegen ausgestreckt auf dem harten Fußboden. Zur Erholung des Rückens werden die harten Liegeplätze des Fußbodens mit denen auf den Sitzplätzen getauscht.

Der weiße herrliche Sandstrand mit den Gezeiten von Ebbe und Flut wird auf einer Seite von der Felsen-Steilküste unterbrochen. Man kann zu jeder Tageszeit im Meerwasser baden, denn bei der Ebbe läuft das Wasser nur wenige Meter zurück. Auf dem Plateau des Felsenvorsprungs befindet sich ein schöner Park mit Palmen, Hecken und Zierpflanzen.

Am weißen Strand

Ungefähr drei Meter hohe Hortensien und die verschiedenen Farben der Canna beleben die farbenfrohen Anlagen. Die Bürgersteige, die vom Strand zur Stadtmitte führen, werden von den flachen Kronen der Pinienbäume beschattet.

Die Jugend will den Urlaub nicht nur am Strand verbringen. Sie interessiert sich für Land und Leute. Auch für kulturelle Angebote ist die Gruppe aufgeschlossen. Unsere deutsch-spanisch sprechende Begleiterin hat eine Busfahrt zur *Höhle von Altamira* organisiert. Nur wenige Touristen dürfen die altsteinzeitliche Höhle betreten, die erst am Anfang des zwanzigsten Jahrhunderts von Kindern entdeckt worden ist. Die Felsen in der Höhle sind mit Tieren aus der Eiszeit bemalt. Die Farbtönung ist den Erdfarben entnommen. Der Wisent an der Decke des leichten Gewölbes ist das größte Motiv in der Höhle. Von der künstlerischen Handhabung der Urmenschen bin ich beeindruckt. Das Kunstwerk besteht nicht nur aus Farbe und Form des Tieres, sondern man nutzte auch Vertiefungen und Wölbungen im Gestein, um die Körperformen zu betonen oder die Licht- und Schattenwirkung zu erzielen. Die Höhle ist etwa zwei Meter hoch und mit den Händen leicht zu erreichen. Der Höhlenführer achtet peinlich darauf, dass niemand die Malerei berührt, denn die Malkunst muss erhalten bleiben. Es darf auch nicht fotografiert werden; das Blitzlicht würde die Kunst der Steinzeitmenschen schädigen.

Unsere Gruppe kann sich glücklich schätzen, die steinzeitliche Stätte besichtigen zu dürfen, denn bald darauf ist die Höhle von Altamira für Touristen gesperrt worden. Die warme Atemluft der Besucher gefährdet die Höhlenkunst. Nur den Wissenschaftlern wird der Einlass gewährt.

Ein weiteres Erlebnis steht einigen abenteuerlustigen Jungmännern bevor. Im Hafen von Santander liegen die Fischerboote. Die Fischersleute werden gefragt, ob es möglich sei, mit ihnen bei der Fischfang-Tour in See zu stechen. Der Kapitän des Fischkutters willigt ein. Am nächsten Morgen versammelt sich das kleine Grüppchen der hartgesottenen Jungen, der Mittelschullehrer und ich um vier Uhr auf dem Fischfangkutter. Der Kapitän gibt mit Gesten und Gebärden kurze Anweisungen zum Anlegen der Schwimmwesten und stimmt uns auf Sicherheitsmaßnahmen ein.

Durch die nächtliche Unterbrechung des Schlafes stellt sich bei einigen Jungen die Müdigkeit ein und sie hauen sich unter Deck in die Koje. Zum Fischfang auf hoher See sind sie wieder hellwach. Den Fahrtwind und die morgendliche Frische der Sommerluft genießen die auf Deck Verweilenden und beobachten die Vorbereitungen der Fischer, die ihre Angelhaken mit Ködern füllen.

Der Beginn des Tages erstrahlt im Morgenrot und der Fischkutter befindet sich auf See des Atlantischen Ozeans. Alle Jungen sind auf dem Deck. Die Fischer halten ihre Angeln über die Reling und die Fische beißen sich am Haken fest. Zappelnde *Merluzas* an der Angelschnur haben keine Chance, sich zu befreien. Die großen Seehechte werden in die bereitstehenden Wasserkübel geworfen. Junge oder kleine Fische werden vom Haken entfernt, und sie erhalten die Freiheit im Meer. Die Fische beißen heute gut und der Tag verspricht einen reichen Fischfang.

Merluza-Fang

Plötzlich kommt Unruhe bei der Besatzung des Kutters auf. Die Angler drehen die Schnüre ein, decken die Bottiche mit den gefangenen Merluzas ab und der Kapitän wendet das Fischerboot in Richtung Heimathafen. Am Himmel ziehen dunkle Wolken auf und das Meerwasser verwandelt sich in unruhiges Gewässer. Über Funk sind die Fischer gewarnt worden; daher rührt der schnelle Abbruch des Fischfanges. Der Sturm steigert sich bis zum Gefahrenpunkt für das Fischerboot. Das Wasser der meterhohen Wellen klatscht gegen den Fischerkutter und auch in das Boot hinein. Als sich der Kutter im Golf von Biskaya dem Landstreifen nähert, mildert der Sturm ab und der Kapitän steuert den Hafen an. Alle sind froh über das sichere Anlegen im Hafen von Santander. Wir Landratten wundern uns, dass niemand seekrank geworden ist. Uns wird kundgetan, dass ein kleines Schiff auf den Wellen reitet. Die hohen Wellen nehmen das Boot mit nach oben und sie geleiten es auch abwärts. Ein großer Pott hingegen gerät beim flachen Schaukeln in schwankende Bewegungen. Dadurch wird man schneller seekrank. Der Magen mag die kurze Schaukelbewegung nicht.

Am nächsten Tag, nach dem Mittagessen in der Kantine, schlendert die Gruppe unter dem Schattendach der grünen Pinienkronen entlang. Einige Jugendliche bewegen sich zum schönen Palmenpark, denn von den dort platzierten Bänken können sie die Schönheit der Blumenpracht genießen oder unterhalb des Steilhanges den langen Strand überblicken. Ein weiteres Grüppchen geht weiter hinunter zum Strand, um sich im Wasser zu tummeln, sich im weißen Sand die Zeit zu vertreiben, mit dem Ball zu spielen oder auf der ausgebreiteten Decke ihre Körper zu bräunen.

Bei brütender Hitze ist der Strand wenig belebt. Die spanischen Landsleute halten an den heißen Sommertagen ihre Siesta. Die stundenlangen Mittagsruhen nutzen die Spanier, um für ihr Arbeitsleben neue Kraft zu schöpfen, denn bei der Hitze ist man nicht imstande, Leistungen zu erbringen. Am späten Abend bis in die Nacht hinein wird die Stadt lebendig. Die Zeit der langen Sommertage nutzen die Spanier für ausgedehnte Spaziergänge. Sogar über Mitternacht hinaus sieht man die Familien mit Kindern unter den Pinienbäumen wandern.

Auch diese Dame nimmt am Straßenverkehr teil.

Die Strand-Maler in Santander

Bei Bedarf steht uns zur Umsetzung des Tagesprogramms die Dolmetscherin jederzeit zur Verfügung. Santander ist eine Bischofsstadt, und unserer deutschen Spanierin war es ein Herzensbedürfnis, die deutsche Jugendgruppe seiner Exzellenz vorzustellen. Bei der Audienz im bischöflichen Empfangszimmer führt der Bischof mit uns ein ausführliches Gespräch. Sein Interesse gilt der Jugendarbeit in Deutschland.

Besuch beim Bischof

Prozession zu Ehren der Heiligen Carmen

Eines Morgens sehen wir die Einwohner der Stadt Santander sehr beschäftigt auf der Hauptstraße mit dem Schmücken ihrer Häuser oder Vorgärten. Die Kirche feiert das Patronatsfest der heiligen Carmen; sie ist die Schutzpatronin der Seefahrer. Das Fest wird jährlich mit großer Prozession in den Straßen begangen. Die schwere Statue der heiligen Carmen wird von vier Männer, ähnlich einer Sänfte, auf den Schultern getragen. Damit ist sie für alle Beteiligten gut sichtbar. Auch Kirchenfahnen werden mitgeführt. Die Kirchgänger haben sich eingereiht und die Blaskapelle spielt Kirchenlieder.

Auf Empfehlung besuchen die jungen Leute zum Abschluss des Aufenthaltes in Spanien eine Taverne. Das Wirtshaus macht zunächst den Eindruck, als seien wir in einer Spelunke gelandet. Die Gäste sitzen im Dämmerlicht, doch die Dekoration an den Wänden lässt den Raum gemütlich erscheinen. Unser Tagesausklang gestaltet sich zum lustigen Weinabend. Mit dem Auftritt einer spanischen Tänzerin und eines Tänzers kommt Bewegung ins Lokal. Sie erscheint im farbigen langen Kleid mit einem strahlenden Lächeln, leichter Verbeugung und lockeren Handbewegungen. Aus dem Lautsprecher erklingt der andalusische Tanz *Flamenco* und die Tänzerin legt den Stepptanz aufs Parkett. Die Gäste geraten in Verzückung und wünschen Zugaben.

Im Programm des Urlaubs in Spanien ist der Besuch des Wallfahrtortes in Lourdes im Gebirgszug der Pyrenäen eingeordnet. Anfang des zwanzigsten Jahrhunderts ist die Mutter Gottes der heiligen Bernadette am Berghang in einer Grotte erschienen. Die Jugendgruppe fährt mit der Eisenbahn, die in privater Hand betrieben wird, durch das spanische Baskenland bis zum Grenzbahnhof Irun. Die Jugendlichen müssen in einen anderen Zug umsteigen, der die Gruppe über die Grenze nach Frankreich bringen soll. Ein Teil der Gruppe ist in den Wagen des Zuges eingestiegen und der Zug fährt ab. Die auf dem Bahnsteig Verbliebenen sind zunächst verblüfft. Ich denke: ‚Der Lokführer will rangieren. Nein, er fährt weiter!' Ich bin zunächst in Aufregung, denn der Mittelschullehrer hat die Fahrkarten der gesamten Gruppe bei sich, und er ist nun mit dem Zug auf und davon. Mit Händen und Füßen versuche ich die Lage beim spanischen Schaffner zu klären. Dabei kommt ans Licht, dass nach dreißig Minuten der nächste Zug kommt und der vorweg gefahrene auf diesen Anschlusszug warten muss. Die Gruppe findet wieder zusammen.

Im Wallfahrtsort Lourdes angekommen, nehmen wir am Abend an der Lichterprozession teil, die auf dem großen Platz vor der Basilika stattfindet. In den ersten Reihen sitzen die Kranken in ihren Rollstühlen, die auf eine Wunderheilung hoffen oder gestärkt durch die erlebten und ihnen zugewandten Zeremonien in ihrer Krankheit Trost erfahren haben.

Am nächsten Tag verweilen wir an der Quelle, der die Wunderheilungen zugesprochen werden und an der Bernadette die Gottesmutter erschien. An der Grotte schöpfen die Gläubigen das

Wasser der Quelle und trinken es aus ihren Behältern. Auch die Kreuzwegstationen, die mit lebensgroßen Statuen unter freiem Himmel aufgebaut sind, werden in andächtiger Weise aufgesucht.

Die unterirdische Kirche in Lourdes

Nach den erlebten Wallfahrt-Riten unternimmt unsere Gruppe einen Spaziergang durch die Kleinstadt Lourdes. Wir nutzen das schön angelegte Freibad zum Erfrischen am heißen Tag. Noch zwei Tage verbringen wir an diesem erholsamen Ruhepol und bringen das klare Wasser in Wallung. Das Schwimmbecken ist in Form einer Niere in zwei Bereiche angelegt. Im kleineren Teil steht der Turm mit der Sprungbretthöhe von drei Metern und darüber ist die Fünf-Meter-Plattform. Die Schwimmer können im großen Teil des Beckens ihre Bahnen durchziehen. Die jugendlichen Mädchen und Jungen leben hier bei strahlender Sonne den Badespaß aus.

Die Rückfahrt mit dem Zug verläuft über die weltberühmte Stadt Paris mit einem Tag Aufenthalt. Mit den unbequemen Schlafbedingungen im Zugabteil erreichen wir des Morgens den Pariser Hauptbahnhof. Nachdem unsere Gruppe die Fahrkartenkontrollsperre passiert hat, witzeln wir miteinander. Einige männliche Franzosen kommen uns entgegen und pöbeln uns an. Einer beschimpft uns mit „Nazis". Wir gehen unbeirrt weiter und der Diözesanjugendleiter sagt so vor sich hin: „Nobel, wie wir hier begrüßt werden." Ein aufgeheizter Franzose stürmt mit geballten Fäusten auf den Lehrer zu und wir männlichen Jugendlichen beschützen ihn.

Nach Beruhigung der kritischen Lage schlendern wir durch Paris. Beim Verzehren eines Imbisses schauen wir in das Taschen-Wörterbuch, um zu erkunden, warum der Franzose uns ans Fell gehen wollte. Das Wort ›nobel‹ hat wohl den verstärkten Ärger ausgelöst, denn nobel heißt vom Französischen abgeleitet ›freigebig‹. Die Begegnung mit diesem Franzosen zeugt davon, dass die deutschen Politiker in Frankreich noch Einiges zu klären haben.

Den Malermarkt unterhalb des *Montmartre* nehmen wir in Augenschein. Die Kunstmaler stehen vor ihren Staffeleien und malen Bilder aller Art mit verschiedenen Techniken: Aquarell auf Kartonpapier, Kreidemalerei als Porträt, Ölfarbe auf gespannte Leinenrahmen oder gespachtelte Ölgemälde.

Der Malermarkt am Montmartre

Ein beliebtes Motiv ist der Blick auf die Kirche *Sacré-Cœur*. Diese künstlerische Darstellung bietet sich besonders an, weil das Objekt, vom Künstlerviertel gesehen, in prachtvolle Erscheinung rückt. Auf der Insel der Seine besichtigt die Jugendgruppe die spätgotische Basilika *Notre-Dame*. Die hohen, schmalen Spitzbogenfenster bieten nur einen gedämpften Lichteinfall. Ins Blickfeld rückt das große runde, mit leuchtenden Farben ausgelegte Rosetten-Fenster. Der Baustil hat keine hohen Spitztürme, im Gegensatz zur Frühgotik.

Das Netz der Untergrundbahn hat uns ermöglicht, einige markante Sehenswürdigkeiten schnell zu erreichen. Nach all den gewonnenen Eindrücken der schönen Stadt Paris gehen wir zum Bahnhof, um mit dem Nachtzug die Rückreise nach Deutschland anzutreten. In Köln steht ein Verkäufer mit heißen Bockwürsten auf dem Bahnsteig. Die Jugendlichen öffnen die Fenster des D-Zug-Abteils und atmen die Morgenluft mit dem Gefühl ein: Wir sind in unserer Heimat! Bevor der Schaffner mit der Kelle die Weiterfahrt signalisiert, kaufen die jungen Leute Würstchen und essen sie mit Heißhunger. Der Appetit auf Bockwurst ist nicht verwunderlich, denn sie haben länger als zwei Wochen auf die heimische Kost verzichten müssen. Die Mittagsgerichte in der spanischen Kantine, in welcher wir im Urlaub gespeist haben, sind fast ausschließlich mit Olivenöl zubereitet gewesen.

Ausbildung in der Sparkasse

Die Ausbildung in der Sparkasse ist vielseitig. Deshalb wird der Lehrling in verschiedenen Abteilungen eingesetzt. In der Sparabteilung ist die Betreuung der Kunden wichtig und später auch die Beratung. Mit den Ersparnissen der Kunden kann die Sparkasse arbeiten, und durch das Ausleihen des Geldes an die Kreditkunden zum höheren Zinssatz verdient das Institut das Geld. Mit dem Ertrag werden alle Kosten einschließlich Gehälter gedeckt und der verbleibende Gewinn wird der Sicherheitsrücklage zugefügt. Durch den Wiederaufbau der zerstörten Häuser im Zweiten Weltkrieg wird für die Hypothekendarlehen unermesslich viel Geld benötigt.

Der Sachbereich wird pfleglich behandelt, besonders die Kontokarten der Kunden. Die Buchungen auf den Konten sind die wichtigsten Nachweise für die Kunden und ebenso für die Sparkasse. Die Karten sind nach Nummern sortiert aufzubewahren, und sie müssen jederzeit griffbereit sein. Mit der Buchungsmaschine voll gedruckte Konten liegen in Schubläden des eisernen Kontokastens. Diese zu Bergen angesammelten Karten werden von Zeit zu Zeit im Kellerarchiv numerisch einsortiert. In Folge des Ausbildungsplanes bin ich als Lehrling in der Sparabteilung. Routinearbeiten müssen Lehrlinge und junge Angestellte auch mit verrichten.

Das Kundenaufkommen in der Kassenhalle ist zurzeit gemäßigt. So beauftragt der ältere Abteilungsleiter ein hübsches junges Mädchen meines Alters und mich, diese vorläufig abgelegten Kontokarten im Kellerarchiv einzuordnen. Bei der gewohnheitsmäßigen Tätigkeit findet man freundliche Worte, die der Unterhaltung dienlich sind. Die unbekümmert-freundliche Art der blonden Kollegin gefällt mir. Ihr leichtes Lispeln ist nicht störend. Die Arbeit im Archiv dauert ein paar Tage. Im weiteren Arbeitsleben habe ich Inge liebgewonnen, sodass ich sie manchmal nach

Feierabend auf ihrem Heimweg in die Stadt begleite. Junge männliche Kollegen bemerken unsere Zuneigung und äußern, dass ich nun das hübsche Mädchen der Sparkasse weggeschnappt hätte.

Eines Abends habe ich Inge in die Obstweinschenke eingeladen. Viele Gäste sitzen im gemütlichen Lokal. An einem Tisch singt man bekannte Trinklieder, wo ich auch gern mit eingestimmt hätte, doch Inge macht eine abfällige Bemerkung über die singende Gesellschaft. Als die Zeit leicht fortgeschritten ist, drängt sie, sie müsse jetzt nach Haus, weil sie jeden Morgen um fünf Uhr aufstehen müsse, um sich fertig zu machen, damit sie aufgeräumt und schick in der Sparkasse erscheinen könne. Schließlich wolle sie sich darstellen, denn die Konkurrenz der Mädchen in der Sparkasse sei groß. Inge ist meine erste Liebe. Eine solche Haltung im Lebensbereich habe ich von ihr allerdings nicht erwartet. Ich bin noch jung, aber nicht unbedarft, denn ich habe schließlich eine berufliche Erfahrung abgeschlossen. Ich erkenne den Zeitpunkt, dass ich mich aus der Liebe zu ihr lösen muss. Der planmäßige Wechsel in eine andere Abteilung hilft mir, langsam Abstand zu gewinnen. Meine erste Liebe, die zu Herzen geht, entwickelt sich langsam zur platonischen Liebe, denn ich spüre, dass wir nicht aus dem gleichen Holz geschnitzt sind.

Mein nächster Ausbildungsbereich liegt in einer Abteilung der Halbetage, also in der Nähe der großen Sparkassenhalle. Auf verschiedenen Wegen treffe ich oft mit Inge zusammen und es kommt zu kurzen, unbedeutenden Gesprächen. Manchmal bin ich der Meinung, dass sie mich bewusst aufspürt. Jedes Mal zuckt es in meinem Körper und ich habe das Gefühl, dass ich sie noch gerne habe. Eines Tages sehe ich sie nach Feierabend mit einem Freund, der sie vom Eingang der Sparkasse abholt. Innerlich befreie ich mich von Gemütsbewegungen, und zukünftig bleibt sie für mich eine normale Arbeitskollegin.

Einer meiner langjährigen Freunde geht zum Gymnasium. Er erzählt, dass er und seine Klasse einen Tanzkursus belegen würden. Die Schülerinnen des benachbarten Mädchengymnasiums seien auch angemeldet. Auf seine Frage, ob ich auch mitmachen wolle, sage ich selbstverständlich zu.

Die Mädchen und Jungen stehen sich im ›*Kleinen Spiegelsaal*‹ der Tanzschule mit zehn Metern Abstand gegenüber. Die Tanzlehrerin begrüßt die jungen Leute und gibt Formen der Höflichkeit für die Teilnehmer des Kursus bekannt. Sie sagt: „Wir starten mit der Aufforderung der jungen Dame durch die Verbeugung des Herren. Ich gebe ein Zeichen vor dem ersten Tanz, und die Jungen gehen zu den Damen." Einige Schüler haben bereits ihre Auswahl beim Blick auf die Mädchen getroffen. Die Tanzlehrerin gibt das Zeichen und die Jungen rennen kreuz und quer über die Tanzfläche, um die Auserwählte zu schnappen. Zusammenstöße sind unvermeidbar.

Eine kleine Blonde mit Pferdeschwanz habe ich erwählt und beim Gewühle auch erwischt. Nach Anweisung der Lehrerin tanzen wir die Schrittübungen. Bei meiner Partnerin namens Margret gefällt mir nicht nur die äußere Erscheinung, sondern auch ihre freundliche Wesensart und beim Tanzen lässt sie sich leicht führen. Ich frage, ob ich sie auch zum letzten Tanz auffordern dürfe. Sie willigt ein. Zum Schluss der Tanzstunde spreche ich die Einladung zum Mittelball aus, damit kein anderer Schüler mir zuvorkommt.

Obwohl ich nicht zum Klassenverband gehöre, werde ich, Dank meines Freundes, schnell in die Gemeinschaft aufgenommen. Eine Gruppe trifft sich nach der Tanzstunde in der nahegelegenen Milchbar. Margret und ich trinken ein Mischgetränk; bald löst sich die kleine Runde auf und die Jungen bringen die Partnerinnen nach Hause oder zum Bahnhof. Von meiner Partnerin kenne ich bisher nur den Vornamen. Als wir uns der Straße der Wohnung ihrer Eltern nähern, bin ich innerlich leicht erschrocken. Ich frage sie: „Wie heißt du überhaupt?" Sie lacht und sagt: „Das weißt du doch, du hast mich doch immer mit meinem Namen angesprochen." „Ja, aber ich meine deinen Familiennamen." Margret nennt mir ihren Nachnamen. Ich denke: ‚Das habe ich schon geahnt, als wir in die Straße eingebogen sind, denn ich weiß, dass in dieser Straße der zweite Direktor der Sparkasse wohnt.' Ich lasse mir nichts anmerken, und wir verabschieden uns freundlich bis zur nächsten Tanzstunde.

Auf dem Heimweg bin ich mir nicht schlüssig, ob ich die Einladung zum Mittelkränzchen bei Margret zurückziehen solle. Ich komme mir vor, als wolle ich als graue Maus dem großen Elefanten die Stirn bieten oder sogar mich in höhere Kreise einschleichen. Mit solchen Dingen möchte ich mich nicht beschäftigen. Aber eine Zusage, die ich Margret gegeben habe, darf ich nicht ungerechtfertigt zerstören. Margret kann nichts dafür, dass ihr Vater dienstlich eine hohe Position bekleidet. In den nächsten Tanzstunden und bei den Treffen in der Milchbar sieht man nur fröhliche Gesichter, und über Rang und Namen wird gar nicht gesprochen. Der Mittelball wird im Saal eines Hotels gefeiert. Die große Zahl der Schülerinnen und Schüler hat mit Begeisterung getanzt und auf dem Heimweg fragt Margret mich, ob ich auch den Abschlussball mit ihr feiern wolle. Ich habe gern zugesagt, denn bisher ist die Zeit harmonisch verlaufen, trotz des Unterschieds im beruflichen Gefälle zwischen Direktor und Lehrling.

Die Tanzlehrerin bereitet die Truppe sowohl tänzerisch als auch organisatorisch auf den Abschlussball vor. An die Jungen gerichtet spricht sie die Empfehlung aus, sie möchten mit einem Blumenstrauß einen Hausbesuch bei den Eltern ihrer Tanzdame durchführen. Jetzt muss ich Farbe bekennen. Ich möchte Margret erzählen, dass ihr Vater mein Chef ist, und ich deshalb beim Hausbesuch Magendrücken bekommen werde. Sie lacht laut auf und sagt: „Ich weiß seit einiger Zeit, wer du bist. Mein Vater hat mir von dir erzählt und ich habe es für mich behalten. Beim

Hausbesuch hast du Gelegenheit, meine Eltern privat zu erleben." Einige Tage später bin ich in der Wohnung von Margrets Eltern, überreiche der Dame des Hauses den Blumenstrauß und wir sitzen in freundlicher Atmosphäre zusammen.

Die Vorbereitungen zum Abschlussball laufen fließend. Standardtänze wie Langsamer und Wiener Walzer, Foxtrott, Buggy, der südamerikanische Tango, Twist, Blues und der stark in Mode gekommene Cha-Cha-Cha werden zum Teil neu oder auch nachgeübt. Die große Quadrille, die zum Einzug der Tanzpaare in den Saal aufläuft, wird intensiv geprobt. Die Schülerinnen und Schüler der beiden Gymnasien schreiben die Ballzeitung.

Die jungen Mädchen präsentieren sich in Minikleidern mit Petticoats

Der Saal des Hotels für den Abschlussball ist festlich geschmückt und von den Eltern oder Geschwistern der Tanzschülerinnen und -schüler gefüllt. Die von der Tanzschule engagierte Kapelle mit fünf Musikern begleitet instrumental den Einzug der Kursteilnehmenden mit der Quadrille. Es folgt ein abwechslungsreiches Programm. Die Schülerinnen und Schüler führen einige Tänze auf, die besonders geprobt worden sind. Von der besten Schülerin der Mädchenklasse, die auch die Freundin meiner Tanzpartnerin ist, und dem Primus der Jungenklasse werden die gereimten Verse der Ballzeitung im Wechsel vorgetragen. Für jede Teilnehmerin und jeden Teilnehmer ist ein passender, auf die Person bezogener Text geschrieben worden. Zwischendurch sind auch die Gäste zum Tanze aufgefordert.

Am Ende der Veranstaltung werde ich von Margrets Eltern zum Weiterfeiern im privaten Kreis eingeladen. Auch Margrets Freundin mit Tanzpartner und weitere junge Leute sind willkommen. Die kleine Party mit Schallplattenmusik und Singen der aktuellen Schlager endet nachts zur späten Stunde.

Am nächsten Morgen kommt Margrets Vater an meinen Schreibtisch und erkundigt sich nach meinem Wohlbefinden. Er sagt scherzhaft: „Wie ich sehe, können Sie nicht nur tanzen und feiern, sondern auch arbeiten."

Die Tanzschule lädt an bestimmten Sonntagnachmittagen zum *Tanztee* ein. Gegen ein kleines Entgelt sind ehemalige Tanzschülerinnen und -schüler herzlich willkommen. Mit Margret verabrede ich mich ein paar Mal und bald wird unser Treffen zur Vergangenheit. Mir ist diese Situation recht, denn ich fühle mich in der Rolle des weit Unterlegenen, gegenüber von Margrets Vater, nicht wohl, obwohl er mir immer loyal begegnet.

Von meinem Freund weiß ich, dass später zwei Paare unseres Tanzkurses geheiratet haben.

Berufsalltag

Nachdem ich laut Lehrplan alle Abteilungen durchlaufen, die vielen Monats- und Abteilungsberichte geschrieben und regelmäßig die Berufsschule besucht habe sowie dem betriebsinternen Unterricht gefolgt bin, lege ich die Prüfung bei der ›*Deutschen Sparkassenschule*‹ mit Erfolg ab. Der Personalleiter setzt mich in der Giroabteilung ein. Die Kunden der Lohn- und Gehaltsempfänger haben hier ihre Konten. Ich führe Beratungen und Kontrollarbeiten als Angestellter durch.

Erst vor wenigen Jahren haben die Firmen und die selbstständigen Betriebe von Lohntütenzahlungen auf den bargeldlosen Zahlungsverkehr umgestellt. Zum Monatsanfang und zur Monatsmitte stehen die Kunden in drei oder vier Reihen hintereinander am langen Schaltertresen, um bedient zu werden und die Zahlungsvorgänge zu tätigen. Auf der Kundenseite kommt es manchmal zu unliebsamen Streitereien, weil jeder seinen Platz behaupten will. Da muss man oftmals schlichtend eingreifen. Andererseits treffen auch schriftliche Beschwerden ein, die bei der Geschäftsleitung landen. In solchen Fällen muss sich der Abteilungsleiter oder sein Vertreter beim Direktor rechtfertigen.

Nach zwei Jahren geht der Stellvertreter des Abteilungsleiters in Rente und ich übernehme als Dreiundzwanzigjähriger seinen Posten. Die Abteilung besteht aus einem jungen Team, denn der Abteilungsleiter ist nur drei Jahre älter als ich, und die weiteren zweiundzwanzig Mitarbeiter sind nicht älter als höchstens sechsundzwanzig. Die Kolleginnen und Kollegen verbreiten ein gutes Betriebsklima. Doch die Leute, die eine leitende Position bekleiden, müssen so manchen Kampf bestehen, wenn sie zum ersten Direktor beordert werden oder wenn sie wichtige Entscheidungen von ihm einholen müssen. Wegen seiner Arroganz ist er bei den Abteilungsleitern und deren Vertretern unbeliebt oder sogar gefürchtet. Man weiß nie, wann er seine Macht und Überheblichkeit nach außen kehrt!

Ein bewährter Mitarbeiter trifft den Direktor auf der Treppe in entgegengesetzter Richtung und grüßt ihn flüchtig. Er wird vom Chef zurückgepfiffen und dieser drückt ihm den Kopf herunter mit der Bemerkung: „Wissen Sie nicht, dass Sie eine Verbeugung machen müssen, wenn Sie Ihren Direktor grüßen?"

Ein andermal wird vom Direktor ein schriftlicher Umlauf an alle Mitarbeiter auf den Weg geschickt: *Ich habe heute Herrn X eine heftige Rüge erteilt und eine scharfe Verwarnung wegen rüpelhaften Benehmens im Straßenverkehr ausgesprochen [und so weiter] ...* Die Sparkassenkollegen erforschen, was wohl geschehen sein könne. Die Belegschaft spekuliert: Hat der Kollege ein Auto zerkratzt? Hat er vielleicht einen Fußgänger angerempelt oder belästigt? Ist er bei roter Ampelschaltung über die Straße gelaufen? Was ist passiert? Der Kollege ist doch ein anständiger Kerl! Nach Befragen des betroffenen Arbeitskollegen ist der Vorgang aufgeklärt. Er schildert den Sachverhalt: „Ich war in der Stadt und habe mich zum Ende der Mittagspause etwas verspätet. Als ich um die Häuserecke rannte, sah ich in letzter Sekunde den Direktor neben mir. Ich grüßte ihn und nickte kurz, doch er rief mich zurück, fragte nach meinem Namen und sprach lautstark, er werde mich noch im Verlauf des Nachmittags in seinem Büro sprechen. In seinem Chefzimmer hat er mich wegen mangelhafter Beachtung seiner Persönlichkeit zusammengefaltet. Er hat mir Verhaltensregeln aufgebürdet und anschließend seine Version der Sekretärin ins Diktat gegeben." Der Kollege spottet: „Auf der Straße kennt der Direktor nicht einmal meinen Namen, nur mein Gesicht, aber nun wird ihm mein Name im Gedächtnis haften und nicht in Vergessenheit geraten."

Hauptsächlich die Mitarbeiter des gehobenen Dienstes sind mit der Geschäftsleitung konfrontiert. Bei der großen Zahl der Mitarbeiter kennt der Chef nicht die Namen der Untergebenen.

Bei Vorgängen, die der Direktor entscheiden muss oder bei Kundenbeschwerden geht der Abteilungsleiter oder der Vertreter ins Vorzimmer zur Sekretärin, um das Gespräch mit dem Direktor anzumelden. Manchmal hat man Glück und darf durchgehen. Oftmals sagt die Vorzimmerdame: „Der Herr Direktor ist nicht im Haus, er hat keine Zeit oder er ist heute nicht zu sprechen. Geben sie den Vorgang schriftlich herein. Ich werde ihm das Schriftstück vorlegen." Ein Vorgang, der mündlich in Kürze abgehandelt wäre, muss dann in mühsamer Schreibmaschinenschrift zu Papier gebracht werden. Da ich in der Handelsschule den Umgang mit diesem Schreibgerät erlernt habe, habe ich keine Schwierigkeiten mit der technischen Handhabung, und ich muss nur auf die gute Formulierung achten. Andere Kollegen mühen sich mit dem ‚Zweifingersuchsystem' redlich ab. Bei Tippfehlern nehmen sie den Radierstift zur Hand, um den Buchstaben säuberlich wegzuradieren und an dieser Stelle den richtigen Buchstaben einzusetzen. Die Korrektur ist sauber vollzogen, doch das Papier ist an dieser Stelle dünner. Je nach Lust und Laune hält der ‚große Chef' das Blatt gegen das Licht, sieht das Radierte und stellt den Verantwortlichen zur Rede ein: „Schämen Sie sich nicht, Ihrem Direktor so ein Geschmiere vorzulegen?!" Solche nervtötenden Erziehungsmaßnahmen dienen der korrekten Ausübung der Arbeitsvorgänge.

Der Chef will auch bei allen Mitarbeitern zurechtweisend mitwirken und bei kleineren Begebenheiten mitmischen. Die Mitarbeiter füllen am Schalter die Belege handschriftlich aus. Um beim Lesen und Buchen Fehler zu vermeiden, wird eine saubere Handschrift vorausgesetzt. Das korrekte Schreiben der Zahlen ist wichtig, denn schlecht lesbare lösen Fehlerquellen beim Tippen auf der Buchungsmaschine aus, und stundenlange Suchaktionen können die Folge sein. Der Direktor spricht die Anweisung aus: „Das Schreiben von undeutlichen Zahlen ist ein Kündigungsgrund." Alle Mitarbeiter sind bemüht, diese Devise zu beherzigen. Seine geschwungen ausgeschriebene, aber gut lesbare Handschrift ist vorbildlich. Mit eigener Hand geschriebene Berichte bei Besichtigungen von Bauprojekten übergibt er in präziser Stenografie-Schrift, sodass seine Sekretärin diese Vorlage nur mit der Schreibmaschine tippen muss. In seiner Freizeit betätigt er sich künstlerisch mit Kohlezeichnen und Anfertigungen von Radierungen. Diese Feinarbeit beherrscht er vortrefflich.

Ich habe auch erkannt, dass der Chef nicht nur kritisiert, sondern er stellt auch an sich selbst hohe Ansprüche.

In der Giroabteilung wird eine Aktion über den Zeitraum von zwei Monaten durchgeführt. Es wird für das Gewinnsparen geworben. Da es monatlich nur kleine Beträge sind, die durch Dauerauftrag das Girokonto belasten, können viele Kunden für diese Sparform angeworben werden. Ein kleiner Betrag ist für die Gewinnausschüttung, der größere fließt in den Sparbereich, und diese Beträge werden verzinst. Der Zinsertrag wird für gemeinnützige Zwecke gespendet und der Kunde bekommt am Ende des Jahres das angesparte Geld aufs Konto überwiesen. Das einfache Verfahren gefällt dem Kunden, denn er kann bei der Verlosung einen Gewinn erhoffen. Mein Abteilungsleiter und ich kennen viele Kunden auch mit Namen, und das angebotene Produkt ist einfach zu erläutern. Die Fakten erleichtern die Werbung fürs Gewinnsparen. Am Ende der Aktion werden die Abschlusszahlen als großer Erfolg gewertet und dem Direktor zur Kenntnis zugeleitet.

Fast zeitgleich klingelt das Telefon meines Abteilungsleiters. Sein Schreibtisch steht im kurzen Abstand hinter meinem Platz. Das ist praktisch für kurze Verständigungen untereinander. Heftig legt er den Hörer auf und sagt kurz: „Ich muss zum Chef." Scherzhaft erwidere ich: „Er will dir wohl eine Belobigung für das gute Ergebnis in der Werbeaktion aussprechen." Antwort: „Mal hören." Er marschiert durch die große Kassenhalle, läuft die sieben Stufen zur Halbetage hinauf, über die ‚Kommandobrücke' durch das Vorzimmer und steht in der Tür des ›*Salons*‹ des Direktors. Der Raum ist mit Brokat-Vorhängen an der Fensterfront und wertvollen Tapeten geziert. Der Parkettfußboden trägt den dicken Perserteppich und der Raum ist mit stilvollen Möbeln ausgestattet.

Die Plattform der Halbetage wird von den Mitarbeitern als ‚Kommandobrücke' bezeichnet, weil der Direktor, Gott sei Dank nur selten, des Morgens auf diesem Bereich steht, sich auf das kunstvoll gearbeitete schmiedeeiserne Gitter stützt und von oben herab die Kassenhalle überblickt. Verspätete Mitarbeiter werden lautstark angezählt. Die Angesprochenen ziehen ihre Köpfe ein und bewegen sich schnell zu ihren Schreibtischen. Die Verspätungen sind oft wegen der Verkehrsmittel, besonders im Winter bei Eis und Schnee, zustandegekommen. Der Direktor kennt nur wenige Mitarbeiter mit Namen; deshalb kann er keinen persönlich benennen, aber er hat wieder bewiesen, dass er der Chef des Hauses ist, und die Stippvisite reicht für lange Zeit.

Mein Abteilungsleiter steigt mit langem Gesicht die Treppe hinab, begibt sich an seinen Arbeitsplatz und sagt zu mir: „Der hat schon wieder eine schriftliche Beschwerde. Es ist sein Steckenpferd, uns Leiter immer für das Fehlverhalten der abgedrehten Kunden verantwortlich zu machen." Ich frage: „Hat er wenigstens unsere Kundenwerbung für das Gewinnsparen anerkannt?" „Darüber ist kein Wort gesprochen worden."

Nur wenige Menschen können sich ein Auto leisten. Auf dem kleinen sparkasseneigenen Parkplatz hinter dem großen Sparkassengebäude stehen täglich fünf Autos als Dauerparker, darunter der große Mercedes des Direktors. Der sparkasseneigene Opel Kadett wird von einem Mitarbeiter benutzt, der den zweiten Direktor chauffiert. Ein weiteres Sparkassenauto, ein VW-Export ist für den Boten und den Hausmeister angeschafft. Mein junger Abteilungsleiter hat vier Kinder, er kommt vom Dorf und fährt einen VW-Standard, der beim Schalten mit Zwischengas bedient werden muss. Auch mein Auto, ein Opel Rekord, ist dort platziert, denn ich benötige den Wagen für den Besuch der Abendschule in der Stadt. Die weiteren Plätze bleiben für Kunden, die zum kurzen Aufenthalt in der Sparkasse einkehren.

Es gibt Situationen, in denen der Sparkassenbote mit dem Volkswagen dienstlich unterwegs und somit nicht verfügbar ist. Die Sekretärin des Chefs kommt an meinen Schreibtisch und bittet mich, einen Kurierdienst mit meinem Wagen zu übernehmen. Dass ich Briefe im verschlossenen Umschlag zum privaten Haus des Chefs bringen und an seine Frau übergeben muss, ist für mich nichts Neues. Ich frage mich, ob die beiden nur schriftlich kommunizieren. Manchmal gibt mir die Frau einen Zettel und ich besorge den Einkauf. Als sie mich eines Tages beauftragt, für den Haushund Knochen und Fleisch vom Schlachter zu holen, wird mir der Spaß zu viel. Ich fühle mich in meiner Ehre gekränkt, denn meine Arbeit in der Sparkasse wartet auf mich. Den Auftrag führe ich aus, aber zukünftig parke ich mein Auto irgendwo in der Stadtmitte. Als die Vorzimmerdame mich wieder einmal beauftragen will, sage ich: „Ich bin heute ohne Auto im Dienst.“ Nach nochmaligen Anfragen werde ich verstanden und ich bin von diesen, für mich nutzlosen, Aufträgen befreit.

Die momentanen Erlebnisse sind für mich nicht spaßig, doch mit großem Zeitabstand werte ich die Ereignisse als Anekdoten. Nach dem Erfahrungsschatz der vielen Jahre kann ich später darüber schmunzeln.

Urlaub im Süden

Eines Tages treffe ich einen Freund, der mit mir zur Volksschule gegangen war und ein Handwerk im Bauberuf erlernt hat. Wir haben uns lange Zeit nicht gesehen, und er hat viel zu berichten. Urlaubsfahrten mit seinem Volkswagen 1600 und dabei auch Zelten hat er sich zu eigen gemacht. Man kann sagen, das ist sein Hobby. Er berichtet von seinen Erlebnissen und fragt mich, ob ich mit ihm gemeinsam in den nächsten Urlaub fahren wolle. Er hat einen aufrichtigen Charakter und in der Volksschule sind wir leicht befreundet gewesen; deshalb erkläre ich meine Bereitschaft.

Wir fahren mit dem neuen VW 1600 meines Freundes in den Süden. Während der Fahrt erzählt er mir: „Auf der Route in den Süden kenne ich mich ein wenig aus. In Süddeutschland bin ich schon im Urlaub gewesen. Mit meinem neuen Wagen preschen wir über die Autobahn, für zwischenörtliche Verbindungen nehmen wir die Bundesstraßen und in ungefähr zwölf Stunden sind wir in Salzburg. Dort suchen wir uns am Abend ein Quartier."

In den folgenden Tagen erkunden wir bei anhaltendem Regenwetter die Stadt Salzburg. Bei der Salzburger Oper stellen wir den Wagen ab und gehen durch die Baumallee am Ufer der Salzach entlang zum Pferdebrunnen, um auch die Altstadt zu erleben. Die *Getreidegasse*, der Anziehungspunkt für Besucher, ist trotz des Regens belebt. Ebenen Fußes des Geburtshauses von Wolfgang Amadeus Mozart ist ein kleines Lokal. Dort nehmen wir einen Imbiss, und wir schauen über den Platz direkt auf das Wohnhaus des *berühmten Sohnes der Stadt Salzburg*. Die Fassade des Geburtshauses ist mit gelborangener Farbe gestrichen. Aufgesetzte goldene Buchstaben erinnern an die überaus begabte Persönlichkeit. Gegen Abend lichten sich die Wolken. Mein Schulfreund und ich sitzen in der Auslucht der Gaststätte am Marktplatz, bestellen je ein Bier, und wir möchten ein deftiges Essen zu uns nehmen. Auf der Speisekarte steht unter anderem

'*Salzburger Nockerl*'. Wir sagen: „Der Name verrät wohl etwas Besonderes. Das Spezialgericht wird unseren Hunger stillen." Wir bestellen, und die Bedienung bringt jedem eine große Schale mit der aufgeschäumten Eierschaum-Süßspeise. Eigentlich wollten wir etwas Festes essen, aber nun löffeln wir langsam den weichlich aufgetürmten Brei. Vom Balkon aus sehen wir einen Mann, der emsig Glasflaschen in verschiedenen Größen wie Orgelpfeifen aufs Pflaster stellt. Er nimmt einen Stock, vielleicht ist es auch ein Dirigentenstab, schlägt damit auf die Flaschenhälse und erzeugt Musik. Es ist erstaunlich, dass der klare Klang dieser Vorstellung in die weite Entfernung getragen wird. Der Künstler spielt mit den improvisierten Klangkörpern einige uns bekannte Melodien.

Der Pferdebrunnen in Salzburg

Am nächsten Tag regnet es wieder und wir halten uns lange im Mozart-Museum auf. Am Abend finden wir ein Tanzlokal mit Musikanten an ihren Instrumenten. Wir setzen uns an einen Tisch, an dem zwei junge Mädchen sind. In der kleinen Runde kommen wir schnell ins Gespräch. Es wird gesellig und beim

Tanzen strahlen sie Freude aus. Sie erzählen, dass sie nur über die Pfingstfeiertage nach Salzburg gekommen seien, um sich hier ein wenig umzusehen. Nach den Feiertagen führen sie zurück nach Wien, denn sie hätten keinen Urlaub. Von der herrlichen Stadt Wien wird geschwärmt, und sie würden uns gern Sehenswertes in ihrer Heimatstadt zeigen, wenn wir auch Wien ansteuern würden. Sie müssten zwar wieder arbeiten, aber nach Feierabend könnten wir zusammen die schöne Stadt erkunden.

Unterwegs nach Wien begleitet uns an schmalen Straßenverläufen die Donau, und wir fahren durch das idyllische Weinbaugebiet der Wachau flussabwärts, im reizvollen Flecken der Natur, vorbei an den Weinbergen und Wäldern. Nach kurzer Rast besichtigen wir das Benediktinerkloster Melk und die Straße führt uns weiter nach Wien.

Tagsüber streifen wir durch Wien, besichtigen den gotischen *Stephansdom* mit den drei spitzen, emporsteigenden Türmen. Fialen und Wimperge krönen das äußere Bauwerk. Wir gehen hinein in die Kirche. Zu unserer Überraschung steht im Altarraum ein leerer Sarg mit der gelb-weißen Flagge bedeckt. Auf dem weißen Grund sind zwei gekreuzte Schlüssel mit der Tiara zu sehen. Der verhüllte Sarg ist symbolisch aufgestellt, weil der beliebte Papst Johannes XXIII., der auch das Zweite Vatikanische Konzil einberufen hat, vor ein paar Tagen gestorben ist. Das Innere des Domes besticht durch die hohen, schmalen Spitzbogenfenster.

In der Nähe des Domes befindet sich der Park mit Statuen von berühmten Musikern. Sie sind zum Teil hinter Bäumen, Sträuchern und Hecken aufgestellt. Der Walzerkönig, Johann Strauß, steht mit seiner Geige, aus weißem Marmor gehauen, unübersehbar auf dem Sockel am Eingang des Parkes. Die Figur ist im Vergleich zu den anderen Denkmälern klein. Mit dem Handzettel suchen wir die genialen Musiker in der Parkanlage auf. Dem Komponisten Johannes Brahms wird das größte Denkmal zuteil, aber es ist hinter der Vegetation versteckt, sodass wir lange Ausschau nach ihm halten.

Nach Feierabend treffen wir uns mit den jungen Damen, spazieren zum Vergnügungspark *Prater*, fahren mit dem Riesenrad in die Höhe, um die schöne Stadt Wien aus der Vogelperspektive zu betrachten. Am nächsten Abend suchen wir das ehemalige kaiserliche *Schloss Schönbrunn* auf, das im Außenbereich von Wien liegt. Das Schloss ist im klassischen Baustil errichtet, und in den Innenräumen erkennt man, dass das Zeitalter des Rokokos simuliert worden ist. Den Abschlussabend verbringen wir mit den Wienerinnen in einer gemütlichen Weinstube bei Musik und Tanz. Der ganze Tag ist verregnet gewesen, und wir sagen den jungen Mädchen ein Dankeschön für die nette Begleitung im schönen Wien. Sie sind der Meinung, dass das Wetter von Salzburg nun auch Wien erreicht habe, denn Salzburg sei ein Regenloch. Sobald sich der Regen und der Dunst zwischen den Bergen festsetze, regne es dort für lange Zeit. Wir sagen den beiden ein Lebewohl.

Mein Freund und ich beschließen, dem Nass zu trotzen und über die Alpen nach Süden zu fahren, um hoffentlich bei schönem Wetter den Urlaub ausklingen zu lassen. Zunächst fahren wir zurück nach Deutschland in die Gegend von Berchtesgaden.

Einen Tag schiffen wir über den Königssee, hören die Trompetentöne des Bläsers, die als Echo von den Felsen zurückhallen und fahren an der Halbinsel mit der Kapelle St. Bartholomä vorbei. Am anderen Ufer steigen wir aus, wandern auf dem schmalen Pfad der steilen Felswände zum Obersee, nehmen auf der Alm einen Imbiss und schlendern zurück zum Schiffsanlegeplatz.

Mit dem Auto überwinden wir am nächsten Tag die Alpen. Wir fahren über den Reschenpass durch das Ötztal und gelangen in die Richtung von Bozen. Die ortskundigen italienischen Autofahrer betätigen lautstark ihre Hupen, und manche verwenden auch ihre Dreiklanghupen. Vom Klang dieser Hupen ist mein Freund so begeistert, dass er sich später in Italien eine solche Hupe in einer Werkstatt einbauen lässt, obwohl es in Deutschland nicht erlaubt ist, dieses Instrument zu betätigen. Aber die normale Hupe kann er auch weiterhin benutzen. Man trifft sich bei riskanten Überholmanövern vor den Serpentinkurven.

Königssee mit der Kapelle St. Bartholomä und Watzmann-Massiv (Öl)

Die Abfahrt zum Ötztal bietet einen schönen Blick auf die weiten, mit Wiesenblumen durchwirkten Grünflächen im schönen Maienmonat. Wir schwenken nach Osten zur Stadt Bozen. In den Obstanbaugebieten stehen die Bäume in voller Blüte. Ab Bozen geht es bei strahlendem Sonnenschein nach Süden zum Gardasee. An der Ostseite des Sees führt die Straße durch kleine Tunnel beim Vorsprung der Felswände am Ufer entlang. In Südrichtung wird der See immer breiter. Er erschließt sich zur offenen Landschaft, nachdem man sich von den hohen Felsen und Bergen entfernt hat. Die Seestraße mit den hohen Zypressen vermittelt eine romantische Kulisse.

Der sechzig Kilometer langgestreckte größte See Italiens bietet den Urlaubern am Südufer eine bergfreie Gegend mit guten Bademöglichkeiten und viel Sonne, denn hier gibt es keine Felsen, die ihre Schatten werfen. Weiter südlich erreicht man die Ebene des Flusses Po. In dem Ort Lazise, direkt am See, suchen wir uns eine Pension. Nach dem Überwinden des Alpenmassivs erhoffen wir hier eine Schönwetter-Periode. Der Badestrand wird von vielen jungen Leuten aufgesucht. Mit dem Wagen sind wir beweglich. Daher fahren wir oft in beiden Richtungen um den Gardasee herum, um genügend Eindrücke zu erlangen. Ganz im Norden verengt sich der See inmitten der hohen Bergmassive bis auf vierhundert Meter, die von den Alpenausläufern hineindrängen. Im Städtchen Riva wird Sport, besonders Wasserski, Paddeln und Bootsfahrten, angeboten.

Im nördlichen Bereich am Westufer liegt das Städtchen Limone. Dort sind Zitronenhaine terrassenförmig angelegt und das Wasser wird von warmen Quellen gespeist. Das milde mediterrane Klima wird von älteren Menschen bevorzugt. Diese Umwelt ist ideal für das Gedeihen von Zitronenbäumen, Agaven und Eukalyptus. An den Häusern rankt der Oleander in voller Blüte.

Auf der zweijährigen Italienreise des Dichters Johann Wolfgang von Goethe kam dieser mit der Postkutsche zunächst zum Norden des Gardasees. Am Morgen des 13. September 1786 mietete er ein Segelboot in Tórbole mit zwei Ruderern. Das Boot glitt am Westufer des Gardasees am Ort Limone vorbei und weiter in Richtung Süden. Der Wind drehte sich und die Ruderer des Bootes waren gezwungen, den Kurs in Richtung Osten über den See umzulenken. Goethe hatte nun vom Sitz im Boot einen direkten Blick auf die Ortschaft Malcesine. Er nahm seinen Block zum Malen und skizzierte das Panorama mit Burgruine aus seiner Sicht vom Wasser. In Malcesine angekommen, setzte er sich auf eine Bank, um die Ruine im Detail zu malen. Goethe beherrschte zu diesem Zeitpunkt noch nicht gut die italienische Sprache und konnte sich darin nur schlecht artikulieren. Er wurde von Gaffern umstellt. Sie waren der Meinung, er sei ein Spion. Die Polizei nahm ihn ein paar Tage in Gewahrsam, bis seine Unschuld bewiesen war. Im Ort der Ruine finden wir einen Gedenkstein mit Büste, der an den missverständlichen Vorfall erinnert. Vom Umfeld des Gardasees war Goethe so beeindruckt, dass er in der ersten Strophe seines berühmten ‚*Mignons*' geschrieben hat:

Kennst du das Land, wo die Zitronen blühen,
Im dunklen Laub die Goldorangen glühen,
Ein sanfter Wind vom blauen Himmel weht,
Die Myrte still und hoch der Lorbeer steht?
Kennst du es wohl?
Dahin! Dahin
Möcht' ich mit dir, o mein Geliebter, ziehn!

Goethe-Büste in Malcesine

Eines Abends startet ein Sommerfest auf der kleinen Halbinsel Sirmione. Wir fahren an die Südwestküste des Sees. Farbige Beleuchtung, Lampions und Girlanden erwarten uns, als wir durch das Tor der Burgbefestigung gehen. Bei Musik und Bardolino sind die Urlauber und Einheimischen gut gelaunt in Feierstimmung. Jedoch der süße Wein, der geschmacklich dem Muskateller ähnelt, bringt uns schnell in Stimmung. Man spürt ihn bald im Kopf und in den Beinen.

Mein Schulfreund und ich mieten uns am herrlichen Sonnentag in unserem Urlaubsort Lazise ein Motorboot und stechen in Richtung Norden in den Gardasee. Zwischendurch springen wir im Wechsel ins kühle Nass, um uns von der starken Sonneneinstrahlung zu erfrischen. Einer von uns beiden muss jeweils im Boot am Steuer bleiben. Wir befinden uns mit dem Boot in der Nordhälfte des Sees. Langsam verfinstert sich die Sonne. In der Vorahnung, dass es bald regnen könne, wenden wir das Boot.

Wind kommt auf und in der Ferne hören wir auch bald den Donner grollen. Ich erinnere mich an das vergangene Jahr, als ich mit den spanischen Fischern auf hoher See war und plötzlich das Unwetter einbrach und die erfahrenen Männer mit Volldampf in den Hafen zurückkehrten. Zu meinem Freund sage ich kurz: „Schnell, Vollgas voraus!" Das Motorboot durchschneidet das aufgewühlte Wasser und mein Fuß verlässt das Gaspedal nicht. Der gewöhnlich glatte Wasserspiegel des Gardasees wird zum wilden Gewässer. Die Blitze zucken gespenstisch. Die uns umgebenen Bergmassive lassen den Donner vielfältig vom Echo widerhallen. Als wir den Hafen von Lazise erreichen, kommt uns der Bootsverleiher erleichtert entgegen und spricht in deutscher Sprache: „Ich bin euch auf der Uferstraße mit dem Auto entgegengefahren. Als ich gesehen habe, dass ihr mit Vollgas durchs Gewässer peitscht, habe ich beruhigt gewendet, denn in voller Fahrt kann das Motorboot nicht kentern." Ich bin glücklich, dass ich instinktiv richtig gehandelt habe.

Zum Baden und Sonnen am Gardasee mit vielen jungen Urlaubern haben wir uns oft die Zeit genommen, doch das Sichten der kulturellen Stätten dieser Gegend ist von uns nicht vernachlässigt worden.

Im Zentrum der schönen Stadt Verona sind die Bürgersteige mit Marmorplatten ausgelegt. Um nicht nur Marmorsäulen an prächtigen Häusern zu betrachten, ziehen wir die Schuhe aus und gehen barfuß über das Marmorpflaster. Wir spüren das erhabene Gefühl: Marmor liegt uns zu Füßen. Das Amphitheater, das die römischen Herrscher im Altertum für die Gladiatorenkämpfe gebaut haben, wird von uns besichtigt. Die Tour führt weiter zum Hinterhof des berühmten Balkons von *Romeo und Julia*, der durch die gleichnamige Tragödie von Shakespeare bekannt geworden ist. Einige Jugendliche begeben sich an diesen romantischen Ort, weil eine Legende ihnen durch das Betreten des Balkons des Liebespaares eine baldige Liebschaft verspricht.

Der Romeo-und-Julia-Balkon in Verona

In der Nähe unserer Pension in Lazise steht auch eine Burganlage. An diesen Burgmauern fahren wir oft vorbei, um zum Badeufer zu gelangen. Es ist erstaunlich, dass dort in Norditalien so viele Burgen aus dem Mittelalter gesichtet werden. Aber man weiß aus der Geschichte, dass dieses hochkultivierte Land ständig von Feinden bedroht worden ist, denn wo Reichtum ist, lauert die Begierde der Räuber.

Ein Besuch in Venedig soll in unseren aktuellen Erlebnissen nicht fehlen; deshalb fahren wir in die europaberühmte Stadt. Ein Passagierschiff bringt uns vom Festland zur Lagunenstadt, die auf Eichenpfählen erbaut ist. Auf dem Markusplatz herrscht ein reges touristisches und geschäftliches Treiben. Wir besichtigen den *Markusdom*, der einen großen Besucherstrom anzieht und gehen weiter zur berühmten *Rialtobrücke*. Auf der Brücke haben Händler ihre Waren ausgebreitet. Sie bieten Andenkenartikel zum Verkauf feil. Auf den Kanälen fahren die berühmten venezianischen Gondeln. Die mit Schnitzwerk verzierten schwarzen, schmalen

Boote werden mit Stangen fortbewegt und die Gondolieri singen ihre schönen, lautbetonten Lieder dazu. Von der romantischen Atmosphäre angetrieben, würden wir uns gern eine Gondelfahrt mieten. Leider fährt das Passagierschiff zu früh zum Festland zurück. Wir erkennen, dass nur Urlauber, die in der Lagunenstadt wohnen, die Gondelfahrten als Krönung ihres Urlaubs erleben können.

Markusplatz in Venedig mit Markusdom im Hintergrund

Unser erlebnisreicher Urlaub endet, und wir fahren durch blühende Täler und Höhen über den Reschenpass zurück in die Heimat.

Zurück in die Sparkasse

Die Gewerkschaft und der Personalrat sind dem Direktor nicht angenehm, aber schließlich sind diese Gremien gesetzlich im Arbeitsrecht geregelt. Die Sparkasse beschäftigt viele junge Leute. Diese überreden mich, bei der Wahl des Personalrates zu kandidieren. Als Vierundzwanzigjähriger werde ich von den jungen Leuten gewählt. Doch als Mitglied des Personalrates verspüre ich bald persönliche Nachteile, weil ich von Zeit zu Zeit in den Sitzungen meine Meinung einbringe. Der Direktor duldet keinen Widerspruch; deshalb wischt er mir über den Mund und vom Personalrat bekomme ich keine Rückendeckung.

Es gibt junge Kollegen, die mich beneiden, dass ich als Jüngling den Posten zum stellvertretenden Abteilungsleiter erklommen habe. Diese wissen auch, dass ich dereinst Maler gewesen bin und mir ein Teil des schulischen Allgemeinwissens fehlt. In Gesprächen versuchen sie, mich mit den Lücken meines Wissens bloßzustellen. Um mein Allgemeinwissen zu erweitern, besuche ich täglich die Abendoberschule. Den Unterricht erteilen die Lehrer der örtlichen Mittelschulen und Studienräte der Gymnasien. Meine Tage sind mit der täglichen Arbeit und abends mit Schule ausgefüllt. So bleibt mir nur das Wochenende für die Hausaufgaben. Ich befinde mich in einer strebsamen Klassengemeinschaft. Nahezu alle haben einen erlernten Beruf. Falls jemand wegen der Doppelbelastung das Handtuch werfen will, wird er zum Durchhalten ermutigt. Umfangreiche Klassenarbeiten, die bis Mitternacht andauern, werden in einem Lokal in Schulnähe mit einem Bier ‚begossen'. Es kommt auch zu heiteren Gesprächen. Der Zusammenhalt der Gemeinschaft führt alle zum erfolgreichen Abschluss.

Meine Neider in der Kreissparkasse habe ich mit dem weiteren Erfolg abgeschüttelt. Wir arbeiten in der Giroabteilung mit siebzehn Mädchen und fünf jungen Männern einträchtig zusammen. Mein junger Abteilungsleiter hat längst die Arbeiten, die ihm ein wenig unbequem sind und die auch wiederholt anfallen, an mich weitergeleitet. Dazu gehört auch das Schreiben der Beurteilungen für die Mitarbeitenden der Abteilung. Es gibt vielfältige Anlässe, die zum Wechsel des Personals in der großen Abteilung fließend sind, insbesondere in der Damenwelt. Die Fluktuation des Personals ist zum zweiten Quartal des Jahres besonders geballt: Heirat, Wechsel in andere Abteilungen oder im Sommer zu Sparkassen an die See, zum Studium an eine Fachschule, Berufswechsel in den Industriebereich wegen besserer Bezahlung, Wehrpflicht der Bundeswehr. Umfangreiche Beurteilungen in gut formulierter Schriftform sind jeweils fällig, denn Passagen der Texte werden vom Personalchef für die Ausstellung des Zeugnisses übernommen.

Eine Kollegin meiner Abteilung ist mir gut zugeneigt, das merke ich seit langer Zeit. Sie sieht gut aus und hat, wie man so sagt, das Herz am richtigen Fleck. Ich kann es beurteilen, weil wir seit einigen Jahren in der gleichen Abteilung arbeiten. Ich bin drei Jahre älter. Sie weiß, dass ich den Malerberuf erlernt habe; ebenso wissen einige Kollegen, dass ich als Hobby das Malen von Aquarellbildern pflege. Sie hat ein Zimmer bei einer alten Dame in der Stadt gemietet. Eines Tages fragt sie mich, ob ich ihr für das Zimmer ein Bild malen könne. In bestimmten Situationen versuche ich, eine freundliche Rolle zu spielen und sage: „Denkst du an ein bestimmtes Motiv?“ Durch die kollegiale Zusammenarbeit duzen wir uns schon lange. Auf einem winzigen Zettel zeigt sie mir ein elegant springendes Pferd in Schwarzweiß. Ich sage: „Gut, dann male ich dir das Pferd, aber in Farbe und im großen Format als Aquarellbild. Die Farbe wird die Wand beleben.“ Das fertige Aquarell stecke ich in eine Papprolle und übergebe sie ihr in der Sparkasse. Sie nimmt das Aquarell freudig entgegen.

Es vergehen Monate und ich höre von Kolleginnen, dass sie einen Freund habe, der Künstler oder Designer sei und sie bald kündigen wolle. Eines Tages fragt sie mich, ob ich ihr beim Schreiben der Bewerbung für eine Sparkasse in einer anderen Stadt behilflich sein könne. Nach Feierabend treffen wir uns in ihrem gemieteten Zimmer. Sie zeigt auf das Aquarellbild und sagt: „Schau mal, ich habe es einrahmen und verglasen lassen. Dein Bild gefällt mir sehr." Ich frage: „Dein Freund ist doch Künstler, hast du von ihm keine Bilder?" „Die hat er alle in seiner Mappe."

Wir sitzen nebeneinander auf Stühlen, vor uns steht die Schreibmaschine. Ich frage: „Willst du schreiben, dann diktiere ich dir den Inhalt des Bewerbungsschreibens?" „Mir wäre es lieb, wenn du schriebest. Dein Tippen im Zehnfinger-System geht dir schneller von den Händen." Nach dem Zusammenstellen der Bewerbungsunterlagen schenkt sie zwei Gläser Wein ein. Die Schreibmaschine wird weggeräumt und wir sitzen weiterhin auf den Stühlen einträchtig nebeneinander und unterhalten uns über Dienstliches und etwas Privates. Sie schenkt ein zweites Glas Wein ein und sagt: „Rück doch etwas näher." Ich denke: ‚Bereits zwei Mal habe ich Freundschaften mit Mädchen gehabt, die mit der Sparkasse verbunden sind; deshalb soll es nicht wieder dazu kommen.' Ich bleibe einfach sitzen, als hätte ich ihre Aufforderung zur Annäherung überhört. Wir sprechen über belanglose Dinge und der Abend klingt aus. Im Treppenhaus verabschieden wir uns mit Handschlag, so wie es auch täglich nach der Arbeit in der Sparkasse geschieht. Dabei blicke ich in ihr enttäuschtes süßsaures Gesicht. Ihr Blick verrät, dass sie sich von dem Treffen mehr versprochen hatte. Nachdem ich einige Schritte gegangen bin, spüre auch ich, dass ich mich nicht richtig verhalten habe. Ich will zurückgehen und sie umarmen, doch sie hat die Tür bereits geschlossen. Auf der Heimfahrt denke ich: ‚Warum hast du sie so kühl behandelt? Als Kollegin ist sie doch ein nettes Mädchen.' Doch ich glaube, es liegt daran, dass meine vergangenen Sparkassen-Freundschaften meinem Seelenleben geschadet haben, und deshalb verweigere ich solche Liebschaften.

Ein besonderes Ereignis der Sparkasse wird vorbereitet. Die Kreissparkasse ist vor einhundert Jahren gegründet worden. Eine sehr aufwendige Festzeitschrift mit dem Titel *100 JAHRE IM DIENSTE DER HEIMAT* wird vorbereitet. Die Texte sind bereits geschrieben.

Eines Tages kommt der junge Abteilungsleiter der Kreditabteilung zu mir und fragt, ob ich mit ihm gemeinsam die von der Stabsführung geschriebenen Texte als erste Korrektur lesen würde. Für diese einmalige Aufgabe gebe ich meine Zusage. An mehreren Tagen, nach Feierabend, beschäftigen wir uns mit diesem Schriftwerk. Mir ist diese Betätigung angenehm, denn ich erhalte den Einblick, bevor die fachkundigen Mitarbeiter des Verlages die Festschrift mit Bildgestaltung bearbeiten. Ich erkenne, dass der Vorstandsvorsitzende durch Einbringen seines Gedankengutes sowie an der Gestaltung des gesamten Werkes einen großen Anteil hat. Sein künstlerisches Können fließt in dieses Buch ein. Die selbst angefertigten Radierungen, Kohle- und Federzeichnungen beleben viele Seiten der Festzeitschrift.

Das fertige Schriftwerk ist in Leinen gebunden und augenscheinlich mit dem ‚Goldenen Emblem' geziert. Auch die historischen Seiten mit Texten erfahren eine Belebung durch die beschaulichen Bilder. Die Seiten des Buches, die ein nüchternes Zahlenwerk aufweisen, werden durch die Einbindung von Bildern leserseitig als willkommene Abwechslung empfunden. Die Radierungen bereichern die schöne Festzeitschrift. Die Chronik beinhaltet ebenfalls alte, saubere Handschriften und Urkunden. Durch Darstellungen mit Text und Bild zeigt der Chef, dass er über vielseitiges künstlerisches Talent verfügt.

Der Direktor, der von seinen Bediensteten stets strenge Disziplin fordert, hat beim Verwaltungsrat durchgesetzt, dass alle Beschäftigten seiner Sparkasse im Monat des hundertjährigen Institutsbestehens ein Sondergehalt bekommen. Er hat damit ein Zeichen für Gemeinsinn und Fürsorge gesetzt.

Emblem des Kreissparkassen-Sparbuchs

Wächter vom Tower of London, der auch die Raben bewacht. Nach der Legende dürfen die Raben nicht aussterben, sonst ist das Ende des Königtums besiegelt.

Englandurlaub im Jahre 1964

Vom Sozialwerk werden Fahrten für junge Leute zu erschwinglichen Preisen organisiert. Zum niedrigen Beitrag wird man Mitglied. Viele junge Sparkassen-Mitarbeitende sind als Mitglied aufgenommen. Auch ich bin im Sozialwerk.

Der Urlaubsreise nach England schließe ich mich gern an, denn ich weiß, dass man hier mit jungen Erwachsenen zusammen ist. Die Fahrt mit Reisebegleiter führt nach Südwest-England. Eine große Zahl junger Leute fährt mit dem Zug bis nach Calais. Bei schönem Wetter durchquert der Dampfer die Straße von Dover. In der gleichnamigen Stadt steht ein Bus bereit, der uns Reisende nach Bournemouth an die Südwestküste Englands bringt. Wir werden in Privatquartieren untergebracht und man ist gezwungen, sich in englischer Sprache zu verständigen. Von den Verantwortlichen des Sozialwerks wird gewünscht, dass die Jugend sich im freien Sprechen der englischen Sprache übt.

Bei strahlend sonnigem Wetter treffen sich die Jugendlichen täglich am weiten, weißen Strand. Urlauber aus den nordischen Ländern Schweden, Norwegen und Dänemark, besonders aber aus dem benachbarten Frankreich, sind hier vertreten. Alle sprechen das in der Schule gelernte Englisch; deshalb ist eine hinreichende Verständigung möglich.

Ein gutaussehendes Mädchen aus Österreich treffe ich oft am Strand. Es ist freundlich und gesprächig. Das stetige Bemühen um das Sprechen der englischen Sprache bleibt uns erspart. In unserer Muttersprache können wir gut miteinander scherzen und brauchen nicht angestrengt um passende Redewendungen zu ringen. Aus ihrem freundlichen Gesicht schauen mich als erstmaliges Erlebnis zwei verschiedene Augenfarben an. Die Iris des einen Auges ist blau und die andere ist dunkelbraun. Wiederholt begegnet sie mir in ihrer netten Art, was mir auch angenehm ist. Eines Tages fragt sie, ob ich auch zu den *Rolling Stones* gehen würde. Der Name dieser Gruppe ist mir nicht bekannt, weshalb ich die Frage verneine.

In den nächsten Tagen sehe ich in der Stadt, die etwa zweihunderttausend Einwohner zählt, Plakate von dieser Musikgruppe. Am Nachmittag des Tages, an dem der musikalische Abend stattfindet, scheinen der Strand und die Stadt Bournemouth fast ausgestorben. Mich treibt des Abends die Neugier an. Ich gehe zum Ort der Veranstaltung und stehe vor einem großen Kinogebäude. Die Menschen drängen hinein. Inzwischen bin auch ich mit Spannung geladen und lasse mich im Gewühl mitziehen. Kurz vor Schließung der Türen hält ein Mann eine Eintrittskarte in die Höhe und fordert einen stark überhöhten Preis dafür. Ich erkenne die letzte Gelegenheit, um Einlass zu bekommen und bezahle den geforderten Betrag. Danach betrete ich den vollbesetzten großen Kinosaal mit der Sitzanordnung im Parkett und auf zwei Balkonen. Zum Glück sind die Sitze und meine Eintrittskarte nummeriert. Mein Platz ist im Parkett und direkt am breiten Mittelgang. Auf der Bühne steht als Vorhut eine unbekannte Band.

Als diese programmfüllende Vorband ihre Pflicht erfüllt hat, wird der Vorhang geschlossen. Das Publikum wird in höchste Spannung versetzt. Man hört, dass hinter den Kulissen umgerüstet wird. Der Vorhang öffnet sich unter Jubelrufen und anhaltendem Beifall der Besucher.

Auf der Bühne stehen die *Rolling Stones* und liefern ihre Show ab. Der Sänger, Mick Jagger, am Standmikrofon haucht die Texte in die Übertragungsanlage. Bald wird seine Stimme mit lautem Volumen gefüllt. Die Gesten und Gebärden erreichen einen heftigen Zustand. Er erfasst den Ständer des Mikrofons, schlägt ihn aufs Knie, als wolle er das Standrohr zerbersten. Mit lautem Geschrei springen die ersten jungen Leute von ihren Sitzen auf. Die Automatik schlägt die Sitzschalen hoch und sie scheppern mit Wucht gegen die Rückenlehnen. Die in Ekstase Geratenen verfehlen den hochgeklappten Sitz und landen mit ihrem Hinterteil auf dem Fußboden. Bei den folgenden Musikstücken wird der Schall gedämpft und die Zuhörer beruhigen sich. Das musikalische Genie, Brian Jones mit seiner Leadgitarre, bereitet sich auf das Solo vor. Die Gitarristen, Mick Jagger sowie Keith Richards, ergreifen ihre Instrumente. Ebenso gesellt sich Bill Wyman mit seiner Bassgitarre in das Gitarrenquartett und sie spielen die Soli wie aus einem Guss. Der Saal bebt vor Begeisterung.

Die nächste Schauaufführung lässt nicht lange auf sich warten, denn Charlie Watts tritt mit seinem Schlagzeugsolo ins Bild. Die begeisterte Menge kommt in Fahrt. Es werden Instrumente gewechselt. Keith Richards nimmt den Platz am Keyboard ein und Brian Jones greift zum Saxofon. Jetzt geht die Sause richtig los. Das Publikum gerät in Rage und einige stehen schon in den Startblöcken. Andere springen über die vorderen Sitze. Als die hohen schrillen Töne erklingen, rennen Mädchen den breiten Mittelgang hinunter in Richtung Bühne. Ich frage mich, ob die Mädchen besonders empfindlich auf schrille Töne reagieren. Die aufgeheizte Atmosphäre wirkt wie eine Massenhypnose oder ist die geballte Stimmungslage sogar ansteckend?!

Ich kralle mich mit den Fingern um die Armlehnen meines Sitzes und rede mir ein: ‚Immer schön ruhig bleiben.' Unten, im Lichtschatten der Bühne, kauern die Rausschmeißer. Die Männer mit brutalem Körperbau stehen plötzlich wie eine Wand vor der Bühne zum Schutze der Musiker und ihrer kostbaren Instrumente. Mit den zur Bühne strebenden jungen Leuten geht die Schutzmannschaft nicht zimperlich um. Alle Heranstürmenden werden zurückgeworfen, ohne Rücksichtnahme auf Mädchen. Einige Bühnenstürmer fallen zu Boden. Die Beschützer behalten alles im Griff, und das Konzert wird ein voller Erfolg. Nach dem Konzert zur nächtlichen Zeit tanzen die Besucher auf den Straßen und singen mit Begeisterung die englischen Songs. Die fröhlich singende Gesellschaft belebt das Straßenbild.

Noch einige Urlaubstage genieße ich den Strand von Bournemouth. In Deutschland ist man allgemein der Meinung, dass es in England häufig regnet; deshalb fahren die Deutschen lieber in den Süden, um dort ihren Urlaub zu verbringen. Doch hier in Südwest-England herrscht eine beständige Wärme bei südländischen Temperaturen. Hier gedeihen sonnenverwöhnte Pflanzen und auch Palmen. Das warme Wasser des Golfstroms tangiert die Küste. Vom herrlichen Sandstrand der Stadt Bournemouth sieht man die vorgelagerte Insel Wight.

In Deutschland sind die *Beatles* mit den gepflegten langen Haaren bekannt. Man nennt sie auch scherzhaft ‚Pilzköpfe'. Im Gegensatz dazu sind die *Rolling Stones* noch unbekannt, und sie stellen ihre wilden Haarschöpfe zur Schau. Ich bin glücklich, nun zufällig diese Band kennengelernt und auch live erlebt zu haben.

Wildrosenstrauß (Öl)

Neue Sparkassenstrukturen, neue Liebe

Der bisherige Vorstand der Kreissparkasse setzt sich aus acht Herren zusammen, die bei wichtigen Entscheidungen der Geschäftsführung mitwirken. Dieses Gremium von Ehrenamtlichen aus der heimischen Wirtschaft nehmen in unregelmäßigen Sitzungen ihre Befugnisse in der Sparkasse wahr. Zu den für dieses Amt Auserwählten gehören: der Oberkreisdirektor als Vorsitzender, der Landrat, drei Landwirte, ein Stellmachermeister, der sich hobbymäßig als Heimatdichter betätigt, ein Schulrektor und ein promovierter Journalist. Diese acht Herren werden aufgrund des neuen Gesetzes Verwaltungsratsmitglieder.

Der zweite Direktor, der immer loyal zu allen Mitarbeitern ist, geht in Pension und der Oberamtmann rückt auf seine Position. Er behält sein Ressort als Personalchef. Durch neue gesetzliche Regelungen ergibt sich für alle Sparkassen eine Umstrukturierung, besonders bei der Stabsführung. Die beiden Direktoren werden zum Vorstand erkoren und zukünftig werden die Neuernennungen einzelner Mitarbeiter zum Beamten abgeschafft. Die leitenden Angestellten erhalten höhere Gehälter. Die jungen leitenden Angestellten sind erfreut über die Neuregelungen. Sie sind flexibel, denn sie können zu anderen Sparkassen wechseln, ohne einen Status zu verlieren, wie es im Beamtentum üblich ist. Mein junger Abteilungsleiter wechselt zur Sparkasse in eine große Stadt, und er übernimmt dort die Leitung der neu geschaffenen Organisationsabteilung. Kommissarisch übernehme ich seine bisherige Position. Später erhält ein anderer Kollege diese Stelle. Ich merke, dass ich aufs Abstellgleis gestellt werde, denn in bestimmten Situationen vertrete ich meinen Standpunkt und lasse meinen, Gott sei Dank, aufrechten Gang nicht verbiegen. Mein Naturell verbietet mir, den Rücken für ungerechte Empfindlichkeiten zu krümmen.

Mit meinem ehemaligen Abteilungsleiter hat mir die Arbeit Freude bereitet, weil wir Hand in Hand gearbeitet und uns gegenseitig unterstützt haben. Nur in der Sommerzeit habe ich jeweils drei Wochen Zweigstellenleiter in den Dörfern vertreten, sonst ist mein Arbeitsplatz immer in der Hauptstelle in der Stadt gewesen.

Die große Schalterhalle bietet den zahlreichen Kundinnen und Kunden sowie mehreren Abteilungen Raum zum Bedienen und Arbeiten.

Eines Tages kommt ein junger Kollege der Sparabteilung an meinen Schreibtisch, hält einen kurzen Plausch und erzählt, dass einige junge Männer am Abend einen kleinen Umtrunk im Bierlokal gegenüber des Hinterausganges der Sparkasse zu sich nehmen werden. Einige Mädchen würden auch mit dabei sein. Er fragt mich, ob ich auch mitkommen wolle. Ich bin gern bereit, am Treffen netter Leute oder an kollegialen Zusammenkünften teilzunehmen. Mit geselligen Personen den Feierabend zu gestalten, bringt immer Freude.

Nur eine schmale Gasse trennt die Kreissparkasse von der Gaststätte. Männer trinken dort gern mal ein Feierabendbier oder sie treffen sich zum Skatspiel. Zum Kartenspielen eignet sich die Kneipe vortrefflich. In einer Ecke steht sehr dekorativ ein großes aus Holz angefertigtes Bierfass. Darinnen ist ein runder Tisch mit der umlaufenden Bank. In der Gaststube befinden sich die Tische gleichmäßig verteilt mit einfachen Holzstühlen. Die Kneipe wirkt gemütlich und ist für den Aufenthalt größerer Gruppen gut geeignet.

Die Gruppe von der Kreissparkasse ist im Lokal eingetroffen, und es werden die einzeln stehenden Tische zu einer Tafel zusammengerückt. Ich bin erfreut, dass Charlotte auch mit dabei ist. Sie ist ein schönes Mädchen mit einer zurückhaltenden, angenehmen Wesensart. Mit sechzehn Jahren hat sie die Ausbildung in der Sparkasse als unscheinbares Mädchen unter vielen anderen begonnen. Doch jetzt zeigt sie täglich ihr attraktives Aussehen. Sie erscheint immer modisch und geschmackvoll gekleidet am Arbeitspatz. Die Mini-Mode ist der vorherrschende Geschmack der jungen Frauen. Die schönen Beine sind für die Männerwelt eine Augenweide. Das liebenswerte, freundliche Gesicht und die schlanke Figur sind für die Männer des Hinschauens wert, wenn sie durch die Sparkassenhalle schreitet. Ihr Lächeln entfesselt die Anwesenden. Einige junge Männer zeigen Interesse an ihrem ausgewogenen Wesen.

Die Tische stehen zusammengerückt und die Stühle angelehnt. Ich halte mein Augenmerk auf Charlotte und schaue, wo sie ihren Platz einnehmen wird. Blitzschnell ziehe ich den benachbarten Stuhl an mich, damit hier niemand diesen Platz einnehmen kann, und ich setze mich auf diesen Stuhl. Am sicheren Platz neben ihr habe ich die Gelegenheit, mich über Privates zu unterhalten. Bisher haben wir nur im Dienst kurze Gespräche geführt, denn Charlotte arbeitet nicht in meiner Abteilung. Besitzergreifend lege ich meinen Arm über die Stuhllehne und die Hand auf ihre Schulter. Ich registriere, dass es ihr nicht unangenehm ist, obwohl ihre Arbeitskolleginnen und -kollegen die Geste beobachten. Sehr schnell erkenne ich: Sie kann gut zuhören, schaut mir tief in die Augen und ich spüre es: Das ist nicht nur Sympathie, nein, es kann nur Liebe sein!

Charlotte und ich beteiligen uns an den Gesprächen der Kolleginnen und Kollegen, haben Spaß miteinander und hören und erzählen auch Witze. Dabei kann auch ich gut mitmischen, denn in der Zeit des Besuchs der Abendschule wurden am Biertisch immer spaßige Redensarten ausgetauscht, und ich bin noch gut in der Übung. Das Grüppchen entwickelt sich zur lustigen Gesellschaft. Der bierselige Abend geht langsam zur Neige. Beim Aufbruch, nach fröhlichen Stunden, frage ich Charlotte: „Darf ich Sie nach Hause fahren?“ Sie antwortet lautlos mit leichtem Kopfnicken. Ich bin froh, dass sie einwilligt, denn mir fällt das romantische Gedicht ein:

Drei Küsse, die vergesse ich nie,
Den ersten unterm Fliederbusch,
Dann lief sie fort husch, husch –
Mit roten Wangen,
Die Vöglein lieblich sangen.

Den zweiten Kuss im Mondenschein,
Den gab sie mir schon ganz allein.
Den dritten Kuss, ich sag's nicht gern,
Den dritten Kuss, ich sah's von fern,
Als ich davon musst' wandern,
Den gab sie einem andern.

Lerchenpaar (Öl)

Damit mir so ein Missgeschick nicht passiert, helfe ich ihr in den dicken, kurzen Wintermantel in kariert und braunem Farbton mit hohem Pelzkragen. Es ist eiskalter Winter. Trotzdem tragen die Mädchen die Mini-Mode und Nylonstrümpfe. Ich denke: ‚Na ja, Schönheit muss eben leiden, die Hauptsache ist, es ist obenrum schön warm mit Pelzkragen, wie es die Mode so vorgibt.'

Das Weiß des Januars bedeckt die Straßen und das Auto wühlt sich mit den speziellen Matsch- und Schneereifen durch den Neuschnee. Am Hause angekommen, spickt uns der Hafer und plötzlich entsteht eine Schneeballschlacht. Zum Höhepunkt des Abends wasche ich Charlotte mit Schnee durchs Gesicht. Das sonst freundliche Gesicht erhält ernste Züge und zur Versöhnung drücke ich ihr einen dicken Kuss auf die weichen, fleischigen Lippen. Der Ausdruck der gegenseitigen Liebe ist besiegelt. Sie kann wieder lachen und ich bin glücklich über den abendlichen Verlauf. Mir kommt zum Bewusstsein: Die Liebe ist wirklich ein seltsames Spiel. Seit Jahren habe ich vermieden, eine echte Freundschaft mit einem Mädchen der Sparkasse zu festigen. Nun bin ich vom selbst auferlegten Bann befreit und in Liebe zu diesem Mädchen dahingeschmolzen.

In nächster Zeit fährt uns das Auto nach Feierabend in verschiedene Richtungen, um gemeinsam die Zeit zu verbringen. Wir besuchen die ›*Hähnchen Gaststätte*‹, die gerade neu eröffnet worden ist. Es ist das einzige Gasthaus dieser Art in der Stadt, denn die Branche ist neu entdeckt, und sie erfreut sich des lebhaften Zulaufs. Wir fahren in benachbarte Dörfer zum Tanzen und vergnügen uns auch im ›*Mühlenheim*‹, das im unteren Bereich sehr gemütlich und anheimelnd für die Gäste eingerichtet ist. Im Obergeschoss steht eine Schwarzwaldmühle im Kleinformat aufgebaut, und im Hintergrund belebt eine Musikbox den kleinen Tanzboden. Die Gäste können selbst die Schallplattenauswahl ihrer liebsten Musikstücke ansteuern. Für fünfzig Pfennig dürfen vier Platten ausgewählt werden.

In der Innenstadt steht ein achtstöckiges Hochhaus. Unterm Dach befindet sich ein großes Lokal, das an Wochenenden eine Vier-Mann-Kapelle engagiert. Hier wird nach lebendiger Musik getanzt. Ich tanze gern mit Charlotte, denn sie lässt sich locker führen und mit leichtem Schritt in die Tanzfiguren überleiten. Die Zeit schreitet schnell voran und um Mitternacht erklingt traditionsgemäß der Mitternachtsblues. Der langsame, anschmiegsame Tanz strahlt eine gewisse Zärtlichkeit bei den Tanzpaaren aus. Die Körper der Liebenden rücken zusammen und umarmen sich. Danach ertönt der Tusch zum letzten Tanz.

Freudig fahre ich mit Charlotte zu ihren Eltern nach Haus. Die Eltern erwarten uns mit Schimpfen und ungerechten Vorhaltungen. Die noch minderjährige Tochter müsse um zweiundzwanzig Uhr zuhause sein und schon gar nicht die Mitternacht überschreiten. Es sei auch nicht verwunderlich, wenn ihre Tochter mit einem so ‚alten Mann' herumlaufe. Solche und noch mehr beleidigende Aussprüche muss ich mir gefallen lassen. Ich bin siebenundzwanzig Jahre alt und Charlotte ist zwanzig. Ich denke: ‚Eigentlich müsste ich mich abwenden. Schließlich bin ich ein gestandener Mann, habe einen Beruf mit festem Einkommen, bin nicht verwöhnt, und von der Härte des Lebens habe ich eine gewisse Erfahrung gesammelt, die mich auch geprägt hat.' Mir kommen Zweifel, ob ich mit solchen verbohrten Ansichten der Eltern leben könne. Dass sich die Eltern in ihrer Wortwahl vergreifen, kann Charlotte nicht verhindern.

Die Anmut und Schönheit von Charlotte liebe ich, und daran soll sich auch nichts ändern. Zum festen Ritual der Familie gehört auch das Kaffeetrinken an arbeitsfreien Sonnabenden. Manchmal verspäte ich mich zu diesem Treff, weil ich noch handwerklich am Haus meiner Eltern beschäftigt gewesen bin. Durch meine gelegentliche Unpünktlichkeit hat der eingefahrene Rhythmus der Kaffeezeit eine Störung erhalten und die schlechte Stimmung der Eltern fällt über mich her. Ich werde mit Vorwürfen und Anschuldigungen überhäuft, dass ich mich wohl vor dieser Zusammenkunft bei einem anderen Mädchen herumgetrieben hätte. Ich kann viel erdulden, doch diese Äußerungen kann ich nicht verkraften.

Auch bei angeheizter Atmosphäre habe ich mich ihren Eltern gegenüber immer redlich verhalten, denn ich liebe Charlotte und will sie auch nicht verlieren. Aber ich bin kein dummer Junge mehr und habe eigene Gedanken, wie ich mein Leben sinnvoll gestalten kann. Bei diesen unliebsamen Gesprächen wäre ein Jüngling längst weggelaufen, doch ich versuche stets einzulenken, um der Liebe wegen friedlich auseinanderzugehen.

Mein Vater hält für viele Lebenslagen sinnvolle Sprüche bereit, und ich erinnere mich an den Spruch: *Der Krug geht so lange zu Wasser, bis er bricht.* Die Redensarten von Charlottes Eltern werden so gemein, dass der Krug eines Tages wirklich zerbrochen ist.

In nächster Zeit sehen Charlotte und ich uns nur in der Sparkasse aus der Entfernung, denn wir arbeiten in verschiedenen Abteilungen. Die große Anzahl der Kolleginnen und Kollegen in der Sparkasse begünstigt, dass oft aus diesem Kreise Ehen geschlossen werden. In der Frühlingszeit ist wieder einmal Hochzeit angesagt. Zum Polterabend, zwei Tage vor der Hochzeitsfeier, sind auch die guten Bekannten von der Sparkasse als Gäste willkommen, die sich mit einem des Paares verbunden fühlen. Das kollegiale Paar ist mir gut bekannt; deshalb ordne auch ich mich mit einem Geschenk in die Anhäufung der Sparkassenleute ein. Charlotte ist ebenfalls mit dabei, denn die Braut ist ihre Kollegin in der Sparabteilung. Ich merke, dass die Zuneigung noch besteht, und wir nehmen nebeneinander die Sitzplätze ein. Der feucht-fröhliche Polterabend im Vereinsheim wird munter mit viel Tanz verbracht.

Einige Kollegen aus Charlottes Abteilung und ich wissen, dass sie ab Mitternacht Geburtstag hat. Die Tanzkapelle ist informiert worden und spielt das Geburtstagsständchen. Drei Kollegen und ich erfassen die Stuhlbeine und heben den Stuhl samt Charlotte in schwindelnde Höhe. Über den Köpfen der Polterabendgäste schwebend, wird sie nach draußen getragen, und einige Sparkassenleute folgen dem Zeremoniell zum nahen Kinderspielplatz. Auf der Rutsche wird sie abgesetzt. Sie bekommt einen leichten Schubs, rutscht herunter und plumpst in der schönen warmen Maiennacht, mit Hackenschuh' und Minikleidchen, in den trocknen weißen Sand. Mit Rufen der Freude der Beteiligten geht es zurück in das Tanzvergnügen.

Die Musik bringt die feierfreudigen Gäste erneut in Schwung und bald klingt der Polterabend aus. Charlotte und ich sitzen noch lange, ungeachtet der fortgeschrittenen Zeit, mit Küssen und Liebkosungen im Auto. Mit ihren einundzwanzig Jahren ist sie nun volljährig, und sie muss sich von ihren Eltern keine Vorhaltungen mehr anhören wegen des verspäteten Eintreffens zuhause.

Durch den Besuch der Abendoberschule habe ich die Möglichkeit, mir ein weiteres Standbein zu schaffen. Mein Allgemeinwissen ist gefestigt. Die pädagogische Hochschule bietet eine Aufnahmeprüfung für Personen an, die eine Fachschulreife nachweisen. Ich studiere die Prüfungsanforderungen, bereite mich intensiv vor und melde mich zur Prüfung an. Am Prüfungstag steht der Professor am Pult, und im Vorlesungssaal ist eine kaum übersehbare Zahl von Prüflingen. Es werden blanke Zettel mit Aufdruck des Namens der Hochschule verteilt.

Der Professor begrüßt uns und gibt die kurze Anleitung: „Ich lese Ihnen einen philosophischen Text vor und Sie schreiben eine Nacherzählung." Scherzhaft fügt er hinzu: „Wenn Sie ein gutes Gedächtnis haben, können Sie den Text wörtlich zu Papier bringen."

Zum zweiten Durchgang erscheint der Psychologie-Professor mit seinem Assistenten, der gedruckte Hefte im DIN-A4-Format mit den Aufgabenstellungen verteilt. Der Professor erläutert: „Auf jedem Blatt sind Aufgaben mit verschieden gewichtigen Schwerpunkten zu lösen. In der Fußnote erkennen Sie die Zeitangabe zur Bearbeitung. Damit Sie nicht auf die Uhr schauen müssen, sage ich kurz: »Bitte Umblättern«. Die Aufgabenstellung ist sehr umfangreich. Machen Sie sich keine Gedanken, falls Sie nicht alle Lösungen der verschiedenen Blätter durch Zeitmangel bearbeiten können."

Der schriftliche Prüfungstag ist beendet und der Professor erklärt den weiteren Verlauf: „Ihre schriftlichen Leistungen werden ausgewertet. Die Geprüften mit schlechten Ergebnissen erhalten zeitnah den Bescheid und die anderen müssen warten, bis sie den Prüfungstermin fürs Mündliche erhalten."

Bei der mündlichen Prüfung muss ich in ein Kolloquium mit sechs Prüflingen, und vier Professoren sitzen gegenüber. Es werden Themen angedacht oder Fragen gestellt, und wer von den Prüflingen einen Beitrag leisten will, der muss sich melden. Im nächsten Prüfungsgang hat der Prüfling das Einzelgespräch mit der Prüfungskommission. Nach kurzer Zeit erhalte ich ein Schreiben, dass ich als Student aufgenommen werde und innerhalb der Karenzzeit von einem Jahr das Studium beginnen muss.

Die Gehaltskonten der Mitarbeiter werden normalerweise in der Giroabteilung geführt. Auch mein Konto ist in meiner Lehrzeit in diesem Bereich eingerichtet worden. Als gestandener Sparkassenangestellter habe ich ein Faible für Schnapszahlen. Mein Autonummernschild trägt das Kennzeichen 888. Im System der Giroabteilung können nur fünfstellige oder höhere Zahlen vergeben werden; deshalb nehme ich mir das Stockregister der Kontokorrent-Abteilung zur Hand. Das Register ist die Grundlage für den Nachweis der bestehenden und aufgelösten Geschäftskundenkonten. Sie sind in chronologischer Reihenfolge nach Nummern angeordnet und der Name des Inhabers ist dokumentiert.

Konten, die vor mehr als fünf Jahren aufgelöst sind, dürfen neu belegt werden. Ich sehe: Die Kontonummer 555 ist wieder frei verfügbar. Mein neues Konto richte ich mir mit dieser auserwählten Nummer ein.

Einige Jahre später ist das Gespensterwort *Elektronische Datenverarbeitung* in aller Munde. Nur wenige wissen, wie diese Bearbeitungsvorgänge mit den Lochkarten funktionieren werden. Wir schreiben das Jahr 1967. Bei den Umstellungsarbeiten bin auch ich mit eingebunden. Die Kontonummern der Kunden müssen geändert werden. Die bestehende Nummer wird durch eine Prüfziffer ergänzt, die durch ein ausgetüfteltes System und einen Code berechnet wird. Durch die Prüfziffer werden Fehleingaben von der EDV erkannt und der Fehler muss geprüft und korrigiert werden. Meine noch aktuelle Kontonummer 555 bekommt eine 5 als Prüfziffer hinzu. Das Berechnungssystem fügt die vierte Zahl zur neuen Nummer 5555 zusammen. Damit ist mein Konto mit der besten Nummer des gesamten Instituts ausgestattet. Ich profitiere zunächst bei der Umstellung der elektronischen Kontonummer. Das kleine Glück steht auf meiner Seite.

Die Begierde auf die ausgezeichnete Nummer lässt nicht lange auf sich warten. Nach kurzer Zeit verhandelt eine große Institution mit dem Direktor zum Zwecke einer Kontoeröffnung. Eines Tages sehe ich den Abteilungsleiter der Kontokorrent-Abteilung von der ‚Kommandobrücke' herabsteigen. Von meinem Schreibtischplatz habe ich den Blick auf diesen Bereich. Er steuert direkt auf mich zu und sagt mit einem breiten Grinsen: „Ich komme gerade vom Direktor. Wir haben Ihnen soeben ihre Kontonummer weggenommen. Sie wissen von der Verhandlung mit dem neuen Großkunden, und dieses Institut bekommt Ihre gute Kontonummer auf Anordnung des Chefs." Ich frage ihn: „Warum bin ich als Beteiligter nicht in das Gespräch involviert worden?" Er entgegnet: „Der Chef hat mir den Auftrag erteilt, eine Kontonummer herauszufinden, die sich jeder Mensch merken kann.

Ihre Nummer übertrifft alle weiteren und ich habe somit meine Pflicht erfüllt." Mit einem Lächeln füge ich hinzu: „Ich sehe ein, dass ich für diesen Großkunden mein Feld räumen soll, aber ich habe eine Bedingung: Die Umsatzbuchung des ersten Tages streiche ich vom Großkunden ein und anschließend kann das Konto auf den neuen Namen umgeschrieben werden." Bei diesem Abteilungsleiter fällt die Kinnlade herunter, und er begibt sich auf den Platz seiner Geschäftskonten-Abteilung.

Nach kurzer Zeit bekomme ich einen Anruf von der Vorzimmerdame des Direktors. Sie bittet mich zum Gespräch mit dem Chef. Ich betrete den komfortablen Raum. Er springt von seinem gepolsterten Lehnstuhl auf und empfängt mich mit lauter Stimme: „Was erfrechen Sie sich, gegen meine Entscheidung zu intervenieren!" Er putzt mich in seiner blumigen, aber sehr weit ausgeholten Wortwahl 'runter und lässt mich nicht zu Wort kommen. In seiner Verschnaufpause merke ich nur kurz an: „Ich will keinen Protest anmelden. In Gegenwart des Abteilungsleiters der Geschäftskunden habe ich nur einen Scherz gemacht." Der Direktor verweist mich seines Zimmers.

Der Leiter der Geschäftskunden-Abteilung ist doppelt so alt wie ich. Er hat es eigentlich nicht nötig, mich beim Direktor wegen der scherzhaften Bemerkung vorführen zu lassen. Das Verständnis für Witz und Humor ist diesem Mann verloren gegangen oder er hat im Berufsleben nur an seine Karriere gedacht. Er ist Oberinspektor und zählt zur älteren Garde der Beamten, die in der Sparkassenorganisation ausläuft, sodass zukünftig keine Neuernennungen durchgeführt werden. Mit der Überzeugung, meine Arbeitskraft diesem Institut nicht mehr angedeihen zu lassen, werde ich mich anderweitig um einen Arbeitgeber bemühen. Meine Entscheidung steht fest. Das Thema wird von mir in Ruhe bedacht.

Dieser Vorfall hat mich belehrt. Es gibt Menschen, die mit gehobenem Finger durchs Leben marschieren und Kollegen anschwärzen, um für sich selbst Vorteile zu erhaschen. Der Kollege gehört zu der Sorte, die ihre Karriere den Bücklingen verdanken und nach dem Motto ‚Herr Direktor, ich weiß was!' handeln. Zu diesem Zeitpunkt sind wir Kollegen, denn ich bin kommissarischer Abteilungsleiter der Giroabteilung. Mein junger Abteilungsleiter ist zu einer anderen Sparkasse gewechselt und ich fasse ernsthaft den Entschluss, diesen Sprung ebenfalls zu wagen.

Ein Kollege, der im Dorfe eine Zweigstelle leitet, ist mit seinen Aufgaben stark überfordert, weil er seinen Pflichten nicht gewachsen ist. Es fehlt ihm eine gewisse Fachkompetenz. Die Revision erstellt einen langen Prüfungsbericht über das im hohen Maße dienstliche Fehlverhalten des Mannes. Daraufhin wird er seines Postens enthoben. Der Gesamtvorstand wählt mich zum Nachfolger dieses Kollegen aus. Ich widerspreche dieser Entscheidung, weil ich meine Aufgabengebiete weiterhin in der Hauptstelle sehe. Der Personalchef, der inzwischen zweiter Vorstand ist, baut mir eine Brücke und sagt: „Sobald Sie die Fehler in der Dorfzweigstelle erfolgreich behoben haben, werde ich für Sie wieder einen attraktiven Platz im Hauptstellengebäude finden."

Es ist Sommerzeit und meine intensive Aufräumarbeit im materiellen und Sachgebiet sowie die Beratung im Kundenbereich habe ich gründlich im Auge. Meine Bemühungen, die Mängel in dieser Zweigstelle zu beseitigen, machen Fortschritte.

Mit Charlotte habe ich mich längere Zeit nicht mehr getroffen. Um den unschönen Redensarten ihrer Eltern auszuweichen, habe ich diese Entscheidung getroffen. Der weiträumige Abstand der Arbeitsstellen – sie in der Hauptstelle und ich abseits im Dorfe – bewirkt, dass die freundschaftliche Unterbrechung der Liebe Stand hält. An einem heißen Sommertag erhalte ich von Charlotte in der Zweigstelle einen Anruf. Sie erzählt mir, dass sie Urlaub habe und mich gern mal besuchen wolle, um auch meinen neuen

Arbeitsbereich anzuschauen. Ich bin sehr erfreut, ihre Stimme wieder zu hören. In ihrer frischen Art sagt sie: „In meinem Urlaub habe ich viel Zeit; deshalb steige ich einfach in den Zug und fahre in das Dorf deiner Zweigstelle. Den Fahrplan habe ich mir bereits angeschaut. Ich freue mich auf ein Wiedersehen nach deinem Dienstschluss mit dir."

Ich bin froh, dass Charlotte nach vielen Tagen des Schweigens den Mut gefasst hat, um mit mir die Zusammenkunft einzuleiten, und ich schließe aus dieser Geste, dass auch sie an mir Gefallen gefunden hat. Nach der herzlichen Begrüßung schenkt sie mir eine Schachtel Pralinen mit besonderen Geschmacksrichtungen aus sieben Ländern, die sie speziell im ›*Süßen Lädchen*‹ ausgesucht habe.

Meinen Arbeitstag beende ich mit inniger Beseeltheit. Wir fahren mit meinem Auto durch die Feldmark, und plötzlich streikt der Wagen, vielleicht auch absichtlich. Bei der Betätigung der Gangschaltung fasse ich Charlotte ans entblößte Knie. Sie trägt immer Minikleider. Ich ahne, dass sie das Knie nicht ohne Grund in Griffnähe der Gangschaltung deponiert und auf einen Fehlgriff meiner Hand wartet. Ich denke: „Du kleines Luder, du tust, als könnest du kein Wässerchen trüben." Meine Hand rutscht an ihrem glatten Oberschenkel höher und es kommt zur lebhaften Rangelei. Als ich tief durchatme, verspottet sie mich scherzhaft mit: „Keine Kondition." Dieser Ausspruch berührt mein Ego und meine flache Hand streicht ungehindert zwischen Charlottes Oberschenkeln nach oben und landet zum Ultimo am Schmucktäschchen. Etwas überrascht vom Geschehen sagt sie: „Jetzt guckst du mich wohl nicht mehr an." Meine Antwort: „Wieso, das Geschehene ist doch schön!", und das Gerangel ist zu Ende.

Einige Tage später habe ich Geburtstag und wir treffen uns in der Stadt zu einem Abenddinner im Speiselokal. Ich wähle für mich nach Karte ein schönes Menü und Charlotte bleibt bei ihrer Wahl im bescheidenen Rahmen. Nach dem Servieren frage ich:

„Warum hast du dir nicht ein umfangreicheres Essen bestellt? An meinem Geburtstag möchte ich doch ein feudales Essen ausgeben." Sie lächelt und gibt mir zu verstehen, dass sie noch nie einem jungen Mann, wenn er sich spendabel zeigte, sein Geld aus der Tasche gezogen habe: „So bin ich eben erzogen worden, und ich kann diese Gewohnheit nicht spontan ändern." „Deine Einstellung ist lobenswert, doch wenn du mit mir ausgehst, solltest du zukünftig diese Tugend vergessen."

Charlotte öffnet ihre Handtasche und überreicht mir ein kleines Paket mit den Worten: „Ich habe ein kleines persönliches Geburtstagsgeschenk für dich." Das Geschenkpapier entferne ich und halte ein gerahmtes Porträtfoto von ihr in Händen. Auf der Rückseite des Fotos steht handschriftlich die Widmung:

„Nur wer den Menschen liebt,
wird ihn verstehen."
- Voltaire -
Zur Erinnerung an Deine Charlotte

Heimische Vögel:
Der Dompfaff
mit seiner Frau (Öl)

Für mich ist dieses ideelle Geschenk im doppelten Sinn eine große Freude. Ich besitze nun ein schönes Foto mit dem anmutigen Gesicht von Charlotte, und durch den Inhalt sowie die Bedeutung des ausgewählten Textes hat sie mir kundgetan, dass sie mich wirklich liebt. Dieser glückliche Moment wird mich begleiten.

Nach sechs Monaten habe ich alle Defizite in der Zweigstelle in normale Bahnen gelenkt. Den Personalvorstand erinnere ich an sein Versprechen, dass ich nun wieder in die Hauptstellen-Arbeit eingegliedert werden solle. Der Personalvorstand erläutert: „Ich weiß im Moment nicht, wem ich die Zweigstelle anvertrauen soll und in der Hauptstelle müsste noch ein für Sie passender Arbeitsplatz gesucht werden."

Charlotte wohnt inzwischen allein in der Stadt und wir verabreden uns häufig, um irgendwohin auszugehen, am Abend gemeinsam zu essen oder uns in der Weinstube einen Trunk zu genehmigen. Durch das Auto sind wir in der Wahl der Ziele immer flexibel. Charlotte ist nun volljährig, und beim Elternbesuch werden unliebsame Gespräche ausgeschlossen. Mit gutem Willen und durchschaubarer Kenntnis meiner Person verbessert sich das gegenseitige Verständnis.

Aus den Redensarten erkenne ich, dass die Eltern sich für Charlotte einen Beamten als Mann gewünscht hätten. Die anfängliche Ablehnung meiner Person liegt hauptsächlich in der Natur, dass ich ‚nur' ein Angestellter bin. Aus der Sicht der Eltern hat ein Beamter einen höheren Wert, weil der Arbeitsplatz zeitlebens gesichert erscheint. Da Charlottes Vater verbeamtet ist, liegt die Denkweise auf dieser Ebene. Das Beamtentum wird verherrlicht und man erkennt nicht die gegenwärtig gewandelte Situation. Ich bin nicht gewillt, in solchen Meinungsaustausch belehrend einzugreifen und die Vorteile im Angestelltenverhältnis zu nennen.

Zwischen Charlotte und mir baut sich ein immer stärkeres Vertrauensverhältnis auf. Ich erzähle ihr, dass der Personalvorstand mir keine greifbare Zusage für eine baldige Rückkehr in die

Hauptstelle der Kreissparkasse erteilt hat. In seinen Äußerungen hält er sich sehr bedeckt und seine Aussage zu diesem Thema zieht sich zäh wie Gummi.

An einem lauschigen Abend drückt mir Charlotte einen dicken Kuss auf die Lippen, schmiegt sich in meinen Arm und wir führen unterhaltsame Gespräche. Ihre Küsse mit den fleischigen weichen Lippen treffen mich mit liebevollen Blicken und ich denke: „Nur ein liebendes Herz kann Freude und Zuversicht ausstrahlen."

Ich streichele ihre runden Brüste und erzähle ihr einige Geschehnisse aus meiner Kinderzeit. Charlotte hat die Gabe, bei Gesprächen geduldig zuzuhören. Außerdem erzähle ich ihr, dass ich eine Aufnahmeprüfung bei der Pädagogischen Hochschule bestanden habe und mich innerhalb eines Jahres entscheiden muss, ob ich dort das Studium beginnen wolle. Den Verlauf der abgelegten Prüfung schildere ich ihr in gerafften Zügen. Aufmerksam nimmt sie die Schilderung zur Kenntnis, und sie tut ihre Meinung kund: „Du hast doch einen guten Beruf und damit ein regelmäßiges Einkommen. Wenn du zurzeit auch enttäuscht und unzufrieden mit dieser Arbeitsstelle bist, so kommen bestimmt wieder gute Angebote auf dich zu. Vielleicht solltest du dich in Geduld üben und weiterhin dein berufliches Glück in der Kreissparkasse suchen. Würdest du dich ins Studium begeben, dann wärest du drei Jahre ohne Einkommen und ein Großteil deiner Ersparnisse wäre verbraucht."

Diese Aussage wirkt auf mich sehr überzeugend und ich denke: ‚Charlotte ist mir nicht nur eine schöne und nette Freundin. Sie hat auch eine besonnene Ausstrahlung. Für ihr Alter denkt und handelt sie sehr wohl realistisch.' Ich antworte ihr: „Du hast recht" und drücke ihr einen Kuss auf die Wange.

Eines Abends im Monat September begebe ich mich, wie so oft, zum Wohnbereich von Charlotte. Ich überreiche ihr einen Blumenstrauß, den sie mit einem strahlenden Lächeln entgegennimmt. Zum Abendbrot habe ich einen schmackhaften Salat mitgebracht. Charlotte deckt geschwind den Tisch mit weiteren Zugaben, und sie stellt den Strauß mit Vase auf den Tisch. Während des gemeinsamen Essens plaudern wir und mit schlichten Worten gebe ich kund: „Mein lieber Schatz, seit neun Monaten sind wir nun in enger Freundschaft verbunden und wir kennen uns einige Jahre in betrieblicher Atmosphäre im Alltagsleben. Ich bin fest entschlossen, dich zu heiraten. Meine Liebe zu dir habe ich dir immer aufs Neue bewiesen, und über deine Zustimmung würde ich mich sehr freuen. Mit unserer Liebe zieht Freude in meinem Herzen ein.“ Wir liegen uns in den Armen und es bedarf keiner weiteren Worte.

Rosen in Spachteltechnik (Öl)

Garten im Herbst (Öl)

Die Hengstparade

Durch einen Zeitungsartikel werde ich auf die *Celler Hengstparade* aufmerksam. Um dieses großartige Spektakel vor Ort zu erleben, bemühe ich mich, rechtzeitig zwei Eintrittskarten zu kaufen, denn mir ist bekannt, dass die Plätze von Pferdeliebhabern schnell vergriffen sind. Für die Interessierten aus deutschen Landen, die ihre treuen Partner für die Freizeit und den Sport entdeckt haben, ist es Ehrensache, diese alljährliche Veranstaltung zu besuchen. Das weltberühmte Zuchtpferdegestüt fasziniert eine große Anzahl der Pferdebegeisterten allgemein. Die Galloppaden der rassigen Hengste in kribbelnder Atmosphäre zu erleben, ist äußerst reizvoll.

Vor einigen Jahren hatte ich den Film *Meines Vaters Pferde* im Kino gesehen. Er hatte mich so begeistert, dass ich später den gleichnamigen Roman von Clemens Laar gelesen habe. Für die Filmkulissen fand eine Zusammenarbeit mit dem Celler Gestüt und seinen Hannoveranern statt.

Charlotte und ich sind durch dieses Vorwissen auf die Hengstparade eingestimmt. Einige Vorfahren der edlen Hannoveraner haben bereits Welt- und Europameister sowie Olympiasieger zum Weltruhm erhoben. Im Landgestüt werden circa hundertfünfzehn Hengste gehalten, die von ungefähr einhundert Mitarbeitern betreut, bewegt, geritten und für sportliche Höchstleistungen ausgebildet werden. Die Hengste werden deutschlandweit zur Besamung der Stuten eingesetzt.

Freudig fahren Charlotte und ich bei regnerischem Herbstwetter zur Hengstparade. Die Zuschauertribünen sind nicht überdacht, aber im Eingangsbereich werden durchsichtige Regencapes verkauft, die wir gern in Gebrauch nehmen.

Von der Tribüne ist der vom Rasen bedeckte Paradeplatz gut überschaubar. Die Fläche ist von der Aschenbahn eingerahmt. Die Vorführungen beginnen mit einer stattlichen Anzahl junger

Hengste. Diese haben bereits in ihrer Ausbildung Prüfungen absolviert.

In der Programmfolge kommen vierundzwanzig sehr gut ausgebildete Elitehengste mit ihren Reitern, um den Formationstanz aufzuführen. Jede Passage muss genau von den Pferden gekonnt, von den Reitern gut eingelenkt werden. Das Durchkreuzen, Queren, Parieren und Wenden in verschiedene Figureinheiten verlangt von Ross und Reiter höchste Konzentration. Es darf kein Fehler vorkommen, sonst wird die qualifizierte Darstellung gestört.

Die Reiterkolonne formiert sich und die Zuschauer erwarten gespannt die perfekte Dressur-Quadrille. Die Reiter stehen in Sicht zur Tribüne in Reih' und Glied. Der Obersattelmeister sitzt ganz ruhig abseits auf seinem Hengst. Als Zeremonienmeister hält er die Mannschaft im Blickkontakt, erteilt das Zeichen zum Start, gibt zwischendurch kaum vernehmbare Anweisungen oder lautlose Zeichen. Die zwei Dutzend Hengste werden von den Reitern in präzise Bahnen gelenkt. Die Zuschauer haben aus der Sicht ihrer erhöhten Plätze den Eindruck, es bewege sich ein großer Teppich mit Reiterfiguren. Die Farbenpracht der purpurroten langen Reiterjacken mit Goldbesatz ist ähnlich der historischen Dienerschaft. Die Uniform wird traditionell nach Vorbild der preußischen Sitte getragen, denn vor etwa 250 Jahren gelangte das Celler Landgestüt, während der Regentschaft des Kurfürsten Georg II. von Hannover, der auch König von England war, zur vollen Blüte. Er förderte die Pferdezucht.

Der farbenfrohe Anblick der Reitergarde erhellt den grauen Himmel in der regnerischen Kulisse der Arena. Mit Präzision bewegen sich die geschulten Hengste auf den ersonnenen, unsichtbaren Linien. Sie bewegen sich auch tänzelnd in Halbkreisen auf dem grünen Rasen.

Ein *Römischer Streitwagen*, von vier nebeneinander angespannten Rossen in prachtvoll gekleidetem Geschirr gezogen, kommt im Galopp in die Arena gefahren. Im Schlepptau der Pferde steht, auf dem zweirädrigen Wagen, der Pferdelenker. Da ein solches Fahrzeug von den Römern als Streitwagen verwendet wurde, erscheint der Gespannführer in römischer Tracht.

Der Lenker der Hengste treibt das Gespann an und es sprengt kraftvoll auf der umlaufenden Rennbahn davon. Durch die Verschärfung der Geschwindigkeit schlittert die Quadriga durch die erste Kurve und eilt der geraden Bahn entgegen. Der Rennfahrer hat die Zügel im festen Griff. Schnaufend, mit weit aufgeblähten Nüstern donnern die vier schweren Körper an der Tribüne vorbei. Der Erdboden und der Aufbau zittern. Die beeindruckende Vorführung mit den vor Kraft strotzenden Hengsten bei hoher Geschwindigkeit kann nur mit Geschicklichkeit und starken Nerven gezügelt werden. Die in die Laufbahn greifenden Hufe hinterlassen, ebenso wie die eisenbereiften Räder des Römerwagens, ihre Spuren in dem vom Regen aufgeweichten Karree. Der zerwühlte Grund der Aschenbahn wird durch die Luft geschleudert.

Nach der erregten Vorführung fährt eine historische Kutsche mit sechs Doppelgespannen in Richtung Bühne ein. Auf dem Kutschbock sitzen der Pferdelenker und ein Beisitzer. In der Nähe der Zuschauerkulisse hält der Kutscher das lange Gefährt an. Die beiden Männer grüßen zum Publikum.

Ein Pferd, das unmittelbar vor der Kutsche angespannt ist, springt mit dem Hinterteil hoch und landet mit dem rechten Hinterlauf auf der anderen Seite der Deichsel. Der benachbarte Hengst ist beengt und strebt nach vorn, um der Bedrängung zu entkommen. Das übergestiegene Ross will sich von der lästigen Deichsel, die seine beiden Schenkel trennt, befreien und versucht durch Strampeln das Bein zurück in die richtige Stellung zu bringen. Es gelingt nicht. Das unglückliche Pferd stößt ein ängstliches Wiehern aus. Unruhe und Erregung verbreiten sich auf die anderen elf Hengste. Es muss schnell gehandelt werden, andernfalls droht ein Chaos. Die Hengste könnten wild werden und ausbrechen. Eine Anhäufung an Helfern vom Stallpersonal kommt herbeigerannt. Zunächst werden die Rosse mit sanften Wortlauten beruhigt. Alle Zugtiere müssen der Reihe nach, von vorn beginnend, ausgespannt werden, damit das letzte von der Deichsel befreit werden kann.

Als die Gespanne an ihren Stammplätzen im Geschirr angekoppelt stehen, wird das Programm fortgesetzt Beim Führen mehrerer Leinen vom Kutschbock wird die Fahrkunst sichtbar. Es ist erstaunlich, wie der Pferdelenker von seinem erhöhten Sitzplatz mehrere Leinen zwischen seinen Fingern und Händen hält und das Riesengefährt mit den sensiblen Hengsten beherrscht. Er bewältigt diese schwierige Aufgabe im wahrsten Sinne des Wortes mit Fingerspitzengefühl.

Mit den zwölf Pferden an den Zügeln fährt er die Kutsche in komplizierten Schleifen durch den Parcours. Nach dieser durch das Missgeschick bedingten ‚Sondervorstellung' sind die Zuschauer beeindruckt. Die Hengste, Kutscher und Helfer werden mit anhaltendem Applaus gefeiert.

Im Höhenritt erscheint die *Ungarische Post* in der Arena. Mit Vollgas, auf zwei Pferderücken stehend, kommt der wagemutige Reiter nach Art der ungarischen, tollkühnen Hirtenjungen der weiten Puszta herangeprescht.

Spitzbübisch gekleidet mit weißem Hemd, roter Weste und grüner Hose winkt er dem Publikum zu. An zwei Zügeln lenkt er die hitzigen Hengste. Mit Muskelkraft in den Beinen und starker Körperbeherrschung präsentiert er im Galopp sein Können. Das Gleichgewicht darf er nicht verlieren. Auch die Tiere müssen vertrauensvoll zusammenarbeiten, denn sie sind am Kopf und am Bauch mit Riemen verbunden, damit sie nicht auseinanderdriften. Im engen Lauf müssen sie harmonieren. Die Hengste mit ihrem sensiblen Charakter und explosiven Antrieb werden zum Rasen angefeuert und das mit eingeschränkter Bewegungsfreiheit.

Der Reiter auf den beiden Pferden benötigt für seine Reitkunst viel Mut, Vertrauen zu den Hengsten und Gefühl auf den Rücken des Pferdepaares. Kraft und Wendigkeit, besonders Körperbeherrschung, führen zum Erfolg. Nur wenige Pferde und Reiter bringen diese Eigenschaften mit.

Später habe ich erfahren, dass diese Reitkunst der sogenannten *Ungarischen Post* in der Puszta durch im Reiten geübte Hirten erprobt wurde.

Die dreistündige reiterliche Vorführung als farbenfrohes Schauspiel des Gestüt-Personals mit den rasanten Darbietungen der vierbeinigen Partner ist faszinierend.

Stimmungsbild: Auf der ungarischen Puszta (Öl)
In der Mitte der wagemutige Hirtenjunge

Zum Ausklang des Jahres bekomme ich vom Vorstandsvorsitzenden ein Bild mit einer Radierung geschenkt, die er eigenhändig gemalt hat. Auf der Rückseite des Bildes steht die nachfolgende Widmung mit seiner Originalunterschrift. Ich denke: ‚Wie passt das zusammen? Vor einem Jahr hat er mich stark gerügt wegen meines scherzhaften Ausspruchs, den der Abteilungsleiter der Geschäftskonten-Abteilung falsch gedeutet hat.' Jetzt spricht der Chef mir eine schriftliche Belobigung aus:

„Herrn ...
als Anerkennung und Würdigung verdienstvoller Mitarbeit sowie vorbildlicher Einsatzbereitschaft anlässlich des Weltspartages 1968 in Verbundenheit überreicht.
.... im Dezember 1968
KREISSPARKASSE ...
[Unterschrift ...]“

Der Direktor betitelt sein Kunstwerk mit ›Abendleuchten‹.

Ich erkenne, wie sich die Arbeitswelt schnell wechselhaft verändern kann. Der Sinn für Gerechtigkeit ist bei ihm wohl gegenwärtig mit Verzögerung eingekehrt. In den kommenden Wochen schmieden Charlotte und ich Zukunftspläne.

Beim Personalchef der Stadtsparkasse vereinbare ich nach Feierabend einen Besprechungstermin. Die Hauptstellengebäude der Kreissparkasse und der Stadtsparkasse stehen im Zentrum der Stadt unmittelbar benachbart; deshalb kenne ich sein Gesicht von zufälligen Begegnungen vor den Häusern.

Der freundliche, noch junge Mann vereint die Funktionen der Personal- und Organisationsleitung sowie des zweiten Vorstands in seiner Person. Als Gesprächspartner stellt er sich angenehm mit seinem aufgeschlossenen Wesen dar. Ich äußere meinen Wunsch, dass ich das Kreditinstitut wechseln möchte. In seiner verbindlichen Art sagt er: „Ich würde Sie sofort einstellen, doch Sie haben einen Fehler, den Sie nicht ändern können, denn Sie kommen von der Kreissparkasse. Vor einigen Wochen haben wir Nachbarsparkassen schriftlich vereinbart, dass wir keine Personalabwerbungen mehr betreiben wollen. Nach dieser neuen Regelung sind Sie der Erste, der zu uns wechseln möchte. Ich werde den Personalvorstand der Kreisparkasse besuchen und mich für Sie einsetzen, vielleicht finden wir eine Lösung."

Beim neu vereinbarten Termin berichtet er mir, dass die Kreissparkasse dem Wechsel nicht zustimmt. Dem Personalchef der Stadtsparkasse entgegne ich: „Mein Entschluss steht fest, ich werde mich auf jeden Fall von der Kreissparkasse lösen. Aufgrund meiner zehnjährigen Beschäftigungszeit bei der Kreissparkasse habe ich ohnehin eine fünfmonatige Kündigungsfrist, und ich suche mir rechtzeitig einen neuen Arbeitsplatz bei einer Sparkasse in einer anderen Stadt." Der Personalvorstand nickt besinnlich und sagt: „Ich respektiere Ihren Mut. Sobald Sie bei der neuen Arbeitsstelle sind, rufen Sie mich bitte an, dann kommen Sie nicht mehr von der hiesigen Kreissparkasse, und Sie dürfen Ihren Neubeginn in unserem Institut starten."

Frühlingsboten (Öl)

Die Hochzeit

Das Hochzeitfest mit Charlotte wird geplant. Mir steht viel Arbeit ins Haus. Zunächst liegt die große Schwierigkeit darin, eine geeignete Wohnung zu finden. Die Zerstörungen und Kriegsfolgen wirken auf dem Wohnungsmarkt immer noch nach. Endlich finden wir eine fünfundfünfzig Quadratmeter große Neubauwohnung im Reihenhaus, die ich tapezieren muss. In der Dienstwohnung der Schwiegereltern soll die Hochzeit gefeiert werden. Im Altbau mit den drei Meter hohen Räumen tapeziere ich alle Zimmer, damit die Wohnung eine angenehme Frische erfährt. Möbel werden gerückt, um Platz für viele Gäste zu schaffen. Im großen Wohnzimmer bekommt die Festtafel ihren Platz, die in U-Form aufgestellt wird. Einladungen müssen geschrieben und versendet werden.

Alles ist vorbereitet, die Tischkarten sind geschrieben und wir können dem Tag des Polterabends beruhigt entgegenschauen. Der Nachmittag ist regnerisch, mit Schneeschauern durchwachsen: ein typisches Aprilwetter.

Stimmung nach der Rückkehr vom Standesamt

Am Abend ist klare Sicht, so dass Charlotte und ich zu Fuß zur Wohnung des ehrenamtlichen Standesbeamten des Dorfes gehen. Auf die Erledigung der Formalitäten folgt eine kurze Ansprache und wir verlassen als Ehepaar das private Haus.

In der Wohnung der Schwiegereltern erwarten uns verwandtschaftliche Polterabendgäste, doch bald wird vor der Treppe des Hauses mit ‚Allotria' gepoltert. Die große Anzahl der Gäste kommt aus dem Kollegenkreis der Kreissparkasse. Charlottes und meine Bekanntschaft hat viele Mitarbeiterinnen und Kollegen angeregt, mit uns zu feiern. Aus dieser Polterabendfeier ist später auch eine Sparkassenehe hervorgegangen, auf dass die ‚große Sparkassenfamilie' weiter wachse! Die Gäste finden in den Räumen ihre Plätze, und auf den glatten Fliesen im Flur wird nach Schallplattenmusik getanzt. Angeblich sollen die Porzellanscherben dem jungen Paar Glück bringen; deshalb müssen wir auf Wunsch der Kollegen draußen in der kalten Nacht die Scherben zusammenfegen. Nach gutem Essen und reichlich Alkoholgenuss klingt die Feier aus.

Am Mittag des nächsten Tages schneit es heftig. Wir sind froh, dass zwischen Polterabend und der kirchlichen Hochzeit ein freier Tag liegt. Vielleicht beruhigt sich das Aprilwetter.

Von meinem Jugendfreund, der vor kurzer Zeit zum Priester geweiht worden ist, werden wir in Charlottes heimatlicher Dorfkirche getraut. In seiner Ansprache spricht er ohne Umschweife klar und gut betont aus, dass wir beide verrückt seien. Der Satz steht im Kirchenraum und ich denke: ‚Warum betitelt er uns so?! Wir sind doch ein sich liebendes Paar.' Im Kern seiner Rede schält er heraus, dass wir durch den Ehebund von der einen Seite des ‚Ich' auf die andere Seite des ‚Wir' gerückt sind. Er beleuchtet das Verrücktsein aus verschiedenen Lebenssituationen und jeweils anderen Sichtweisen. Das gemeinsame ‚Wir' möge die Oberhand gewinnen und besonders für die Erziehung der Kinder einen wichtigen Platz einnehmen, denn diese Nachkommen rücken in den Mittelpunkt der Familie. „Ihr als Eltern werdet dann ein wenig auseinanderrücken müssen, um den Kindern etwas Freiraum zu bieten."

Blumenkinder, Brautpaar und Hochzeitsgäste verlassen die Kirche (Öl)

Nach der Begrüßung der Gäste in der hochzeitlich geschmückten Wohnung fährt uns ein weiterer Freund, mit dem Blumenbukett auf der Motorhaube seines Autos, zum Fotoatelier in die Stadt. Seine Frau nimmt den Beifahrersitz ein. Den Rücksitz belegen die Braut mit dem weißen langen Kleid mit Schleier und ich. Charlotte freut sich über die schöne Musik im Auto. Sogar der Hochzeitsmarsch wird gespielt, und sie sagt: „Heute ist im Radio eine wunderbare Musik. Sie bringt uns in die richtige feierliche

Stimmung und ist auch passend für unseren Hochzeitstag." Bei dem befreundeten Paar bricht ein herzhaftes Gelächter aus. Aufmerksam schauen wir uns im Wagen um und sehen, dass hinter den Füßen der Beifahrerin ein Tonbandgerät läuft. Die heutige Technik hat den Trick ermöglicht – zum Spaß der Anwesenden. Im Fotoatelier werden Porträtfotos als Schwarz-/Weiß-Aufnahmen und auch in Farbe erstellt.

Frühjahr 1969

Wir müssen uns bald sputen, denn bei der Rückkehr steht das Mittagessen bereit, das der Koch mit seiner Gehilfin in der Küche zubereitet hat. Er ist fachlich erfahren, denn sein Arbeitsplatz ist in einem bekannten Speiserestaurant. Da er ein guter Bekannter der Familie ist, hat er eigens zu unserer Hochzeit Urlaub genommen, um uns mit seinen Kochkünsten zu erfreuen. Zum Verdauen des schmackhaften Dreigänge-Menüs geht die Hochzeitsgesellschaft am warmen sonnigen Frühlingstag in der langen Baumallee am nahen Bahnhof spazieren. Man erinnert sich, dass es am Vortag geschneit hat.

Zur Kaffeezeit nehmen alle Gäste ihre mit Tischkarten dekorierten Plätze ein. Der junge Kaplan ist auch in Feierlaune dabei. Das Brautpaar zerteilt gemeinsam die dreistöckige Hochzeitstorte und gibt die Stücke nach eigener Auswahl an die Gäste aus. Im zweiten Stock des Gebildes zieren aus Teig geformte Schwäne die Marzipanfläche. Die anderen Torten und Kuchen stehen auf der Festtafel verteilt und können je nach Bedarf verköstigt werden.

Ein weiterer Freund, der inzwischen als Dozent an einer Universität lehrt, hält eine humorvolle Ansprache. Mein Schwager, der Mann meiner Schwester, der im Lehramt tätig ist, liest seine gereimten Geistesergüsse aus der schön gestalteten Hochzeitszeitung vor. Über die Texte, die auf einzelne Gäste oder das Hochzeitspaar zutreffen, wird gern gelacht. Mit viel Witz und in spaßiger Form werden die Verse amüsant zur Freude der Gesellschaft vorgetragen.

Nach dem Abendessen vertiefen sich die Gespräche, der Geräuschpegel verstärkt sich beim Genuss der alkoholischen Getränke. Die jungen Leute tanzen im Flur, und der Schallplattenspieler spendet die Musik. Die Feier neigt sich nach vollzogenem Schleiertanz, ausgiebigem Trinkgelage sowie fröhlichem Singen und Tanzen weit nach Mitternacht dem Ende zu.

Charlotte und ich fahren zu unserer neu eingerichteten Wohnung. Im Schlafzimmer erscheint sie im gelben Minimorgenmantel mit farbigen Rüschen gekleidet, und darunter trägt sie das weiße seidene Nachthemd mit aufgesetzten Biesen. Der auffallende Farbunterschied zum brünetten Haar ist bezaubernd und das schöne, lachende Gesicht strahlt mich an. Ich bin glücklich, meine Braut in die Arme zu schließen. Wir sind froh, endlich unseren eigenen Bereich in Besitz zu nehmen.

Aus dem seligen Schlaf erwacht, müssen wir uns leider beeilen, um pünktlich im Hochzeitshaus zum Frühstück zu erscheinen. Mit eingeschränkter Nüchternheit und Schlafmangel trifft sich der Kern der Familie am Morgen, um einen Teil der vielen schmackhaften Reste zu verzehren. Ein gemäßigter Alkoholgenuss beschließt die schöne Hochzeitsfeier, und wir steuern mit Freuden unsere neue Wohnung an.

Nach der Hochzeit haben wir noch ein paar Tage Urlaub, den wir in der schönen Wohnung verbringen. Ich setze mich an die Schreibmaschine und tippe meine Kündigung, an die Kreissparkasse gerichtet. Im Sekretariat bitte ich um ein Gespräch mit dem Personalvorstand. Die Gruppenleiterin will mich mit den Worten: „Der Herr Direktor hat jetzt keine Zeit" vertrösten. Ich gebe ihr zu verstehen, dass ich Urlaub habe und ich hier die Zeit nicht absitzen wolle. Unvermittelt ziehe ich den Briefumschlag mit Inhalt aus der Tasche mit den Worten: „Überreichen Sie bitte dem Vorstand meine Kündigung." Sie schaut mich mit großen Augen an und sagt kurz: „Moment mal bitte, ..." und flugs ist sie im Raum des Personalvorstandes verschwunden. Nach kurzer Zeit steht er im Türrahmen und bittet mich freundlich herein. Er versucht, mich zu überzeugen, dass ich meine langjährige Arbeit hier in der Kreissparkasse fortführen solle und stellt mir erneut einen interessanten Arbeitsplatz in der Hauptstelle in Aussicht. Ich lehne ab mit der Begründung: „Wenn ich diese Kündigung zurückziehe, verliere ich mein Gesicht bei den Sparkassenkollegen." Er entgegnet: „Wir sind doch im Vieraugengespräch. Was hier gesprochen wird, bleibt unter uns." „Ja, aber Ihre Damen im Vorzimmer haben mein Schriftstück wahrgenommen."

Die lange Kündigungsdauer erlaubt mir, die Bewerbung zur anderen Sparkasse in Ruhe anzugehen. Ich bewerbe mich bei der Stadtsparkasse einer Großstadt und beginne nach fünf Monaten als stellvertretender Leiter der größten Zweigstelle dieses Institutes. Bei herbstlichem Wetter mit viel Regen fahre ich täglich mit meinem Auto zum Dienst. Am frühen Morgen begebe ich mich oft auf regennasser Fahrbahn und bei dichtem Nebel zur Arbeitsstelle. Auch die Geburt unseres ersten Babys liegt in diesem Zeitabschnitt.

In mein neues Arbeitsgebiet bin ich schnell hineingewachsen, an das Umfeld habe ich mich gewöhnt, und der Zweigstellenleiter baut auf kollegiale Zusammenarbeit. Das Arbeitsklima ist in Ordnung, doch bei herbstlich-winterlichem Wetter wird die lange Strecke zur Arbeitsstelle verdrießlich.

Ich denke an das Gespräch mit dem Personalvorstand der Stadtsparkasse meines Wohnortes und entschließe mich, telefonisch ein Kontaktgespräch mit ihm zu führen. Als er hört, in welchem Arbeitsbereich ich mich befinde, erwidert er spontan: „Bitte kündigen Sie sofort, denn Sie kommen jetzt nicht mehr von der Kreissparkasse unseres Nachbarn, sondern vom anderen Institut." Meine Antwort: „Aber nach der kurzen Zeit in dieser neuen Dienststelle kann ich die Leute hier nicht enttäuschen." Er gibt mir zu bedenken: „Sie wohnen in unserer Stadt und ersparen sich die langen Strecken. Bei der Kündigung kommt Ihnen die kurze Beschäftigungsdauer bei der neuen Dienststelle entgegen. Im nächsten Monat könnten Sie schon bei uns arbeiten."

Vor Beginn meiner Arbeit, jetzt in der Stadtsparkasse meines Wohnortes, sitze ich dem Personalvorstand gegenüber. Das Jahr neigt sich langsam dem Ende zu. Über meinen Einsatz im Stadtsparkassenbetrieb wird ausgiebig gesprochen und dann entscheidet er: „Sie richten sich im kleinen Raum gegenüber meines Vorstandzimmers ein. Dort kann ich Sie schnell kontaktieren, denn Sie sollen mir gut zuarbeiten. Ich werde Sie reichlich mit Arbeit füttern."

Unterlagen für das organisatorische Gebiet werden mir zur Bearbeitung in reichlichem Maße hingelegt. Zwischendurch übernehme ich bei Urlaub oder Krankheit die Vertretung für die Filialleiter. Zu den Filialen der Stadtsparkasse sind kurze Wege zurückzulegen, weil sie nur im Stadtgebiet angesiedelt sind. Zwischenzeitlich bin ich für spezielle Tätigkeiten der Hauptbuchhaltung und ebenso für die Kreditabteilung zuständig.

Als die Stelle des Leiters der Wechselabteilung und Darlehnsbuchhaltung frei wird, erhalte ich den Posten. Diese Abteilungsleitung beinhaltet den stetigen Kontakt mit dem Vorstandsvorsitzenden. Täglich werden Handelswechsel mit hohen Beträgen von den Geschäftskunden hereingegeben, die ich zur Refinanzierung an die Landeszentralbank über das Abrechnungssystem weiterleite. Vorher prüfe ich die Zahlungsfähigkeit des Bezogenen und des Wechselnehmers. Bei sehr hohen Geldbeträgen muss ich den Wechselankauf vom Vorstandvorsitzenden entscheiden lassen. Täglich des Morgens bin ich der Mitarbeiter, der zur Besprechung dem Vorstand gegenübersitzt. Als Hilfe zur Entscheidungsfindung lege ich die schriftlich eingeholten Auskünfte vor. Diese kurzen Sitzungen finden in freundlicher Atmosphäre statt, aber ich muss immer aufgeräumt und hellwach auftreten. Die richtige präzise Wortwahl muss ich stets parat haben. Manchmal nimmt er sich ein wenig Zeit für ein paar private Worte oder er informiert über interessante betriebliche Veränderungen.

Die neue Dienststelle am Marktplatz (Öl)

Die dienstlichen Besprechungen zwischen Vorstand und dem Untergebenen verlaufen, im Gegensatz zu denen mit dem Vorstand der Kreissparkasse, im Verhältnis wie Tag und Nacht. Ich führe es nicht nur auf die charakterlichen Eigenschaften, sondern auch auf den Generationenübergang zurück. Der Stadtsparkassenvorstand ist bedeutend jünger.

Eines Tages höre ich, dass eine Filiale in unserem Stadtgebiet mit einem neuen Leiter besetzt werden soll. Die Stelle wird ausgeschrieben, und ich bewerbe mich auf dem normalen Dienstweg beim Personalvorstand und führe ein Gespräch mit ihm. Er sagt mir, dass er meine Bewerbung befürworten könne, denn meine Arbeitsweise habe er persönlich, während der Tätigkeit in seinem Bereich, kennengelernt. Eine Schwierigkeit gibt er zu bedenken: „Sie arbeiten mit meinem Vorstandskollegen durch ihr Aufgabengebiet einvernehmlich zusammen; deshalb soll er entscheiden, ob er Sie auf Ihrem Posten entbehren will."

Bei einer normalen morgendlichen Vorlage des Wechselankaufs spricht mich der Vorstandsvorsitzende auf meine Bewerbung an und gibt mir zu verstehen, dass er mich weiterhin auf dem jetzigen Platz halten wolle. Zur Begründung für die Bewerbung als Filialleiter erläutere ich: „Während meiner Dienstzeit in den verschiedenen Sparkassen habe ich gern mit vielen Kundenkontakten gearbeitet. Kundenfreundliche Gespräche mit Beratungen führe ich gern auch fachübergreifend. In einer Filiale sehe ich diese Voraussetzungen zukunftsorientiert." Meine Begründung überzeugt den Direktor, doch er entgegnet mir: „Ich würde Sie gern weiterhin hier auf Ihrem Posten behalten, aber gegen Ihren Willen möchte ich Sie an den aktuellen Arbeitsplatz nicht binden. Mir ist wichtig, zufriedene Mitarbeiter in meiner Sparkasse zu behalten. Sie sollen auch weiterhin Freude an Ihrem Aufgabengebiet behalten. Zum nächsten Quartal dürfen Sie die Leitung der Filiale übernehmen. Mit glücklicher Hand werden

Sie Ihren neuen Arbeitsplatz gestalten. Da bin ich mir sicher, weil ich Ihre Fähigkeiten selbst kennengelernt habe."

Zunächst ändert sich nichts am normalen Arbeitstagablauf. Bei der Vorlage der dienstlich-obligatorischen Vorgänge erzähle ich dem Chef, dass meine Frau ein zweites Kind bekommen hat. Er schmunzelt und entgegnet scherzhaft: „Schon wieder ein Beamtenkind, obwohl Sie kein Beamter sind. Diese Kinder werden zum Schluss des Monats geboren, damit die Eltern noch das spärliche Kindergeld für den verflossenen Monat erhalten. Meine Kinder sind auch zum Monatsende gekommen, doch ich bin verbeamtet."

Emblem der Stadtsparkasse

Der Hausbau

Bereits ein Jahr nach unserer Hochzeit sind Charlotte und ich uns einig, ein Haus zu bauen. Bauland ist nicht in Sicht, weil wir in der Nähe der Stadt bleiben wollen. Beim Besuch meiner Eltern sagt mein Vater, er habe zufällig gehört, dass im Zufluchtsort ein Gartengrundstück zum Bauen verkauft werden soll. Der Gärtner, der Eigentümer des Baulandes ist, geht in Rente und will das bisher gewerblich genutzte Grundstück als Bauland verkaufen. In diesem Dorf bin ich aufgewachsen und vor zehn Jahren haben meine Eltern, mein damals zweiundzwanzigjähriger Bruder und ich als Zwanzigjähriger dort ein Haus gebaut. Zu meinen Eltern sage ich: „Wenn ich von dem Gärtner ein Grundstück zum Kauf bekommen würde, wäre es für unsere junge Familie ein großer Glücksfall."

Der Verkaufspreis des Anbieters entspricht den gegenseitigen Vorstellungen und wir sind uns sofort über den Kauf einig. Der notarielle Kaufvertrag wird abgeschlossen und das Grundstück umgehend aus eigenen Ersparnissen bezahlt. Das Hypothekendarlehen für den Bau des Hauses beantrage ich bei der Stadtsparkasse. Der Finanzierungsplan wird geprüft, und die Kreditzusage muss vom Vorstandsvorsitzenden unterschrieben werden, weil ich ein Mitarbeiter der Sparkasse bin. Bei eigenen Bediensteten gelten aus Sicherheitsgründen strenge Regeln.

Baukredite werden grundsätzlich mit variablen Zinssätzen vergeben. Es gibt keine Möglichkeit für Festzinsvereinbarungen mit bestimmten Laufzeiten. Meine Darlehenszusage ist mit dem Zinssatz von 6,5 Prozent genehmigt worden. Im Verlauf eines Jahres steigen die Zinsen um 6 auf 12,5 Prozent an. Der Finanzierungsplan gerät aus allen Fugen und scheint zu kippen, weil mein Gehalt der hohen Belastung mit der starken Zinssteigerung nicht standhalten kann. Es reicht kaum noch für den Lebensunterhalt der Familie aus. Ich sehe dem Gespräch mit dem Vorstandsvorsitzenden sorgevoll entgegen und denke: ‚Wie soll meine Familie mit den kleinen Kindern den gewaltigen Zinsanstieg finanziell überstehen?'

Meinem Chef trage ich meine Sorgen vor, und er gibt mir das mündliche Versprechen, meinen Zinssatz bei 12,5 Prozent zu belassen, falls eine weitere Korrektur bei steigenden Zinsen notwendig würde. Er begründet seine Entscheidung: „Unsere Mitarbeiter erhalten bei ihrer eigenen Baufinanzierung ein Arbeitgeberdarlehen in begrenzter Höhe zu einem guten festgeschriebenen Zinssatz. Dieses Sonderrecht unserer Sparkasse können Sie nicht beanspruchen, weil Sie die Institute gewechselt haben und noch keine drei Jahre Zugehörigkeit bei unserer Stadtsparkasse haben. Für Sie ist es bedauerlich, doch über diese Bestimmung kann ich mich nicht hinwegsetzen. Durch den starken Zinsanstieg, den nur die Bundesbank regulieren kann, behält die Sparkasse Ihnen gegenüber einen Zinsvorteil im Vergleich zu anderen Mitarbeitern, die im Genuss des Arbeitgeberdarlehens sind. Somit gilt meine heute getroffene Zusage für Sie."

Die *Hochzinsphase* erreicht mit dem Zinssatz von 12,5 Prozent ihren Höhepunkt und der mir zugesagte Zinsstopp kommt nicht zur Anwendung. Die Inflationsrate wird langsam geringer und die Bundesbank senkt allmählich den Leitzins. Die variablen Zinsen fallen, und meine Familie wird kontinuierlich von der hohen Zinslast befreit.

Beinahe gleichzeitig mit der Hochzinsphase wird auch die *Ölkrise* im Jahr 1973 zur großen Belastung für alle Bevölkerungsschichten, bei ebenfalls hoher Inflationsrate. Heizöl und Benzin sind durch Lieferengpässe der arabischen Länder bis zum doppelten Preis angestiegen. Um Benzin zu sparen, wird ein Sonntagsfahrverbot durch die Regierung angeordnet. Abwechselnd dürfen die Autos mit der geraden Nummer auf dem Nummernschild fahren, und am darauffolgenden Sonntag benutzen die Wagen mit den ungeraden Zahlen die Straßen und Autobahnen. Die

Wohnungen können nur notdürftig durch große Einsparungen mit Heizöl erwärmt werden. Die Leute der niedrigen Einkommensschichten oder mit hohen Hypothekenbelastungen sind am härtesten betroffen.

Charlotte und ich sind entschlossen, als neues Domizil ein Zweifamilienhaus zu bauen, denn in den Zeiten des knappen Geldes kann niemand ahnen, wann eine neue Hochzinsphase kommt. Sollte erneut ein finanzieller Engpass entstehen, hätte man die Möglichkeit, die Obergeschosswohnung zu vermieten. Arbeitsmäßig kommt wieder eine harte Zeit auf mich zu. Tagsüber muss ich in der Stadtsparkasse das Geld verdienen, und nach Feierabend zeichne ich die Entwürfe und bastele ein maßstabgerechtes Modell vom neuen Haus. Der Betrachter des Modells erhält die augenscheinliche Vorstellung vom angestrebten Objekt. Es stärkt auch das Vorstellungsvermögen meiner jungen Frau Charlotte.

Modell des Wohnhauses

Die von mir angefertigten Bauzeichnungen übergebe ich meinem Jugendfreund, der inzwischen Diplom-Ingenieur und Statiker ist, als Anhaltspunkt zur fachlichen Bearbeitung sowie Grundlage für seine statischen Berechnungen.

Der Grundstückverkäufer, der inzwischen seine Gärtnerei aufgegeben hat, nutzte dieses Land als Obstplantage. Vor sechs Jahren hat er darauf Sauerkirschbäume gepflanzt, die gerade in voller Blüte stehen und im Sommer die schmackhaft fruchtigen Schattenmorellen tragen. Im Bereich des zu bebauenden Hausplateaus rode ich die jungen Bäumchen, die bereits kräftige Wurzeln geschlagen haben. Im weiteren zukünftigen Gartenbereich lasse ich die Bäume stehen, die uns nicht nur Schatten spenden, sondern auch der Vogelwelt dienlich sind. Auch unsere kleinen Kinder sollen sich in der naturgetreuen Umgebung wohlfühlen und dort gerne spielen.

Den Erdaushub für den Keller erledigt eine Tiefbaufirma. Die Erdarbeiten für die Fundamente und das Verlegen der Kanal- sowie Entwässerungsrohre als auch Versorgungsleitung führe ich mit Hilfe meines Vaters und meines Bruders vor dem Gießen der Betonbodenplatte durch. Der Maurermeister erhält den Auftrag zur Fertigstellung des Rohbaus und der Zimmermeister richtet das Holz fürs Dach.

Erdarbeiten für das neue Haus

Wir befinden uns im Monat November und im Baugewerbe ist Hochkonjunktur. Kurz vor dem Winter sind die Dachdeckermeister voll mit Arbeit eingedeckt, doch das Haus muss winterfest sein. Mit einem gut bekannten Dachdeckergesellen, den ich seit meiner Malerzeit kenne, bespreche ich die missliche Lage. Er bietet sich an, Nachbarschaftshilfe zu leisten, und er werde auch seinen Arbeitskollegen mitbringen. Am Samstag soll die Dachdeckerarbeit beginnen. Treffpunkt ist die Baustelle. Der Dachdeckergeselle erscheint pünktlich, aber sein Kollege bleibt fern. Der Dachdecker sagt: „Allein kann ich nichts beschicken, dann will ich mich mal auf den Heimweg begeben." Ich entgegne ihm: „Wieso, ich bin doch auch hier und kann dir helfen!" Kritisch beäugt er mich mit den Worten: „Zeig mir mal deine Hände!" Er schaut auf meine Handflächen, sieht die Schwielen in den Händen und sagt: „Wir können es versuchen, aber ich denke, deine Büroarbeit hat dich verweichlicht."

Wir beide liegen bäuchlings auf den Sparren, die von den Zimmerleuten aufgerichtet sind, spannen die Bahnen der Gitterfolie und nageln die Dachlatten auf die Folie. Als die ersten Latten befestigt sind, bekommen die Schuhsohlen einen festen Halt. Von einer Windbö werden wir überrascht und sie erfasst die noch unbefestigte Folienbahn. Mit der großen Angriffsfläche der Bahn müssen wir gegen den Wind kämpfen. Pünktlich zum Sonnenuntergang an diesem Spätherbsttag sind die Sparren mit Gitterfolie bespannt und die Latten genagelt, sodass der Rohbau bei Regen geschützt ist.

Als wir vom Dach steigen, sagt der Dachdecker: „Ich habe nicht geglaubt, dass du diese Strapaze durchhältst. Nun weiß ich, dass wir die Dachdeckerarbeiten gemeinsam zu Ende führen." Ich erläutere: „Das harte Arbeiten habe ich als Maler gelernt und auch später die Hände nicht in den Schoß gelegt. Besonders jetzt beim Arbeiten am Eigentum wird mein Körper erneut gestählt." Die Maurer haben die Spitzen der Giebelseiten mit Steinen geschlossen und die Schornsteinköpfe mit Vollklinker hochgemauert. Der Rohbau ist fertiggestellt, doch der Westgiebel bleibt voll eingerüstet, weil das Klinkermauerwerk noch verfugt werden muss. Die gefalzten Dachziegel liegen noch locker verlegt auf den Dachlatten, denn die Ortsteine an den Giebeln müssen zunächst fest verlegt sein.

Am Montag, den 13. November 1972 trifft der Jahrhundertsturm unsere Breiten heftig. Um elf Uhr erreicht der Orkan vielerorts bis zu zweihundert Kilometer Geschwindigkeit in der Stunde. Durch die Sturmwarnung werden die Kinder rechtzeitig vom Schulunterricht nach Hause geschickt. Meine Arbeitskollegen und ich stehen am Fenster in der Sparkassenhalle und sehen, wie der Sturm an den Dachziegeln der Nachbarhäuser rüttelt, darunter fasst, und große Löcher in die Dächer reißt. Meine Frau Charlotte ruft mich an und berichtet: „Ein Teil von unserem Gerüst am Haus ist weggeflogen."

Der Orkan hat das Gerüst am Westgiebel des Neubaus kräftig erfasst. Von der oberen Etage des Gerüstes ist die Palette, bestehend aus schweren Gerüstbrettern, die mit kurzen Latten zusammengenagelt sind, vom Sturm in die Luft geschleudert worden. Das zentnerschwere ‚Ungetüm' funktioniert ähnlich wie ein Segel, und es wird drei Meter hoch über die Giebelspitze katapultiert. Die Palette landet in zehn Metern Entfernung auf dem Dach, setzt mit Wucht auf, und zerschmettert einige Dachziegel. Da die Dachsteine noch nicht fest verlegt sind, bleibt hier der materielle Schaden unerheblich, doch der vor zwei Tagen frisch gemauerte dreizügige Schornsteinkopf wird so stark gerüttelt, dass die Fugen zerbröseln. Der beschädigte Schornstein muss mit großem Aufwand saniert werden. Es ist unvorstellbar, dass der Orkan den schweren Koloss in Bewegung versetzen konnte.

Der Tischlerbetrieb liefert die Türen und Fenster einschließlich Rollläden. Für den Einbau der Holzelemente ist er verantwortlich. Der Tischlermeister beauftragt einen Glasermeister, der als Subunternehmer die Naturholz-Fensterrahmen mit Thermopanescheiben verglasen soll. Die Scheiben werden im Rohbau vor Ort vom Glaser eingesetzt und versiegelt. Die Maßvorgaben bekommt der Glasermeister vom Tischlermeister mitgeteilt. Nach diesen übermittelten Maßen fertigt die Fabrik die Doppelscheiben an. Die Zeit drängt, denn es ist Anfang Dezember und das unbehagliche Winterwetter kann bald einsetzen. Helle Freude kommt auf, als die Glaserfirma mit den Thermopanescheiben anrückt. Die Glaser wollen die erste Scheibe in die Holzfalzung des Fensterflügels einlegen, doch sie passt nicht rein. Die Handwerker entscheiden, nachzumessen, bevor sie alle Scheiben unnötig in den Bau schleppen. Sie stellen fest: Alle Scheiben sind einen Zentimeter zu groß angefertigt worden. Der Tischlermeister hat der Herstellerfabrik die falschen Maße übermittelt.

Welch ein Ärger vor Winteranfang! Alle Fensterrahmen im Bau muss ich mit Folie abschirmen, denn falls Schnee und Regen das Fensterholz einnässen, können die Glasscheiben beim späteren Einsetzen nicht versiegelt werden.

Die Montage des Ölzentral-Heizungsbauers ist genau zum Jahresschluss fertiggestellt. In den letzten Tagen der Arbeitsvorgänge setzt leichter Frost ein und der Rohbau wird völlig ausgekühlt. Zu allem Übel verstärkt sich die Kälte in der Neujahrsnacht auf minus zehn Grad Celsius. Damit im Winter im Neubau gearbeitet werden kann, will der Heizungsbauer am Neujahrstag die Heizung in Gang setzen, denn niemand weiß, wie lange die Winterkälte anhält, und man will einen wochenlangen Zeitverlust in der Bautätigkeit vermeiden.

Der Monteur schaltet die Heizung ein, der Ölbrenner springt trotz der Kälte sofort an und der Handwerker ist froh, dass der Start geglückt ist. Er spricht zu mir: „Das schwierigste Unterfangen kommt jetzt erst. Die Rohre sind eiskalt, und wenn das Wasser hineinfließt, könnte es sofort gefrieren, und dann kann es problematisch werden. Uns steht eine bange Stunde ins Haus."

Der Brenner erwärmt nur langsam das zulaufende Wasser des Heizkessels, es wird mit der Pumpe in die eiskalten Rohre gedrückt und im Wasservorlaufrohr erstarrt es sofort zu Eis. Der Monteur ist in Sorge und hofft, dass das nachlaufende angewärmte Wasser die zugefrorenen Rohre vom Eis befreit und sagt: „Wir müssen uns in Geduld fassen. Sofern das zufließende warme Wasser einen Kreislauf in den Rohren und Heizkörpern durchs Haus beschreibt, haben wir es geschafft, andernfalls friert die Heizung ein und die Rohre platzen.“ Die Heizungsrohre sind noch nicht isoliert und ich kontrolliere durch das Anfassen Meter um Meter, ob sich die Rohre beim Vorlauf des Wassers erwärmen. Als im Heizungskeller das warme Wasser im Rücklaufrohr ankommt, sagt der Heizungsfachmann erleichtert: „Jetzt ist es geschafft. Die schwierige Prozedur ist überstanden, und die nachfolgenden Handwerker können im neuen Jahr auch im strengen Winter arbeiten.“

Die meisten Arbeiten des Innenausbaues werden von den Familienangehörigen getätigt. Im Frühjahr wird das neue Haus bezogen. Zunächst ist nur die Parterrewohnung fertiggestellt. Die kleinen Kinder freuen sich über ihr schönes großes Kinderzimmer.

Unsere beiden Kinder, das zweijährige Mädchen und der dreijährige Junge, werden von der Mama Charlotte in einigen Handhabungen belehrt. Besonders im Treppenhaus sind sie unterwiesen, dass sie immer dicht an der Wand die Treppen betreten müssen, weil das Geländer noch angefertigt werden muss. Auf dem Grundstück liegen noch hohe Erdhügel zum Anfüllen des Geländes und ein großer Sandhaufen, der zum Putzen der Kellerräume und zum Verlegen der Verbundsteine vor der Garage Verwendung finden wird. Der hohe Sandhaufen ist ein willkommener Spielplatz für die Kinder. Sie können hinaufklettern, herunterrutschen, mit Formen im Sand spielen, Sandburgen bauen, und auch die Erdaufschüttungen werden beim Spielen mit einbezogen. Sobald der Sandhaufen abgeflacht erscheint, muss ich mit der Schaufel 'ran und diesen wieder zum Berg gestalten. Auch die Nachbarskinder haben unseren ‚Abenteuerspielplatz' schnell entdeckt. Die jungen Sauerkirschen-Zwergbäume mit kurzem Stamm eignen sich vorzüglich zum Klettern.

Für das Bauen und Errichten der Grenzzäune sowie Glätten und Bepflanzen der Außenanlagen lasse ich mir Zeit, denn andere Dinge erscheinen mir wichtiger. Mein beruflicher Aufstieg hat Vorrang, um die Familie finanziell zufriedenzustellen. Ich versuche, die Bautätigkeit vom Beruflichen zu trennen, doch es gelingt mir nicht immer.

Als Angestellte in der Sparkasse hat meine junge Frau Charlotte gern gearbeitet. Sie pflegt Kontakte zu ihren Kolleginnen und Kollegen. Durch ihre freundliche, hilfsbereite Art findet sie Anerkennung beim Abteilungsleiter, der ihre Arbeitsleistungen würdigt. Bei den Kunden findet sie Anklang wegen ihres verbindlichen Wesens. Sie lassen sich gern von ihr bedienen oder beraten, denn sie lässt auch ein privates Gespräch zu.

Doch das Familienleben erscheint ihr wichtiger, und sie gibt ihre Berufstätigkeit auf, um sich voll ihren Kindern zu widmen. Ihren Entschluss habe ich als besonders großartige Leistung anerkannt. Das Wohnen im noch nicht ganz fertigstellten Neubau ist mit zusätzlichen Arbeiten verbunden, und Charlotte findet trotzdem Zeit, mit den kleinen Kindern zu spielen. Bei schönem Wetter sitzt sie mit den Kindern draußen in der Nähe des Sandhaufens auf der alten Bank und liest den Kleinen aus Kinderbüchern vor. Die kleinen Mädchen und Jungen aus der Nachbarschaft entdecken bald die junge ‚Märchentante' und gesellen sich dazu. Beim Verteilen des vom Bagger aufgetürmten Mutterbodenhügels ist Charlotte behilflich: Sie füllt mit dem Spaten die Schubkarren. Nachdem der Garten geebnet ist, legt sie mit meiner Hilfe die Gemüse- und Blumenbeete an. Beim Hegen und Gießen der Pflanzen helfen die Kinder spielerisch mit.

Sommerstrauß mit Anemonen (Öl)

Die Sparkassenakademie

Für gut bewährte Mitarbeiter bieten die Sparkassen fachliche Prüfungen an der Sparkassenakademie an. Die Vorstände der einzelnen Sparkassen treffen die Auswahl, welcher Bewerber die Förderungsberechtigung erhalten soll. Die Ausgewählten bereiten sich zunächst im Heimstudium auf eine Aufnahmeprüfung an der Akademie vor.

In unregelmäßigen Abständen treffe ich mich nach Feierabend mit den Mitstreitern zur Vertiefung des selbst erarbeiteten Wissens und Abgleichung des Themenbereiches. Durch Fragestellungen überprüfen wir den Stand des gelernten fachlichen Stoffs. Das Personalbüro unserer Stadtsparkasse organisiert mit der großen Sparkasse der Landeshauptstadt eine gemeinsame Beschulung für die Anwärter zur Aufnahmeprüfung bei der Akademie. Die Schulung erfolgt außerhalb der Dienstzeit und auch an Samstagen. Mit einer Fahrgemeinschaft begeben wir uns zur Großsparkasse, um mit den Kollegen in sparkassenspezifischen und rechtswissenschaftlichen Gebieten unterrichtet zu werden. Die sechsmonatige Beschulung dient der Vorbereitung auf die bevorstehende Aufnahmeprüfung bei der Akademie. Schriftliche Arbeiten sind zur Überprüfung des Wissensstandes notwendig. Die Sparkassen des Verbandes melden ihre Auserwählten bei der Sparkassenakademie an, und diese Institution lädt die Kandidaten zur Aufnahmeprüfung ein.

Nach diesen gründlichen Vorbereitungen erhalte ich von der Akademie die Ladung zur Aufnahmeprüfung. Von allen Sparkassen des Verbandes und von Berlin-West sind Kolleginnen und Kollegen zur schriftlichen Prüfung angereist. Sie füllen die Aula an zwei Tagen. Zunächst steht das Schreiben eines Aufsatzes im Prüfungsprogramm. Besondere Stellenwerte nehmen Formulierungen und die Rechtschreibung ein. Die Vorbemerkung der Aufsicht führenden Dozenten lautet: „Unser Ziel ist, dass Sie als zukünftige Vorgesetzte vorbildliche Schriftsätze abliefern, und eine gute Formulierung setzen wir voraus." Drei Themen stehen zur Auswahl: ein fachliches, ein politisches und ein journalistisches, worüber in letzter Zeit in der Sparkassenzeitung berichtet wurde. Im weiteren Teil der Prüfung stehen das kaufmännische Rechnen und Bankenrechnen an.

Am zweiten Tag müssen Fragen in Kurzaufsätze aus der Betriebswirtschaftslehre, dem Bürgerlichen Gesetzbuch und dem Sparkassenrecht beantwortet werden. Mit der Arbeit im Rechnungswesen endet der zweite Prüfungstag.

Nach der Auswertung der Prüfungsarbeiten erhalte ich die schriftliche Bestätigung der bestandenen Prüfung. Mit diesem Schreiben bin ich berechtigt, an den nachfolgenden Beschulungen und den Prüfungen in der Akademie teilzunehmen. Ich bin glücklich, dass ich diese Hürde im ersten Anlauf genommen habe, denn die Messlatte und die Durchfallquote liegen hoch, weil man für diese Prüfung mit dem umfangreichen Gebiet auf breiter Basis vorbereitet sein muss. Die sehr hohe Anzahl der Versager liegt an der vielseitigen Thematik und der fehlenden konkreten Anhaltspunkte.

Ein halbes Jahr später befinde ich mich in der Akademie, um Sparkassenbetriebswirt zu werden. Die Dozenten unterrichten die Prüfungsanwärterinnen und -anwärter durch Vorlesungen oder Vorträge. Nach neuen gesetzlichen Vorschriften müssen Führungskräfte erstmalig eine Prüfung ablegen, die berechtigt, Lehrlinge auszubilden. Diese sogenannte ‚*Ausbildereignungsprüfung*' müssen die jungen Führungskräfte nachweisen, um ein leitendes Amt zu übernehmen. Über das gesetzliche Neuland gibt es noch keine hinreichende Literatur. Der Unterrichtsstoff umfasst die vier Fächer: Jugendpsychologie, Grundlagen des Berufsbildungsrechts, Planung und Durchführung der Ausbildung und Personal- und Sozialrecht. Nach zwei Monaten werden in diesen Fächern schriftliche Klausuren geschrieben und einige Tage später wird die mündliche Prüfung abgelegt. Die Prüfung ist bestanden und ich kann meine schriftlichen Aufzeichnungen und die Bücher von diesen Fächern zur Seite legen.

Nahtlos gehen die Dozenten in den Lehrstoff der sparkassenrelevanten Fächer über. Das Lernpotenzial erstreckt sich über den Umfang von fünfundzwanzig speziellen Fächern. Einige Dozenten unterrichten nur ihr Spezialfach.

Nachdem von den Dozenten reichlich Lehrstoff durchgepeitscht worden ist, werden wöchentlich zwei Arbeiten geschrieben, bis die Anzahl von zehn Vorprüfungsarbeiten erreicht ist. Die Zensuren dieser Klausuren fließen in den Hauptabschluss der Bedingungen zum Sparkassenbetriebswirt ein.

Neun Monate sind die Kommilitonen bei voller Gehaltszahlung von der Sparkasse freigestellt worden, um die Ausbildung zu erlangen. Zur Mittagszeit enden täglich die Vorlesungen in der Sparkassenakademie.

Der Sommer 1974 zieht ganz Deutschland in den Fußballbann. Die Weltmeisterschaft im eigenen Lande am Farbbildfernseher zu erleben, ist für die Fußballbegeisterten ein Hochgenuss.

Mein Kollege und ich befinden uns auf dem Heimweg von der Akademie. Wir fahren mit dem Auto stadtauswärts. Auf der einen Seite begleitet uns der an der Straße entlang gestreckte See. Plötzlich taucht in etwa fünfzig Metern Entfernung eine große Staubwolke auf. Scharf stoppe ich meinen Wagen, doch der Staub verdeckt die Sicht. Nachdem sich das undurchsichtige Grau zu Boden gesenkt hat, sehen wir im Park an der Gegenfahrbahn ein dampfendes Motorrad liegen. In diesem Bereich beschreibt die Straße eine lang ausgedehnte Kurve. Ich stelle den Motor ab und mein Kollege und ich rennen zur Parkanlage. Das Motorrad liegt in der Nähe eines dicken Baumes und der Fahrer weit entfernt vom Gefährt. Er liegt auf dem Rücken und blutet aus dem Mund. Geistesgegenwärtig lege ich den Verletzten in die stabile Seitenlage, denn ich weiß von meinem beinahe vergessenen Erste-Hilfe-

Kurs, dass man am eigenen Blut ersticken kann. Während ich beim Verletzten zunächst hilflos Wache halte, fährt mir ein kalter Schauer den Rücken herunter, weil ich nur daneben knie und nichts Weiteres tun kann. Indes rennt mein Kollege zur Straße, hält ein Auto an, um die Unfallhilfe anzufordern. Polizei und Krankenwagen sind schnell vor Ort, und ich atme befreit auf. Die Sanitäter bestätigen kurz, dass mein Kollege und ich uns richtig verhalten haben, und wir dürfen uns vom Unfallort entfernen.

Am nächsten Tag lesen wir im Zeitungsartikel, dass der Motorradfahrer den Unfall nicht überlebt hat. Er war als Kurier für die Weltmeisterschaft unterwegs und sollte das Aufnahmematerial vom Spieltag in das Funkhaus bringen. Der Unfall hat sich in kurzer Entfernung vom Studio ereignet, wo die Übergabe des Sendematerials erfolgen sollte. Da der Motorradfahrer eine lange Strecke auf der Autobahn unterwegs gewesen ist, liegt laut Zeitungsartikel die Vermutung nahe, dass er sich im Geschwindigkeitsrausch befand und die Drosselung des Tempos im Stadtgebiet zu spät vollzogen hat.

Später hat die Stadt vor der langen Kurve eine rubbelnde Piste im Asphalt eingebaut. Jetzt müssen die Verkehrsteilnehmer rechtzeitig das Tempo drosseln. Nachmittags sind Heimstudien angesagt. Ausarbeitungen der mitgeschriebenen Vorlesungen sind durchzuführen und dazu die rechtlichen Grundlagen sowie die sparkassenspezifische Literatur zu lesen.

Meine beiden kleinen Kinder wollen auch zu ihrem Recht kommen und mit mir spielen, doch die Mama muss sie oft auf spätere, geruhsame Zeiten vertrösten, was die beiden im Alter von drei und vier Jahren natürlich nicht verstehen. Bis in die Nacht hinein lerne ich und nicht selten wache ich mit dem Buch auf der Brust liegend des Morgens auf.

Trotz der harten geistigen Arbeit wächst eine angenehme Schulgemeinschaft zusammen. Die Kommilitoninnen und Studienkollegen sind monatlich einmal im Klubzimmer der Gaststätte *Wiener Wald* zum Bierabend beisammen. Es ist bekannt, dass es bei diesen Zusammenkünften immer recht lustig zugeht, weshalb manchmal Dozenten mit von der Partie sind, denn sie wollen das fröhliche Treiben miterleben. Ein Kommilitone bringt sein Akkordeon mit, um auf stimmungsvolle Weise Lieder zu begleiten, die nach Herzenslust von allen gesungen werden. Das alltägliche harte Lernen tritt in den Hintergrund. An die schulischen Anforderungen denkt niemand, aber die Texte der aktuellen Schlager kennen alle. Die bierselige Gesellschaft, die auch ein Schnäpschen nicht verachtet, bleibt beim Singen hellwach. Der nächste Morgen in der Akademie wird für einige nach der durchzechten Nacht zur Herausforderung. Unauffällig, aber mit hängenden Köpfen, wird die Beschulung an diesem Tage überstanden. Wer viel lernen und Prüfungsstress durchstehen muss, um sich später Sparkassenbetriebswirt zu nennen, benötigt in gewissen Abständen einen fröhlichen Bierabend.

Geselliger Abend in munterer Stimmung

Die Belastbarkeit der geistigen Aufnahmefähigkeit kommt langsam an Grenzen, je mehr man sich den Terminen der Klausuren nähert. Bei täglich steigenden Anforderungen erhöht sich der Druck, denn in die Vielzahl der Fächer wird von den Dozenten stetig mehr Lernstoff hineingepfropft, der geistig verarbeitet, im Gehirn gespeichert und punktgenau in den Klausuren abgerufen werden muss. Man hilft sich gegenseitig im Gespräch während der Pausen und versucht zu erforschen, in welchen Fächern die Klausurarbeiten geschrieben werden könnten. Ein Sondieren aus fünfundzwanzig Lernfächern ist etwa so chancenreich wie das Finden einer Stecknadel im Heuhaufen. Bei einigen Dozenten versucht man vorzufühlen, ob sein Fach prüfungsrelevant sei, doch sie hüllen sich in Schweigen. Andere deuten vorsichtig an, ob sie selbst ihr Fach als wichtig betrachten. Die zu Prüfenden müssen zwischen den Zeilen lesen, doch auf diese Aussage solle man sich nicht unbedingt verlassen. Aus solchen vagen Anmerkungen versuchen die Prüfungsanwärter über die Anzahl der Vorlesungsstunden etwas herauszufiltern. Schließlich muss jeder Prüfling für sich entscheiden, welche Fächer ihm prüfungswürdig erscheinen. Sollte man sich zufällig für das richtige Fach entschließen, dann kann es sein, dass das Thema querliegt. An den erregten Gesprächen habe ich mich nicht beteiligt, denn meine eigene Entscheidung steht fest, weil ich bereits mehrere Prüfungen in meinem Leben absolvieren musste. Meine Vorbereitungen für die Klausuren lege ich auf breiter Basis an, leiste mir auch Wissenslücken und setze auf meinen gesunden Menschenverstand. Auf mein Gedächtnis habe ich mich bisher immer verlassen können.

Der Monat Dezember beginnt mit frostigen, nebeligen Tagen. Das Wetter passt zum Gemüt. Mein Kollege und ich fahren zur Sparkassenakademie, um die Klausuren zu schreiben. Der Dozent verteilt die Aufgabenblätter für das Fach ›Wertpapiere‹ und verkündet die Zeit bis zur Abgabe der Lösungen, die auch auf den zu bearbeitenden Zetteln vermerkt ist. Alles verläuft normal nach der Prüfungsordnung.

Am zweiten Prüfungstag fahre ich mit meinem Kollegen auf der bereits beschriebenen Straße, wo vor einigen Monaten der Motorradunfall geschehen ist. Gleich am Anfang des langgestreckten Sees, der neben der Straße verläuft, geraten wir in einen Verkehrsstau – zunächst nichts Aufregendes, denn wir haben für die Fahrt zur Prüfung viel Zeit einkalkuliert. Zu wichtigen Terminen wollte man sich Zeit nehmen und mit unvorhersehbaren Widerständen rechnen. Eine Verspätung am Prüfungstag wäre für uns verhängnisvoll. Der Stau löst sich jedoch nicht auf und wir werden nervös. Die Entfernung bis zur Akademie beträgt mehr als zwei Kilometer. Kurzentschlossen fahre ich das Auto auf den Fußweg. Wir rennen uns bei der eiskalten Winterluft die Zunge aus dem Hals. Vor uns sehen wir den Grund des Staus: ein Blechschaden mit großer Wirkung. Wir erkennen, dass unsere Entscheidung richtig ist. Schnaufend laufen wir pausenlos, denn wir müssen pünktlich unser Ziel, die Sparkassenakademie, erreichen.

Alle Kommilitonen sitzen im Prüfungsraum. Die Prüfungsaufgaben sind schon verteilt. Nach kurzer Entschuldigung begeben wir uns, den Anorak abstreifend und schweißtriefend, auf unsere Plätze. Draußen die eisige Kälte und im Raum die mollige Wärme lassen den Körper und das Taschentuch nicht zur Ruhe kommen. Der Temperaturunterschied von etwa dreißig Grad Celsius erhöht den Blutdruck. Nur langsam wird der Atem ruhiger, und der Schweißausbruch wird gehemmt. ‚Kann man in dieser Situation noch klare Gedanken fassen', frage ich mich, ‚um diese schriftlich zu Papier zu bringen?' Die Klausur erfasst das Prüfungsfach ›Organisation‹.

Nach den Strapazen des Vormittags gehen wir entspannt zum falsch geparkten Auto und rätseln, ob es inzwischen von der Polizei wegen Behinderung der Fußgänger abgeschleppt worden sei. Das Auto steht noch ‚ohne Knöllchen' und ich merke an: „Dieser anstrengende Vormittag hat uns einen günstigen Abschluss bereitet."

Am nächsten Tag startet die dritte Prüfungsarbeit. Wir sind vorgewarnt und verabreden uns noch früher, um für Unvorhersehbares gewappnet zu sein. Mit zeitlichem Vorlauf harren wir aus und warten auf neue Überraschungen an diesem Tage.

Die Aufgabenstellungen für das Fach ›Hypothekengeschäft‹ sind verteilt, da springt eine Kommilitonin von ihrem Stuhl auf, streckt die Hände hoch und ruft in den Raum: „Das darf doch nicht sein!“ Und sie sinkt auf ihren Platz zurück. Mit diesem Prüfungsfach hat sie nicht gerechnet. Der Dozent beruhigt zunächst ihre Nerven. Nachdem Ruhe eingekehrt ist, stürzen sich alle eifrig auf das umfangreiche Thema. Nach längerer Zeit des Schreibens wird es plötzlich unruhig im Raum. Ich sitze in der ersten Reihe, bin in meine Gedanken vertieft und beachte die Störung nur beiläufig. Unvermutet steht ein Mitstreiter am Pult des Dozenten, überreicht ihm wortlos die Prüfungsbögen mit seinen Aufzeichnungen und verlässt den Raum.

Über die zeitige Abgabe der Prüfungsarbeit bin ich verblüfft. Ich denke: ‚In der kurzen Zeit kann man diese umfangreiche Arbeit nicht bewältigen.‘ Am nächsten Prüfungstag erscheint er nicht in der Akademie. Durch das Fernbleiben ist seine bisherige Mühe verfehlt. Er ist somit bei der Prüfung zum Sparkassenbetriebswirt durchgefallen. Eine Wiederholung der Prüfung ist nicht möglich. Später erzählt man, dass er nervlich dem Prüfungsdruck und den inneren Anspannungen nicht gewachsen gewesen sei, obwohl er sich vorher im Lernverhalten als guter Kandidat herausgeschält hatte.

Die Akademie legt bewusst ein hohes Niveau in den Prüfungen an, denn als Sparkassenbetriebswirt kann man hohe Positionen erklimmen. Die praktische Arbeit erfordert dann starke Nerven, Stabilität und ein sicheres Auftreten. Durch diese Prüfungen soll auch Durchstehvermögen erprobt werden.

Die vierte Klausur, die im Rechtsfach des *Bürgerlichen Gesetzbuchs (BGB)* geschrieben wird, verläuft ohne Zwischenfälle.

In den kommenden Tagen bereiten sich die Absolventen auf die mündliche Prüfung vor. Die Prüfungskommission setzt für jeden Teilnehmer vier Fächer fest, die aus der Palette der fünfundzwanzig Spezialfächer ausgewählt werden. Zwei Tage vor der mündlichen Prüfung bekommen die Kandidaten die Fächer genannt. Damit erhält man die Möglichkeit, das große Feld der Aufzeichnungen und Gesetze für diese Fächer zu sichten. Bis in die Nacht hinein lese ich mir wichtige Stellen aus den Aufzeichnungen und Teile der Gesetze durch. Mehr kann man nicht tun, und ich habe das Gefühl, dass mein Gehirn nichts mehr speichern kann oder sogar versagt.

Mit der bestandenen Prüfung zum Sparkassenbetriebswirt kann ich mich nach der dienstlichen Arbeit erleichtert den privaten Pflichten und Interessen hingeben. In meinem Arbeitsbereich gibt es viel zu tun, denn nach neunmonatiger Abordnung an die Akademie habe ich mir Einiges vorgenommen.

Heimische Vögel: Singdrossel (Öl)

Stiller Winkel in meinem Kundeneinzugsgebiet (Öl)

Mein Arbeitsplatz

Meine Filiale

Für eine der kleinen Filialen der Stadtsparkasse habe ich die Leitung übernommen. Bei den Kunden bin ich schnell bekannt und freundlich angenommen. Meine jahrelange Erfahrung im Umgang mit der Kundschaft kommt mir zugute. Die Kunden sind froh, dass sie für spezielle Beratungen nicht zur Hauptstelle weitergeleitet werden. Ich führe alle Beratungen durch, sei es im Einlagenbereich, der im fachmännischen Sammelbegriff *Passivgeschäft* heißt, oder im Kreditbereich, der sich im *Aktivgeschäft* bewegt. Meine Filialleiterkollegen tummeln sich hauptsächlich im Kunden-Einlagenbereich, denn das andere Gebiet ist sehr arbeitsintensiv; deshalb schickt man die Kunden einfach zur Zentrale.

Meine Devise lautet: In der Filiale muss man über alle Produkte der Sparkasse gut informiert sein, damit die Kunden fachkundig beraten und hinreichende Geschäftsabschlüsse für die Stadtsparkasse erzielt werden können. Meine Beratungen umfassen den kurz- und langfristigen Kreditbereich, nämlich die Geschäfts-, die Personal- und die Hypothekenkredite. Auch das gesamte Einlagengeschäft mit Sondersparformen wird von meinen Kolleginnen und Kollegen beherrscht. Abschlüsse für das Bauspar- und Versicherungswesen gehören selbstverständlich dazu. Auch bei Nichtkunden spricht sich durch die Nachbarn herum, dass in meiner Filiale rundum Informationen eingeholt werden können. Die Filiale erfährt einen großen Kundenzulauf und somit auch gewinnorientierte Geschäftsabschlüsse. Die Geschäftsstelle entwickelt sich volumenmäßig zur größten Filiale der Stadtsparkasse.

Das Expandieren der Kundenanzahl und die Sicherheitsbedürfnisse zum Schutz der Mitarbeiter finden Anlass, das Filial-Gebäude umzubauen und mit Sicherheitsmaßnahmen auszustatten.

Die Bank- und Sparkassenraubüberfälle nehmen zu und der Bau eines Kellertresorraumes mit Alarmanlagen wird notwendig. Auch der Bereich des Kassierers wird mit schusssicheren Glaswänden versehen.

Zur größten Bedrohung zählen die Mitglieder der *RAF (Rote-Armee-Fraktion).* Vereinzelt tauchen diese Leute auf, machen Terror, rauben und morden. In Kassenhallen und öffentlichen Gebäuden hängen Plakate mit den Fahndungsfotos der Bandenmitglieder. Von dieser Truppe bleiben wir verschont.

Einige Jahre später, an einem Wochenende, wird unsere Filiale von einem Einbrecher heimgesucht. Er brach verschiedene Schränke auf, suchte nach Geld und wollte die Vorrichtung der Alarmanlage manipulieren. Dadurch hat er den Alarm ausgelöst, der lautlos bei der Polizei aufläuft. Von der Polizei wird mir mitgeteilt, dass ich mit dem Schlüssel der Eingangstür von der Filiale kommen solle. Die Beamten durchsuchen die Räumlichkeiten und finden den Einbrecher, der sich im Kellerarchiv verschanzt hat. Er wird festgenommen. Die Alarmanlage hat sich bewährt.

Meine unermüdliche Arbeit und der nachahmende tatkräftige Einsatz meiner Mitarbeiterinnen und Mitarbeiter werden von der Geschäftsleitung anerkannt, sodass sowohl die Kolleginnen und Kollegen als auch ich zum Team des Jahres erkoren werden. In der Personalversammlung des Gesamtbetriebes wird mir ein Pokal vom Vorstandsvorsitzenden überreicht.

Als Anerkennung der Leistungen wird einige Tage später von der Geschäftsleitung eine abendliche Zusammenkunft mit unserem Team organisiert. Am Essen und Trinkgelage sowie an spaßigen Beiträgen mit viel Witz wird nicht gespart. Es wird gerade wieder einmal eine Pointe geliefert und ein Kollege, der dem Vorstandsvorsitzenden an der Tischtafel gegenübersitzt, hat soeben seinen Mund mit Rotwein gefüllt. Seine aufgeblähten Wangen und verkniffenen Lippen können beim plötzlichen

Lachanfall die Flüssigkeit am Ende des Witzes nicht in sich halten. Der Wein ergießt sich aus dem Mund über den Tisch, und der Chef des Hauses bekommt eine kleine rote Briese am weißen Hemdskragen verpasst. Dem Kollegen ist der Vorfall sehr peinlich. Während der Kollege sich entschuldigen will, sagt der Vorstandsvorsitzende mit lachendem Gesicht: „Bei Ihnen wird es mir jetzt gefährlich. Ich gehe erstmal zur Toilette." Nach kurzer Zeit kommt er zurück mit der Bemerkung: „Es ist nichts passiert. Mit den Schönheitsflecken an meinem Hemd müssen Sie mich heute ertragen."

Gute Geschäfte werden anerkannt.

Zur Planung des Umbaus gehört auch der Neubau eines großen Tresorraumes mit einer sechzig Zentimeter starken Stahlbetondecke und ebenso dicken Wänden mit einer Panzertür. Der Tresorraum im Keller mit der dicken Ummantelung gleicht einem großen hohlen Würfel. Um die Kunden und Mitarbeiter einigermaßen vom Schmutz auf der Baustelle zu schützen, wird in der Mitte der Kassenhalle eine Staubwand aus Leichtbauplatten auf der Stahlbetondecke errichtet. Dahinter arbeiten die Handwerker mit Stemm- und Schweißgeräten und die Maurer fertigen die Schalungen für die anstehenden Betonarbeiten an. Die noch vorhandene Stahlbetondecke des bestehenden Gebäudes wird im Bereich des geplanten Tresorraumes mit dem Presslufthammer durchschlagen, damit im Kellerbereich das neue Projekt entstehen kann.

Auf der Gegenseite der Schutzwand stehen meine Mitarbeiter und ich am langen Schaltertresen und bedienen die Kunden. Während der Presslufthammer den Beton kräftig zerschlägt und zerkleinert, ist das gesamte Gebäude vom Lärm überwältigt. Eine Verständigung zwischen Kunden und Mitarbeitern ist nur im schreienden Tonfall möglich, und sobald das Ungetüm plötzlich vom Arbeiter abgeschaltet wird, erstickt das lautstarke Geschrei, dass der Verständigung dient, in der Luft. Das Dröhnen des Fußbodens wird unterbrochen und die Mitarbeiter können kurz durchatmen.

Erst nach den Rohbauarbeiten am Kellertresorraum werden die handwerklichen Tätigkeiten ruhiger, doch die provisorische Leichtbauwand hat durch das Rütteln und Schütteln des Presslufthammers stark gelitten. Durch die entstandenen Risse in dieser Wand quillt der Staub und belegt Tresen und Schreibtische. Zur Mittagszeit verlassen die Mitarbeiter fluchtartig das Gebäude; nur mein Vertreter und ich entfernen den Staubbelag vom Mobiliar, um den Nachmittag einigermäßen frei atmend zu überstehen. Nachdem der Fußboden, die Wände und die Decke mit Stahlgebinde und Beton gefüllt, die Schalbretter vom ‚Hohlwürfel' des Tresors entfernt und die Stahlfächer eingebaut worden sind, beginnen die ruhigen staubfreien Arbeiten am Bau.

Die neunmonatige Bauzeit haben alle Mitarbeiterinnen und die Männer tapfer, ohne Schaden und Krankheit, überstanden. Zur überschaubaren Einweihungsfeier mit den Handwerkern und Mitarbeitern der Filiale lädt der Vorstand der Stadtsparkasse auch Gäste aus der Öffentlichkeit in die neu gestalteten Geschäftsräume ein.

Das Erfolgsprofil zum starken Anwachsen des Kundenpotenzials liegt in verschiedenen Bereichen. Meine in jungen Jahren ausgeübte Handwerkertätigkeit hilft mir, mich in die Lage der finanzschwachen Leute zu versetzen. Die aus kleinen Verhältnissen kommenden Kunden werden gerecht und anständig bedient. Ich höre mir die Sorgen und Nöte dieser Personen in Ruhe an und versuche, gemeinsam Lösungen zu finden.

Bei der Beratung der Hypothekenkunden schöpfe ich meine Erfahrung aus dem Bauen meines eigenen Hauses. Ich breite nicht nur Finanzierungsvorschläge aus, sondern gebe auch Tipps für die Ausführung der handwerklichen Arbeiten. Besonders die Kunden, die mit wenig Eigenkapital, aber mit handwerklichem Geschick und viel Eigenleistungen ein Haus bauen möchten, ermutige ich, das Vorhaben zu verwirklichen. Für diese Leute führe ich Berechnungen durch, wie hoch die Einsparungen bei den Gewerken sind, die der Kunde selbst erbringen kann. Aber der Bauherr darf nicht von meinem Plan abweichen, damit die Finanzierung nicht gefährdet wird. Nach Fertigstellung der Bauvorhaben sind diese Kunden mir dankbar, dass sie trotz knappen Geldes ihr Eigenheim beziehen können.

Turnusmäßig werden Besprechungen nach Feierabend im Sitzungsraum der Hauptstelle mit Anwesenheit des Vorstandes und zirka fünfzig Führungskräften veranstaltet. Sparkassenrelevante Themen werden vorgetragen, besprochen und es wird darüber diskutiert. Während einer Sitzung sagt der Vorstand: „Kreditanträge, die Sie normalerweise mit der Schreibmaschine verfassen, können Sie, falls Sie eine gut leserliche Handschrift haben, auch handschriftlich verfassen, denn ‚wir müssen nicht in Schönheit sterben‘. Viel wichtiger ist, dass Geschäfte abgeschlossen werden.“ Diese Ansage ist in meinem Sinne, denn ich praktiziere dieses bereits seit meiner Arbeit in der Filiale der Stadtsparkasse.

Mein charakterliches Erscheinungsbild stellt sich schnell auf neue Begebenheiten ein; deshalb werde ich von allen Kundenschichten akzeptiert. Für Unternehmer, die eine hochqualifizierte Beratung brauchen, Professoren, die eine besondere Anerkennung erwarten, Akademiker, die ein außergewöhnliches Ziel verfolgen, ebenso für Studenten, die in finanzielle Notlage geraten, weil ihre Nebentätigkeiten als Zubrot nicht ausreichen, bin ich gesprächsbereit, damit sie ihr Examen erreichen oder für Handwerksmeister, die eine selbstständige Unternehmungsführung anstreben – all diesen Besonderheiten stelle ich mich, um zufriedene Kunden zu haben. Für jeden Wunsch versuche ich eine Lösung zu finden. Privaten Gesprächen gegenüber, die Kunden mit mir führen wollen, zeige ich jederzeit, auch nach Feierabend, Bereitschaft. So erhalte ich oft wertvolle Informationen, die mir in nächster Zeit gute Geschäftserfolge bringen.

Eine besondere Aufmerksamkeit im Jahreskreislauf der Sparkassen schenkt man dem *Weltspartag*. Um diesem Tag eine außergewöhnliche Note zu verleihen, kleiden sich die jungen Kolleginnen mit hübschen Kleidern und die Kollegen erscheinen in ihren Sonntagsanzügen. Auch von der Geschäftsleitung wird diese vorbildliche Haltung sehr begrüßt. Bereits eine Woche vor dem Ereignis werden die Kinder, Jugendlichen und Eltern mit Plakatwerbung auf den Tag, den 30. Oktober, eingestimmt. In der Bedeutung des Weltspartages liegt der Grundgedanke, dass die Kleinen bereits als Kind zum Sparen angehalten werden, weil die Volkswirtschaft nur durch die Spargelder existenzfähig ist. Der Spargedanke soll gefestigt werden.

In den historischen Sparkassenbüchern liest man an markanter Stelle den Spruch:

Achte das Kleine nicht klein,
Es bewahrt die Keime des Großen.
Pfennig auf Pfennig gespart,
Türmt sich zum silbernen Berg.
Ist nur die Jugend gewonnen zum emsigen Sparen
Lebt in der Zukunft gewiß froh ein zufriedenes Volk.

Bei Beginn meiner Tätigkeit als Filialleiter habe ich vom Tischler einen Kinderschalter anfertigen lassen. Die Maße der Aufbauten sind kindgerecht angepasst und das Gebilde findet in einer Raumnische seinen Platz. Den kindergerechten Schalter, der aus Leichtbauplatten besteht, habe ich mit lustigen Comic-Figuren bemalt. Jährlich an diesem Tag wird der Bereich zur Treffzone für die Kinder. Sie haben beim Betreten der Sparkassenhalle am Weltspartag sofort den kleinen Schalter im Blickfang und freuen sich über die geschmückte Räumlichkeit.

Die letzte Kundin am Kinderschalter

An diesem Tag kommen die kleinen Kinder scharenweise mit und ohne Begleitung und auch die großen bringen ihre Sparbüchsen mit Inhalt zum Leeren. Die Kundenhalle ist über Stunden hinweg mit Kunden und Kindern gefüllt. Wartezeiten nehmen die Kinder gern in Kauf, denn der Teppichboden ist mit aufgeblasenen Luftballons voll belegt und bietet die Gelegenheit, im Ballonbett herumzutollen. Die Erwachsenen freuen sich über die wuselnden Kinder.

Am Kinderschalter bildet sich eine kaum endende Schlange, denn das Zählen des Kleingeldes nimmt Zeit in Anspruch, während die Kleinen gespannt in die Öffnung des Kinderschalters schauen und den Zählvorgang verfolgen. Das Kind, das nun das wesentliche Ziel des Tages erreicht hat, schaut in das Innere des Kinderschalters. Drinnen stehen zwei Schreibtische, an denen Damen mit schicken Kleidern sitzen. Mit freundlichen Gesichtern und netten Worten an die Kinder gerichtet, nehmen sie die Spardosen entgegen, öffnen sie mit einem passenden Schlüssel und stülpen sie um. Die Münzen klimpern und rollen aufs Tablett. Manchmal hat sich ein Geldschein in der Dose verklemmt, doch das Kind passt auf, dass alles zum Vorschein kommt. Das Kind ist nun gespannt, wieviel Geld es gespart hat.

Stilisierte Spardose aus Euro-Münzen

Zum Zählen werden die verschiedenen Münzeinheiten, jeweils zehn Stück, auf Häufchen gestapelt. Dem Kind macht es Spaß, dabei mithelfen zu dürfen. Die gestapelten Münzen sind übersichtlich angeordnet und können schnell gezählt werden. Die Sparkassenangestellte schreibt den Einzahlungsbeleg und reicht das Sparkassenbuch weiter zum Buchen des Betrages. Das Kind erhält das Buch mit dem Eintrag des gesparten Geldes zurück und freut sich, dass es den Vorgang genau mitverfolgen durfte.

Als Dankeschön fürs fleißige Sparen bekommen die Kinder ein kleines Geschenk wie Kuscheltiere, Utensilien für die Schule oder einen Ball. Manche Kinder erzählen, dass sie Geschwister haben, die noch in der Schule sind und deshalb nicht zur Sparkasse kommen können. Für diese Kinder werden selbstverständlich Geschenke mitgegeben. Alle Kinder gehen gut versorgt mit Süßigkeiten und den Aufmerksamkeiten vergnügt und zufrieden nach Hause. Die begleitenden Personen zeigen Verständnis für die langen Wartezeiten. Sie gönnen den Kindern das Vergnügen, das sich hoffentlich jährlich wiederholen wird.

Meine Frau Charlotte und ich sind glücklich, dass wir in unseren noch jungen Ehejahren viele ideelle und materielle Dinge bewältigt haben. Das neue Haus mit Gartenanlagen und Einfriedungen ist fertiggestellt und die finanzielle Grundlage ist durch die berufliche Festigung gesichert.

Nach dem Abendessen gehen wir zufrieden zu Bett. Charlotte liegt in meinen Armen und ich erzähle: „Wir haben bisher in unserem gemeinsamen Leben, trotz großer Anstrengungen, viel geschafft. Eigentlich ist das Haus viel zu groß geraten. Gedanklich haben wir uns vorgenommen, das Obergeschoss zu vermieten, falls wir in Geldnot geraten. Inzwischen hat sich die Lage zum Guten gewendet und wir können das Haus allein für unsere Familie nutzen und mit mehr Leben füllen.“ Charlotte schaut mich verschmitzt an und fragt: „Kannst du mir deine Gedanken etwas näher erläutern? Du sprichst so rätselhaft." „Für unsere beiden Kinder haben wir bisher wenig Zeit gehabt. Der Junge kommt schon zur Schule und unser Töchterchen im nächsten Jahr. Es wäre schön, wenn wir bald etwas Kleines zum Spielen oder vielleicht zum Verwöhnen hätten und unsere beiden hätten gewiss ihren Spaß." Lachend spricht Charlotte: „Aber nur mit meinem Wunsch: Es soll ein Mädchen sein, im Sommer geboren werden und einen schwarzen Haarschopf, ähnlich wie deinen, haben. Zwei blonde Kinder mit blauen Augen haben wir schon." Wir liebkosen uns und ich antworte: „Wir werden sehen, wie der liebe Gott deinen Wunsch erfüllt."

Im nächsten Sommer ist der Wunsch von Charlotte Wirklichkeit geworden. Die ganze Familie ist glücklich über den Neuankömmling und die Geschwister herzen das Baby, wo immer es sich befindet. Das kleine Mädchen darf ich, wie damals die anderen beiden, in meinen Armen wiegen. Charlotte stellt fest: „Unser Baby mit den schwarzen Haaren wird später dein Aussehen widerspiegeln. Durch das kleine Püppchen ist unser Haus reich belohnt worden." Voller Stolz fährt Charlotte mit dem Kinderwagen und den beiden Geschwistern zum Einkaufen. Von Nachbarn wird sie angesprochen, die ihre Freude über die Kinder mitteilen wollen.

Über Kinder gibt es immer reichlich Gesprächsstoff. Eines Tages erzählt Charlotte mir, dass sie einer Bekannten begegnet sei, welche die freche Bemerkung gemacht habe: „Mit drei Kindern zählt ihr nun zu den Asozialen; weißt du nicht, dass es eine Pille gibt?"

Das Spielen mit Puppen und Kuscheltieren wird für unsere ältere Tochter zur Nebensache. Zum Liebkosen hat sie nun etwas Lebendiges. Auch beim Wickeln des Babys ist sie behilflich.

Unser Sohn ist in diesem Jahr eingeschult worden. Als sechs Jahre später unser jüngstes Kind in der gleichen Grundschule angemeldet wird, ist die Kinderzahl um ein Drittel geschrumpft. Der

Kinderwunsch ist wohl, nicht zuletzt auch durch die negativen Meinungsäußerungen in der Gesellschaft, eingeschränkt worden.

In den Monaten Januar und Februar des Jahres 1978 ist die Landschaft verschneit. Eines Abends meldet der Wetterbericht für die Nacht starken Schneefall; deshalb stehe ich in aller Frühe auf, um die Wetterlage zu erkunden. Der Nordostwind hat hohe Schneeschanzen gebildet. Die Verwehung vor den Garagentoren ist weit höher als ein Meter. Es ist unmöglich, die Garagen freizuschaufeln, und auf der Straße ist noch kein Schneeschieber im Einsatz.

Strenger Winter am Fluss mit viel Bewegung (Öl)

Ich packe Anzug und Hemd in den Rucksack, um mich in der Filiale wieder dienstkonform umzukleiden, ziehe meine Skischuhe an und schnalle mir die Skier unter, die mich zehn Kilometer querfeldein zur Sparkassenfiliale gleiten müssen. Die Bretter haben eine breite Fläche und sie eignen sich sowohl zum Lang- als auch zum Abfahrtslauf. Die Bindung kann mit einem Griff auf beide Funktionen umgestellt werden. Die breiten Bretter verhindern das Einsacken im Neuschnee. Das Kämpfen gegen den lockeren Schnee wirkt schweißtreibend; trotzdem bin ich pünktlich an meinem Arbeitsplatz. Der Heimweg von der Stadt zurück ins Dorf wird für mich zur hellen Freude, denn der asphaltierte Weg durch die Feldmark ist vom Schneepflug geräumt worden und hat eine glatte, stellenweise spiegelnde Fläche hinterlassen. Ich setze die Skibretter seitlich nach vorn gespreizt, ähnlich wie beim Schlittschuhlaufen, und stoße Schritt für Schritt weiter. Durch die schwungvollen Schritte und die Arbeit mit den Stöckern wird die Geschwindigkeit stetig erhöht.

Moderne Skiausrüstung der 1960-er Jahre

Zudem verläuft die Straße in einer hügeligen Landschaft. Die beschleunigenden Abfahrten erleichtern die wiederkehrenden Aufstiege. Im schnellen Zeitverlauf erreiche ich unser Haus wie im Fluge.

Pfarrgemeinderat

Eines Tages besucht mich der Herr Pastor. Er kennt unsere Familie vom regelmäßigen Kirchenbesuch. Meine Frau Charlotte und ich glauben, er käme wegen der Anmeldung unseres Sohnes zur ersten heiligen Kommunion. Im Gespräch wird erkennbar, dass er meinen Lebensweg kennt, besonders, dass ich in meiner Jugend Pfarrjugendleiter war. Es zeigt sich, dass der Pfarrer ein bestimmtes Ziel verfolgt.

Schließlich äußert er seinen speziellen Wunsch: „In Kürze wird der Pfarrgemeinderat neu gewählt, und ich würde Sie gern in diesem Gremium sehen. Darf ich Sie auf der Liste als Kandidat eintragen lassen?"

Ich entgegne: „Meine Zeit war immer knapp bemessen und jetzt möchte ich mich mehr um die kleinen Kinder kümmern. Die Jüngste ist zwei Jahre alt. Auch im Haus und auf der Gartenanlage gibt es noch viel Arbeit." Er beschwichtigt: „Ja, ich weiß, dass Sie viel arbeiten und in Ihrem Leben viel geschafft haben, aber es wäre schön, Sie in unserem Pfarrgemeinderat zu sehen. Sie könnten neue Impulse und andere Ideen einbringen."

Schließlich bekenne ich mich zum Mitwirken mit den Worten: „Wenn die Arbeit auf allen Schultern der Pfarrgemeinderatsmitglieder getragen wird, will ich einen angemessenen Beitrag leisten. Ich will mich nicht dem öffentlichen Leben verschließen."

Die Wahl ist erfolgt und in der konstituierenden Sitzung sucht man zunächst einen Vorsitzenden. Niemand stellt sich zur Wahl, aber alle Anwesenden einschließlich des Pfarrers schlagen mich für diesen Posten vor. Ich weigere mich, den Vorsitz zu übernehmen, denn bereits im Vorgespräch habe ich dem Pastor meine Ablehnung mangels Zeit dargelegt. Da man sich bei dem Tagesordnungspunkt im Kreise dreht, sage ich schließlich: „Irgendwie muss es doch weitergehen. Die Pfarrgemeinde erwartet von uns Einigkeit; deshalb stelle ich mich zur Wahl." Einstimmig, wie soll es auch anders sein, werde ich zum Vorsitzenden gewählt. Der Pfarrer reicht mir erleichtert die Hand.

Die Zielsetzung des Pfarrgemeinderates liegt in den weit gestreuten Bereichen des Lebens in der Kirchengemeinde. Man soll generationenübergreifende Veranstaltungen planen und den Leitfaden bis zur Anwendung verfolgen. Im Jahresrhythmus werden Aktivitäten getätigt wie Fasching und Nikolausfeier für Kinder, Veranstaltungen und Fahrten für Jugendliche und Erwachsene sowie Seniorenfahrten an Nachmittagen mit Ausklang der Tour am Abend im Pfarrheim.

Das aufwendige Feiern des Kirchweihfestes auf einem großen Bauernhof bedarf einer umfangreichen Organisation, ebenso die mehrtägige Fahrt für Jugendliche und Erwachsene. Auch zur Mitgestaltung der kirchlichen Hochfeste und Vorbereitung der Kinder auf die erste heilige Kommunion sehen sich einige Mitglieder des Pfarrgemeinderates verpflichtet.

Die bunte Mischung des Arbeitsanfalls für dieses Gremium ist vielfältig übers Jahr verteilt. Diese ehrenamtlichen Mitglieder übernehmen Aufgaben, doch die Hauptlast bleibt beim Vorsitzenden hängen. Es ist sehr anzuerkennen, dass meine liebe Charlotte immer bereit ist zu helfen, obwohl unsere drei kleinen Kinder auch ihre Rechte einfordern. Bei den Vorbereitungen und Ausführungen der Veranstaltungen ist sie gern dabei, und sie bereichert durch ihr Mitwirken und freundliches Wesen die Gesellschaft.

Der Vorsitz ist mit vielen detaillierten Vorhaben verbunden, aber sobald ich auf eine gelungene Planung und Ausführung zurückblicke, freue ich mich über den Erfolg.

Im Monat April findet eine viertägige Busreise mit fünfundfünfzig Jugendlichen und Erwachsenen mit dem Ziel ‚Paris' statt. Nach elfstündiger Fahrt können die Reisenden ihre Zimmer im Hotel einnehmen. Im Reiseplan ist vorgesehen, dass am dritten

Tag die Besichtigung des Schlosses von Versailles erfolgen soll. Vorsichtshalber erkundige ich mich bei der Rezeption und bekomme die Auskunft, dass die Führung durch das Schloss einschließlich Spiegelsaal bereits am nächsten Tag stattfinde. Für die richtige Auskunft vor Ort bin ich dankbar, doch einige Mitreisende unserer Gemeinde ereifern sich, weil im Plan der andere Tag notiert ist. Die Auskunft aus der Ferne war offenbar nicht korrekt. Überall gibt es Leute, die immer etwas zu meckern haben, das kenne ich aus meiner Lebenserfahrung, und ich beruhige die Gemüter. Der Tausch der Tagesprogramme hat niemandem geschadet, denn ich verlege einfach die Stadtrundfahrt mit dem eigenen Bus auf den dritten Tag, was ohne Schwierigkeiten möglich ist.

Langsam finden sich die Reisenden am Bus ein, um zum Schloss nach Versailles mitzufahren. Das königliche Besitztum mit dem Gutshof möchten wir zuerst erkunden, bevor wir dann den Weg zum Schloss zu Fuß gehen. Diesen Fußmarsch wollen einige verweigern, und sie fahren mit dem Bus weiter, direkt vor die Tore des Schlosses. Dort müssen sie auf uns warten. Wir Fußgänger besichtigen den Landwirtschaftsbetrieb der Königin Marie-Antoinette, das Landhaus der Königin mit Fischteich, die Wassermühle, den Pavillon Belvédère mit der nahegelegenen Grotte und gehen zum französischen Garten mit Pavillon, um von dort auf die wartende Gruppe zu stoßen.

Die Schlossgärten, die Marie-Antoinette zum größten Teil nach griechischem Muster, aber auch nach italienischem Vorbild anlegen ließ, sind für die heutige Welt ein Touristen- und Besucheranziehungspunkt. Die Tochter der österreichischen Königin Maria Theresia war beim französischen Volk als freundliche, lebensfrohe Königsgemahlin zunächst sehr beliebt, doch später wurde ihr ein aufwendiger, verschwenderischer Lebensstil vorgeworfen. Die Klage des Volkes lautet: ‚Das arme Volk hungert und das Königshaus verprasst das Geld.‘ Nach der Französischen

Revolution hat das Revolutionstribunal ihr junges Leben mit siebenunddreißig Jahren durch die Guillotine ausgelöscht und heute lebt sie in ihrem Lebenswerk durch das touristische Treiben weiter.

Am großen Eingangsportal aus schmiedeeisernen Toren mit dunkelgrüner Farbe und schmuckvoll eingearbeiteten vergoldeten Ornamenten ist unsere Reisegruppe wieder zusammen. Im Innenhof des Versailler Schlosses grüßt uns die Statue des Königs Ludwig XIV., der in der Geschichte als *Sonnenkönig* bezeichnet wird. Er ist der Erbauer des prächtigen Schlosses.

Eingangsportal zum Schlosshof von Versailles

Mit Sicht auf das Hauptportal, den sogenannten ‚Marmorhof', beginnt die Führung. Wir gehen ins Innere des Schlosses, in die Schlosskapelle, den *Herkulessaal*, den *Salon des Mars* und den *Salon des Krieges*. Mit Spannung erwarten wir das Betreten des in Europa berühmten Spiegelsaales. Hier wurde nach Vermittlungsbemühungen des amerikanischen Präsidenten Wilson der *Versailler Friedensvertrag* nach dem Ersten Weltkrieg zwischen dem Deutschen Reich und den Alliierten unterzeichnet. Trotz des schönen Parkettfußbodens und den Spiegelwänden wirkt der Lichteinfall durch die Fensterfront gedämpft. Ich weiß nicht, ob mein erster Eindruck bei ausreichender Beleuchtung objektiver ausgefallen wäre.

Es erfolgen die Besichtigungen der weiteren Räume des Schlosses: *Salon des Friedens* mit Blick auf den Spiegelsaal in friedlicher Stimmung, das Schlafzimmer des Königs, der Vorraum mit dem sogenannten ‚Ochsenauge' zum privaten Arbeitszimmer des Königs, die Bibliothek des König Ludwig, das Schlafzimmer der Königin Marie-Antoinette, der Salon der Eheleute und das Wohnzimmer der Königin. Im Treppenhaus der Königin steigen wir hinab und begehen die Schlossgärten. Zum Motiv für die schönen Versailler Gärten ist als Thema die *Apollo-Sage* gewählt worden. Im Hintergrund der Allee erkennt man den gleichnamigen Brunnen und das Bassin der Göttin mit Springbrunnen. In der Orangerie ist die südländische Parkanlage sichtbar, die der italienischen Kultur zugeschrieben wird.

Nach den beeindruckenden Besichtigungen fahren wir mit unserem Bus zurück in die Hauptstadt Paris, um des Abends auf der Seine die Lichterfahrt zu erleben. Wir stehen auf dem Deck des Schiffes und schauen auf das Lichtermeer des nächtlichen Paris. Die berühmten Baukunstwerke sind durch die strahlende Beleuchtung gut erkennbar. Aus der Froschperspektive vom Wasser des Flusses sind das Rathaus, der Justizpalast und der *Eiffelturm* als strahlende Objekte wahrzunehmen. Das Schiff passiert die Insel im Fluss der Seine. Der Blick auf die Kathedrale *Notre-Dame*, die im spätgotischen Baustil mit zwei Stumpftürmen gebaut ist, liegt faszinierend im Spiegel der sie umschließenden Wasserläufe.

Der Bus mit Fahrer steht uns jederzeit zur Verfügung, und wir versammeln uns am dritten Tag, um die schöne Stadt Paris zu erkunden. Eine Rundfahrt ist geplant, und der Busfahrer unterstützt mich bei der Auswahl der Sehenswürdigkeiten. Zur Orientierung nehme ich einen Stadtplan zur Hand und der Busfahrer legt mit mir eine Route fest, die jederzeit zu ändern ist. Wir bleiben anpassungsfähig, falls spezielle Wünsche geäußert werden. Während des Fahrens weist der Busfahrer auf interessante Bauwerke hin. An markanten Plätzen hält der Bus, damit die Fahrgäste sehenswerte Dinge zu Fuß besichtigen können. Gruppen bilden sich und der Termin des Wiedertreffens am Bus wird vereinbart. Es ist angenehm für die Reisenden, den eigenen Bus immer in der Nähe zu wissen. Einige ältere Herrschaften halten nach einer Gaststätte Ausschau, um dort bald beliebte Gäste zu sein. Die Jugendlichen lachen und scherzen: „Zum Trinken müssen die Leute nicht nach Paris reisen. Lokale gibt's überall und zu Hause wäre es noch billiger."

Andere genießen ein paar Sonnenstrahlen und sind geneigt, die Weltstadt mit dem Fotoapparat zu durchstreifen. Manche wollen die Schönheiten der Stadt Paris erkunden und schließen sich unserer Gruppe an. Wir schlendern auf der Prachtstraße *Champs-Élysées* und sehen im Hintergrund den Triumphbogen *Arc de Triomphe*, unter dem das Grab des unbekannten Soldaten verborgen liegt. Am großen Platz *Place de la Concorde*, steht in der Mitte der ägyptische Obelisk; wir orientieren uns und sehen die Magdalenenkirche *La Madeleine*, die im Renaissancestil gebaut ist. Im Hintergrund, über die Seine-Brücke hinweg, steht der *Invalidendom*.

Mit dem Bus geht es weiter zum kleinen Triumphbogen, der das Tor zum Louvre-Park bildet. Das Schloss *Louvre* wurde zum Kunstmuseum gestaltet. Im Inneren des Museums befindet sich das berühmteste Ölgemälde der Welt, die *Mona Lisa* von Leonardo da Vinci. Eine große Anhäufung von Betrachtern steht vor dem flächenmäßig kleinen Bild mit dem enormen künstlerischen Wert. Auch das Gemälde *Leben in Paris* von Pierre-Auguste Renoir erfreut viele Interessenten. Beim Verlassen des Museums ist der Eiffelturm, das Wahrzeichen der Stadt, mit Regen und Dunst verhüllt, während wir mit unserem Bus zum Fuß des *Montmar-*

tre fahren. Bei der höchsten Erhebung von Paris angekommen, erstrahlt die weiße Kathedrale *Sacré-Coeur* im Sonnenglanz, und auf den Gesichtern unserer Gesellschaft steht ein fröhliches Lachen. Nach der Neuorientierung vor dem Bus will der größte Teil der Mitreisenden den Treppenaufstieg zur Kirche unternehmen, die Innenausstattung der Kathedrale besichtigen und Paris über den Dächern anschauen. Andere möchten sich auf dem nahegelegenen Malermarkt umsehen, wo die Maler ihre Bilder an der frischen Luft malen, präsentieren und zum Verkauf anbieten. Eine weitere Gruppe findet sich zum Teil angeheitert im Restaurant zusammen. Paris hat schließlich für alle etwas zu bieten.

Bummel über den Malermarkt

Von der Parisfahrt zurückgekehrt, muss ich die Vorbereitungen für das Kirchweihfest treffen. Somit schreibe ich die Tagesordnung für die nächste Pfarrgemeinderatssitzung, um die gemeinsame Planung zu besprechen.

Das Sommerfest ist in unserer Kirchengemeinde nicht vom Wetter abhängig, weil uns freundlicherweise der Bauer seine Schauer und den großen Hof für die Kirmesfeier überlässt. Die Schutzdächer würden dem Regen trotzen; deshalb brauchen wir uns nicht um Zelte für die Abschirmung zu bemühen. Ein Wagen mit Bierfassanschlüssen und mit rundum Dachüberstand wird in die Mitte des Bauernhofes gerollt. Die Dorfbewohner kennen sich gut untereinander. Das trägt auch zur Stimmung und zu heiteren Gesprächen bei.

Unter den Schutzdächern werden die Tische und Stühle aufgestellt, die gern von den älteren Leuten besetzt werden. In der Mitte der langen Schauer wird die Lüttje-Lage-Theke aufgebaut, die im Verlauf des Abends reichlich von den Gästen aufgesucht wird. Das Lüttje-Lage-Getränk besteht aus dunklem Bitterbier, dem ein Gläschen Schnaps hinzugereicht wird. Beim Trinken ist es reizvoll mit Spaß verbunden, das kleine Schnapsglas über das größere Bierglas in einer Hand zu halten. Mit Fingerfertigkeit läuft der Schnaps ins Bierglas und beim Trinken wird die Mischung vollzogen. Jeder gibt acht, dass er sich nicht bekleckert. Das ist ein bekömmlicher, wohlschmeckender Drink. Aber beim Überschreiten des harmlosen Maßes steigt der Alkohol in den Kopf und kann unangenehme Folgen haben.

Die Männer bauen den gedielten Boden im Hof zum Tanzen auf. Die Damen räumen die Theken ein, aber für das Heranschleppen der Fünfzig-Liter-Bierfässer sind die Männer zuständig. Am Grill werden Bratwurst und Steak für den großen Hunger angeboten.

Für die einzelnen Bereiche fühlt sich jeweils eine Person verantwortlich, und sie achtet darauf, dass der Einsatz der helfenden Leute geregelt ist und die Ablösung der Helfer pünktlich erfolgt. Die Einteilung der Freiwilligen ist im Vorfeld vorgenommen worden; alle sind ihren Arbeitsbereichen zugeordnet. Auch für das Bedienungspersonal an den Tischen ist gesorgt.

Die Drei-Mann-Kapelle von der Kolpingfamilie gibt einen Tusch, damit ich das Wort ergreifen kann.

„Meine Damen und Herren, liebe Mitbürger, verehrte Gäste, ich begrüße Sie recht herzlich zu unserem Pfarrgemeinde-Sommerfest. An diesem Kirchweihfest soll unser aller Verbundenheit mit unseren Freunden und Verwandten bekundet werden. Unser Pfarrgemeinderat glaubt sagen zu dürfen, dass Sie, meine verehrten Anwesenden, zu unserer Kirmes gern gekommen sind; das zeigt die hohe Besucherzahl. Selbst die Stehplätze auf dem großen Hof weisen keine Lücken auf. Genau zum heutigen Tag hat sich das Wetter wunderbar erwärmt. Wir sind froh darüber und haben auch allen Grund dafür, dankbar zu sein. Anscheinend ist auch im Himmel die Fröhlichkeit der Menschen eine gern gesehene Annehmlichkeit.

Ich habe die angenehme Aufgabe, unsere Ehrengäste recht herzlich zu begrüßen … Auch die Vertreter des Kirchenvorstandes und des Pfarrgemeinderates der Nachbardörfer sind zu uns gekommen. Ihnen sagen wir ein herzliches Willkommen. Auf unserem Fest ist internationales Publikum eingekehrt. Ich begrüße unsere Gäste aus Holland und wünsche, dass sie sich bei uns wohlfühlen und gern mit uns den Abend verbringen.

Zum Gelingen dieses Sommerfestes hat eine Reihe von freiwilligen Helfern in dankenswerter Weise beigetragen. Es gibt ein Dichterwort, das hier seine Bedeutung findet: ‚Man ist eigentlich nur lebendig, wenn man sich des Wohlwollens anderer erfreut.' – Ich will an dieser Stelle nicht versäumen, mich im Namen des Pfarrgemeinderates bei Ihnen für diese wertvolle Mithilfe zu bedanken. Wir sind besonders froh, dass wir unser Pfarrfest hier auf diesem Bauernhof begehen dürfen. Dafür gilt den Hofeigentümern unser aufrichtiger Dank.

Den hier anwesenden Herren möchte ich ans Herz legen: Sei'n Sie besonders nett zu den Damen! Denken Sie immer daran, dass die Frau das einzige Kleinod ist, das wir aus dem Paradies mitbekommen hatten. – Mit dem Kirmesfest erlebt die Kirchengemeinde ihren Höhepunkt. Lasst uns deshalb feiern und fröhlich sein! Unter der Festbeleuchtung beim guten Tropfen und reichlichen Essen wollen wir uns vergnügen. Wir tun es in frischer Luft und in einer schönen Sommernacht. Ich wünsche Ihnen für heute gute Unterhaltung! Unsere Musiker werden ihr Bestes geben, den Großteil zur Geselligkeit beizutragen, um Sie auf die Tanzfläche zu locken. Geben Sie sich jetzt den richtigen Schwung, dann wird unser Fest gelingen!"

Mit dem Mitternachtsblues stimmt die Kapelle die feiernden Leute auf den baldigen Schluss der lebhaften Musik des heutigen Abends ein. Im Hintergrund grollt der Donner und der dunkle Nachthimmel wird von den in der Ferne zuckenden Blitze erhellt. Ein großer Teil der Besucher geht heimwärts. Andere stehen unter der Überdachung des Bierwagens und schlürfen ihr Bier weiter oder sie nehmen Deckung unterm Schauer.

Auf der Kirmes

Das Gewitter rückt näher und der Regen prasselt, wie aus Gießkannen gegossen, hernieder. Als sich das starke Gewitter entfernt, stehen noch durstige Besucher unterm Überdach des Bierwagens und singen fröhliche Trinklieder. Das Bier schmeckt ihnen immer noch. Ich bin froh, dass der anstrengende Tag ein gutes Ende genommen hat.

In den Sommerferien gönnt sich der Pfarrer vierzehn Tage Urlaub in seiner Heimat. Das Pfarrhaus im fachwerklichen Stil bedarf einer Renovierung. In Absprache mit den Leuten des Pfarrgemeinderats und der Haushälterin mache ich mich an die Arbeit und tapeziere das große Wohnzimmer und den Flur. Einige sind der Meinung, dass meine Kraft und das handwerkliche Können unerschöpflich seien. Dass ich in meinem Beruf zum Broterwerb und in meiner Familie mit voller Anspannung beschäftigt bin, hat wenig Bedeutung. Als ich nach der Rückkehr des Pfarrers das überraschte und freudige Gesicht sehe, bin ich glücklich, diese Arbeit geleistet zu haben.

Anfang Oktober stecke ich in der Vorbereitung zum Erntedankfest. Die Frauen des Pfarrgemeinderats schmücken das Pfarrheim herbstlich mit Erntekrone, farbigen Blättern von wildem Wein, Rankengewächsen und Herbstblumen. In der Kirche sind Gartenfrüchte, Gemüse und Landfrüchte, die von den Gläubigen gespendet werden, vor dem Altar aufgebaut. Diese Gaben werden nach dem Erntedankgottesdienst an mildtätige Einrichtungen gegeben.

Zur weltlichen Erntedankfeier kommen die Jüngeren, um bei Plattenmusik und Tanz einen lustigen Abend zu verleben. Diese Leute begrüße ich im Pfarrheim mit der kurzen Rede:

„Wir freuen uns, dass unser Pfarrheim durch Ihr Kommen mit Leben gefüllt ist. Erntefest bedeutet seit Jahrhunderten ein Dank des Menschen an die Natur. Es ist gleichzeitig der Dank an die

Landwirte, Bepflanzer und Gärtner, die das Werk der Natur vollenden und für uns alle nutzbar machen. Diesem zweifachen Dank wollen wir auch heute begegnen, indem wir unserer Freude darüber Ausdruck verleihen, dass die alljährliche Arbeit wieder einmal beendet ist und mit dem fruchtbaren Ergebnis für dieses Jahr abschließt. Freude, das heißt, wir wollen gemeinsam mit den Bauern und Kleingärtnern, für die der heutige Tag ein Beweis ihres Hegens und Pflegens der Äcker und Gärten ist, in geselliger Runde zusammen sein. Lasst uns nun tanzen, lachen und fröhlich sein! Beim Glase Wein wollen wir nicht vergessen, wem wir den Dank schuldig sind. Mit Gottes Hilfe ist es uns gelungen, die reiche Ernte einzubringen, denn er hat die Fruchtbarkeit mit seinem Segen begleitet.“

Das letzte Hafer-Fuder hat mit johlenden Kindern den Hof erreicht. (Öl)

In diesem Jahr fällt das Kirchenpatronatsfest St. Martin auf einen Sonntag. Die Messfeier und den Sankt-Martinsumzug stimme ich im Vorfeld mit dem Pfarrer ab. Zum feierlichen Hochamt am Morgen hat der Pfarrgemeinderat zur Mitgestaltung der Festmesse den Domchor mit dem Dommusikdirektor eingeladen. Für unsere kleine Gemeinde ist das ein besonderes Ereignis.

Der Herr Domvikar hält die Festpredigt. Die Gläubigen strömen in die Kirche und das Gotteshaus ist gefüllt, sodass die Gänge mit Stühlen bestellt werden. Für die an der Organisation Beteiligten deutet die überwältigende Teilnahme der Kirchenbesucher auf eine gewisse Form der Dankbarkeit hin.

Am Abend beginne ich in der Kirche mit einem kurzen Diavortrag über den Heiligen Martin. Eltern mit ihren Kindern füllen den Kirchenraum. Anschließend folgt der Fackel- und Laternenumzug – allen voran der ‚Bischof St. Martin' hoch zu Ross und dahinter eine große begeisterte Kinderschar mit ihren Laternen inmitten der Eltern, die der Pfarrgemeinderat auch eingeladen hat.

Sankt Martin mit seinem Pagen

Der Musikverein spielt ausgewählte Martins- und Laternenlieder, und die Gemeinde singt dazu. Auf den Kirchplatz zurückgekehrt, findet der Umzug beim Martinsfeuer mit Martinsliedern und der Verteilung der Martinshörnchen an die Kinder einen genüsslichen Höhepunkt. Nach vielen Aktivitäten, die am Nikolaustag für die Kinder, in der Weihnachtszeit, am Jahresanfang, in der Faschingszeit und Ostern stattfinden, wird nun eine Mehrtagesfahrt geplant.

Anfang Mai 1980 soll die Fahrt nach Holland starten. In diesem Zeitraum ist es mühsam, Zimmer für Übernachtungen zu beschaffen, da viele Menschen zur Tulpenblüte fahren. Ein zusätzlicher Engpass entsteht, weil die Krönung der holländischen Kronprinzessin Beatrix im selben Zeitraum liegt. Während dieser Zeit wird Holland von Touristen überschwemmt.

Ich bemühe mich, alles passend zu organisieren, denn die Mitreisenden möchten die Besonderheit dieser einmaligen Tage miterleben. Endlich erhalte ich die Zusage, dass in Castricum, in der Nähe von Amsterdam, die Unterkünfte für dreiunddreißig Personen bereitgehalten werden. Von diesem Standort aus werden wir die Sehenswürdigkeiten erkunden.

Nach der Ankunft in Castricum bekommen die Reisenden ihre Pensionen in Privathäusern zugewiesen. Wütend steht ein junges Paar vor mir und meiner Frau Charlotte, um sich lautstark über die, wie sie meinen, miserable Unterkunft zu beschweren. Unverzüglich biete ich unser Zimmer zum Tausch an. Mein Angebot lehnen die beiden ab und verlassen mit Schimpfen unseren Raum. Ihre Vorstellung von einem komfortablen Zimmer ist wohl nicht erfüllt worden. Aus ihrer Reaktion schließen wir, dass deren Unterkunft aber wohl in Ordnung ist, sonst hätten sie mein Tauschangebot angenommen. Charlotte meint, dass nicht alle Wünsche realisierbar seien.

Am nächsten Tag unternehmen wir eine Rundfahrt zu mehreren Orten mit dem Ziel nach *Lisse Keukenhof*. Vor uns breiten sich die Tulpenfelder aus. Keukenhof schwelgt in Freuden der Königinkrönung. Zweiunddreißig Jahre nach ihrer Thronbesteigung übergibt die Königin Juliane ihr Amt an ihre Tochter Beatrix. Im Blickfeld der Besucher von *Keukenhof* steht ein großes Bild mit Blumen und Schleifen umhüllt. Es ist ein Ehrenbeweis für die scheidende Königin Juliane. Eine Ecke der Eingangshalle ist der jungen, frisch gekrönten Königin gewidmet. Diesen Raumteil belebt ein riesiger Kranz aus Blumengebinde und im oberen Bereich des Kranzes schwebt eine goldene Krone. In der Mitte dieser Vielfalt eingebettet ist das große Portrait der jungen Königin Beatrix. Auch das Hochzeitsbild mit ihrem Prinzgemahl Claus ist von Blumen eingehüllt.

Königinnenwechsel in Holland, 1980

Am dritten Tag des Aufenthalts in Holland ist eine Stadtrundfahrt in Amsterdam mit unserem Bus vorgesehen, doch die Innenstadt ist gesperrt. Man sagt: wegen der Demonstration.

Die Leute unserer Kirchengemeinde und ich begeben uns zu Fuß in Richtung Innenstadt. Straßen, die in Richtung des Zentrums führen, zeugen von grober Zerstörungswut. Pflastersteine sind herausgebrochen, wodurch das Sandbett freigelegt ist. Kopfsteinpflaster liegen zu Häufchen aufgetürmt, und zersplitterte Schaufensterscheiben zeigen ein Bild der Gewalt auf.

Nach Erkundigung höre ich, dass sich die Gegner der parlamentarischen Monarchie anlässlich der Krönung von Prinzessin Beatrix zur Königin zusammengefunden haben, um mit Gewaltanwendung Aufmerksamkeit zu erregen und zusammengeballt gegen das Königshaus zu protestieren.

Die Krönungsfeierlichkeit ist am 30. April 1980 durchgeführt worden und am 3. Mai sehen wir den Scherbenhaufen. Die Straßen in der Nähe des königlichen Palastes bewacht die Polizei, und vor dem Schloss in Amsterdam patrouillieren die Posten. Durch die Demonstration der vergangenen Tage ist noch kein normaler Zustand eingekehrt. Am Vortag in *Keukenhof* haben wir die Freude über die Krönung erlebt. Welch ein gegensätzlicher Unterschied?!

Wir unternehmen die Grachtenrundfahrt durch die von Kanälen durchzogene Altstadt, die auf Pfählen gebaut ist. Bei sonnigem Wetter genießen die Reisenden das ruhige Gleiten des Schiffes. Mit unserem Bus fahren wir am vierten Reisetag von unseren Unterkünften in Castricum über den Abschlussdeich nach Groningen und weiter nach Deutschland.

Wiederum ist ein Pfarrsommerfest auf dem Bauernhof vorbereitet. Eine große Besucherzahl füllt den Festplatz, und ich stehe am Mikrofon und halte meine Ansprache:

„Guten Abend, meine Damen und Herren,
ich begrüße Sie herzlich im Namen des Pfarrgemeinderats. Wir freuen uns diesmal ganz besonders, dass Sie gekommen sind. Nach dem Schützenfest der vergangenen Woche in unserer Ortschaft ist

es nicht selbstverständlich, dass Sie wieder zum Feiern aufgelegt sind. Ihr Kommen beweist den Charakter und Sinn unserer Dorfgemeinschaft für das Kirmesfest.

Auch die Fußballfreunde haben sich aufgetan, um mit uns gesellig zusammen zu sein. Für diejenigen, die heute auf das Fußballspiel im Fernsehen verzichten, um bei uns zu sein, will ich mit den Worten von Heinz Erhardt kurz über das im Fernsehen ausgestrahlte Spiel berichten:

> *Vierundvierzig Beine rasen durch die Gegend ohne Ziel,*
> *und weil sie rasen, nennt man das ein Rasenspiel.*
> *Rechts und links stehen zwei Gestelle,*
> *je ein Torwart steht davor.*
> *Hält den Ball er, ist ein Held er,*
> *hält er nicht davor,*
> *so schreit man »Du Tor«!*
> *Fußball spielt man fast immer mit dem Unterkörper.*
> *Mit dem Kopf, obwohl es erlaubt ist, spielt man selten nur.*

Nun sind die Fußballfans bestens informiert; Sie versäumen nichts und können ruhig mit uns feiern. Ich begrüße besonders unseren Herrn Pastor und die drei Pfarrer unserer Nachbargemeinden. Auch der Ortsbürgermeister mit seiner jungen Frau ist zu uns gekommen. Nach Eurer Hochzeitsreise und dem letzten Wochenende, da Ihr beim Schützenfest mitgewirkt habt, könnt Ihr Euch heute bei uns erholen.

Ein herzliches Willkommen darf ich den Vertretern der Kirchenvorstände und der Pfarrgemeinderäte unserer Nachbarorte sagen. Mit Ihrem Erscheinen zeigen sie sich solidarisch. Wir wissen die Verbundenheit zu schätzen. Durch die Kirmes ist unsere lebendige Gemeinde auch öffentlich sichtbar und ich möchte einige denkwürdige Daten aus der Chronik nennen. Vor zehn Jahren ist die Planung der neuen Kirche vollzogen worden. Aus der kleinen Kapelle ist dieses große Gotteshaus entstanden.

Auch die Glückszahl dreizehn sollte nicht fehlen. Unser Pastor kann auf eine dreizehnjährige Tätigkeit in unserer Kirchengemeinde zurückblicken. Seit zwanzig Jahren wird das St. Martinsfest nach alter Tradition mit Laternenumzug und kleinen Freuden für die Kinder durchgeführt.

Eine wichtige Jahreszahl ist noch zu nennen: Die St. Martinsgemeinde besteht seit dem Jahre 1940. Genau vor vierzig Jahren ist die Kapellengemeinde selbstständig geworden. Ein langjähriger Wunsch der Gläubigen ging damit in Erfüllung. Die genannten und einige andere Dinge, die inzwischen als selbstverständlich hingenommen werden, sind im Verlauf der Jahre zu einem festen Ritual geworden. In diesem Zusammenhang bleibt daran zu erinnern, dass sich immer wieder Leute gefunden haben, die das Leben in der Kirchengemeinde aktivieren. Auch heute sind wieder freiwillige Helfer unter uns, die an der Gestaltung dieses Festes Anteil haben. Ein Dank gilt allen, die es als ihre Aufgabe sehen, hier hinter den Theken zu bedienen und sich für die Organisation des Sommerfestes mit verantwortlich fühlen. Auch die Jugendlichen haben diese Arbeit gern übernommen. Wir danken besonders den Eigentümern dieses Anwesens, die uns erneut für das Ausrichten der Kirmes Hof und Raum zur Verfügung stellen. Jahr für Jahr müssen Umräumungsarbeiten erfolgen, um das Fest ausrichten zu können.

Unsere Kirmes wird durch das Kommen der Besucher und Freunde mit Leben erfüllt. Hoffen wir, dass auch der heutige Abend den schönen Brauch fortsetzt. Die Tanzfläche unter der bunten Festbeleuchtung steht Ihnen nun für einige Stunden zur freien Verfügung. Nutzen Sie das musikalische Angebot unserer Tanzkapelle! Für Getränke ist reichlich gesorgt und um gute Stimmung brauchen wir nicht zu bangen, denn die ‚Salt Boys' werden uns mit heißen rhythmischen Klängen anständig einheizen.

Ich rufe Ihnen zu: Bahn frei für die festliche Sommernacht!"

Freizeitgestaltung

Seit meiner Kindheit habe ich gern gesungen. In der Nachkriegszeit ist es in unserer Familie unmöglich gewesen, das Spielen eines Musikinstrumentes zu erlernen. Ein Instrument war nicht vorhanden, und es fehlte auch das Geld für den Unterricht; deshalb bin ich in den Männergesangverein eingetreten. Hier habe ich die Gelegenheit, meine Stimme ohne zusätzliche Kosten zu formen. Die wöchentlichen Probenabende im Verein mit dem fachkundigen Musiklehrer bringen Freude und stärken das Gemüt.

Mit den Jahren schrumpft der Männerchor, und im Verein wird man sich einig, dass auch sangesfreudige Frauen im Chor willkommen sein sollen. Durch Änderung der Satzung entsteht ein gemischter Chor. Die Proben leitet weiterhin derselbe Dirigent im gemischten Chor. Mit dem neu formierten Chor probt man für öffentliche Veranstaltungen und Konzerte.

Konzert zum Gründungsfest

Der Dirigent leitet noch zwei Männerchöre in der Stadt. In zeitlichen Abständen werden große Konzerte für Männerchöre organisiert. Unser Dirigent fasst die Männer seiner drei Chöre zum Auftritt im Konzert in großen Städten zur Einheit zusammen. Für solche Veranstaltungen setzt der studierte Musiklehrer Sonderproben für den großen Männerchor an. Bei diesen anspruchsvollen Großkonzerten mit den Vereinen aus verschiedenen Städten gibt jeder Verein in gefüllten Sälen sein Bestes.

Mit unserer jüngsten Tochter bastele ich eine Weihnachtskrippe. Sie wirkt mit Freude und Begeisterung hilfreich mit. Den Stall errichte ich mit Anbauten, und meine Tochter deckt das Dach mit Stroh. Für die Figuren verwenden wir Porzellanpulver, das im Wasser angerührt wird und gießen das flüssige Material in die entsprechenden Formen. Ich erkläre ihr, dass sie beim Befüllen der Formen aufpassen müsse, dass sich keine Blasen bilden, denn beim Trocknen der Masse entsteht an dieser Stelle ein Löchlein in der Oberfläche. Der Abbindungsprozess des Porzellans entwickelt Hitze, und durch Unachtsamkeit und Berührung können die Finger ansengen.

Die Krippe nach 40 Jahren

Die weißen Porzellanfiguren bemalen wir nach Abkühlung und dem Trockenvorgang mit Farbe. Beim Bemalen der Gesichter, Gewänder und Kleidung ist meine Jüngste eifrig tätig. Die Figuren bekommen ein naturgetreues Aussehen.

Unsere drei Kinder spielen im örtlichen Musikverein. Der Sohn spielt Tenorhorn, die ältere Tochter Klarinette und Saxofon und die Jüngste bläst Trompete. Bei der Jahreshauptversammlung wird meine Charlotte zur Schriftführerin des Vereins gewählt. Diesen Vorstandsposten übt sie über viele Jahre hinweg aus. Ich gehöre zum erweiterten Vorstand, als sogenannter Beisitzer. Meine Aufgaben sehe ich darin, bei geselligen Zusammenkünften der Musiker zu helfen, den öffentlichen Aufritten zu folgen und mich an den Vorstandssitzungen zu beteiligen. Bei der Vorbereitung des Jahreskonzertes kommt mir mein handwerkliches Geschick zugute. Die Dekoration für dieses Event in der Mehrzweckhalle entwerfe ich und bei der Anbringung der aus Styroporplatten gefertigten Schriftzüge und Figuren sowie der Ausgestaltung hilft meine Familie mit.

Konzertvorbereitung

Der Musikverein hat nur einen Tubaspieler. Der Bass ist für den Verein ein wichtiges Musikinstrument. Mit tiefen Tönen in den unteren Oktaven bildet die Tuba das Fundament im Klangkörper des Blasorchesters. Die Instrumente mit den hohen Tönen und das Bassregister bilden eine harmonische Einheit. Diese eine Tuba ist unentbehrlich; deshalb bemüht sich der Vorstand darum, einen weiteren Tubisten auszubilden. Niemand ist bereit, sich mit dem schweren und großen Instrument abzumühen. Es wäre ein Gewinn für den Verein, einen zweiten Bassisten zu haben, falls der einzige verhindert ist. Da meine Familie schon aktiv im Verein gebunden ist, entschließe ich mich, Unterricht zu nehmen, um das Spielen auf diesem Instrument zu lernen. Nach vielem Üben am Instrument kann ich bald im Orchester mitspielen.

In unserem Verein spielen hauptsächlich junge Leute. Damit mich die jungen Aktiven nicht nur als Statisten betrachten, melde ich mich nach intensiver Vorbereitung beim Volksmusikerverband zur Prüfung an. Diese Prüfungen füllen samt Vorbereitung die Wochenenden. Am Morgen des ersten Lehrgangstages betrete ich den großen Raum, um beim theoretischen Unterricht mein angelerntes Wissen zu vervollständigen. Nur wenige Plätze sind noch frei. Ich will mich auf den leeren Stuhl neben einer Neunzehnjährigen setzen. Sie schaut mich verblüfft an und fragt: „Nehmen Sie nicht da vorne am Pult Platz?“ Ich lache herzhaft, die anderen Prüflinge werden aufmerksam, und ich antworte: „Ich bin hier angemeldet und möchte in der Theorie unterrichtet werden und diese und die praktische Prüfung an der Tuba bestehen.“ Die junge Musikerin entgegnet: „Ach so, ich habe gedacht, dass Sie der Dozent sind“ und bietet mir als Mitstreiter mit einer freundlichen Geste bereitwillig den freien Platz an.

Nach Aneignung und Lernen des theoretischen Stoffes und des Vorspielens auf dem Musikinstrument erhalte ich vom Vorsitzenden der Prüfungskommission den Nachweis der bestandenen Prüfung und zusätzlich eine silberne Anstecknadel für die

Uniform als äußeres Zeichen. Nachdem alle Prüflinge ihre Nachweise erhalten haben, formieren sich die geprüften Musiker mit den verschiedenen Blasinstrumenten und spielen gemeinsam ein Ständchen zur Freude der Prüfer und der Gäste. Bei den jungen Aktiven des Vereins bin ich nun als Musikkollege anerkannt.

Mit dieser Prüfung habe ich mich aus der Nebenrolle des Musikers befreit. Aber als gestandener Mann ein Instrument spielen zu lernen, bedarf einer Willenskraft. Man sollte viel üben, aber dafür fehlt die Zeit und die Konzentration.

Musik zum Prüfungsabschluss

Nach Möglichkeit versuche ich, an allen Aktivitäten des Musikvereins teilzunehmen, sei es an den wöchentlichen Probeabenden, den Ständchen bei besonderen Anlässen, den Märschen der Schützenfest- und Gründungsfestumzüge der Vereine, am Jahreskonzert und den vereinsinternen Festen oder sonstigen Zusammenkünften. Das Musizieren bringt für mich einen wertvollen Ausgleich zum Berufsleben.

Ansammlung der einzelnen Volksmusikervereine im Stadion

Eintreffen des Bundeskanzlers Kohl

Bundesmusikfest 1989 in Trier

Das *Bundesmusikfest* der Bundesvereinigung Deutscher Musikverbände, bei dem Tausende von Musikern an Konzerten und musikalischen Wettbewerben teilnehmen, ist eine beeindruckende Veranstaltung. Ausrichter ist im Jahr 1989 die Stadt Trier an der Mosel. Das Event findet an einem Wochenende statt. Unser Musikverein ist in der Altstadt in einem Klostergebäude untergebracht. Der Verein nimmt auch in einem Saal an den Wertungsspielen teil. Erhöht, auf einem Podium, sitzen die Preisrichter, um das Musizieren der verschiedenen Volksmusikervereine nach bestimmten Wertungskriterien auf unterschiedlichen Leistungsstufen zu beurteilen. Dementsprechend müssen für die Bewertungen bestimmte Regeln eingehalten werden. Die einzelnen Register sollen mit der vorgeschriebenen Anzahl von Instrumenten besetzt sein. Ein Pflicht- und ein Kürmusikstück werden vorgetragen und von der Jury bewertet.

Nach den mit höchster Konzentration gespielten Musikstücken schlendern wir durch die Innenstadt. An vielen Ecken und Plätzen erfreuen sich die Zuhörer bei herrlichem Wetter an der fröhlichen Musik. Die Stadt ist in musikalische Stimmung eingetaucht.

Vorbeimarsch an der historischen Porta Nigra

Am Nachmittag ist unser Verein zum Spielen direkt neben der *Porta Nigra* postiert worden. Vor dieser Kulisse spielen wir ein Platzkonzert zur Freude der begeisterten Zuhörer.

Am Sonntag marschieren circa zweitausend Musiker, spielend auf ihren Instrumenten, ins Fußballstadion und nehmen die zugewiesenen Plätze ein. Der Bundeskanzler, Helmut Kohl, kommt als Ehrengast mit dem Hubschrauber in die Stadt eingeflogen. Beim Eintreffen im Stadion spielen alle dort versammelten Musikvereine gemeinsam. Um einen harmonischen Klang zu bilden, sind die Schlagzeuger aller Vereine auf einer Stelle versammelt. Zwei Dirigenten, einer in Weiß und der andere in Schwarz gekleidet, leiten von getrennten Podien den großen Klangkörper. Das mächtige Klangvolumen füllt das Stadion. Nach einigen gemeinsam vorgetragenen Musikstücken verlassen die Vereine mit Marschmusik den Rasen in Richtung der Altstadt.

An den Straßenrändern steht eine überwältigende Anzahl von Leuten, die ununterlassen mit Begeisterung Applaus spenden. Die vielen Musiker marschieren direkt auf die Porta Nigra zu. Erst in kurzer Entfernung des historischen Gebäudes aus der Römerzeit schwenkt die Straße nach links ab. Ich sehe mich in die Zeit des Altertums versetzt und bin selbst trotz aktiven Spielens von der Anteilnahme des Publikums überrascht.

Nach dem anfänglichen Malen von Aquarellbildern habe ich mein Hobby auf das Malen von Ölgemälden ausgeweitet. Vom Heimatverein wird eine Ausstellung von Hobbyerzeugnissen der örtlichen Bewohner vorbereitet. Die Vorsitzende des Heimatvereins weiß, dass ich einen Teil meiner Freizeit zum Malen von Bildern nutze und sie bittet mich, dass ich mich zur Bereicherung der Ausstellung an dem Vorhaben beteiligen möge.

Eine Auswahl von verschiedenen Motiven stelle ich zur Verfügung: Landschaften der heimischen Umgebung, Porträts, Blumenbilder, heimische Vögel und auch Stillleben werden den Betrachtern präsentiert. Unter den Besuchern sind einige Leute, die Bilder erwerben möchten, doch ich verkaufe nicht. Sie entgegnen mir, ich könne mir doch das gleiche Bild erneut malen. Ich erkläre den Interessenten, dass alle Bilder Unikate seien und von mir kein Werk doppelt erscheine.

Mögliche Exponate in Aquarell (1959) und Öl (1987–2017)

Nach der Erfahrung, dass die Ausstellungsbesucher auch kaufen möchten, habe ich meine Bilder nicht mehr öffentlich gezeigt. Die Kaufwilligen wollen nicht verstehen, dass der Freizeitmaler selbst an seinen Werken Freude empfindet. Manche Bilder sind mit persönlichen Erinnerungen verbunden; deshalb will ich als Freizeit-Kunstmaler keinen Profit erwirtschaften und Gemälde kommerziell in den Handel bringen. Für mich steht die Betrachtung meiner Arbeit im Vordergrund. In wenigen Fällen verschenke ich an sehr gute Bekannte oder Verwandte zu besonderen Anlässen wie Gold- oder Silberhochzeit und runden Geburtstagen ein Ölgemälde. Dabei habe ich die Gewissheit, dass meine Arbeit von den Beschenkten gewürdigt wird und Anerkennung findet.

Feldblumen (Öl)

Klassenelternratsvorsitzender

Unser Sohn ist in der fünften Klasse und Neuling auf dem Gymnasium. In der ersten Zusammenkunft des Klassenlehrers mit den Eltern werden der Vorsitzende und der Stellvertreter des Klassenelternrats gewählt.

Vor dieser Elternversammlung treffe ich zufällig meinen damals jungen Abteilungsleiter der Kreissparkasse. Wir haben uns jahrelang nicht mehr gesehen. Es kommt zum lebhaften Gespräch, denn meine Charlotte kennt ihn auch aus ihrem verflossenen Arbeitsleben in der Sparkasse.

Wir sitzen im Klassenraum, und der Klassenlehrer schreitet förmlich zur Wahl der Klassenvertretung der Eltern. Er bittet um Vorschläge, aber diesen Posten will niemand freiwillig übernehmen. Zu meiner Überraschung werde ich von meinem ehemaligen Kollegen vorgeschlagen, und ich sage spontan: „Nein, übernimm' du doch diesen Posten." Er entgegnet: „Ich habe keine Zeit, denn ich habe vier Kinder und du hast nur drei, folglich hast du mehr Zeit als ich. Mein viertes Kind geht in diese Klasse und von euch ist das erste hier auf dem Gymnasium."

Die weiteren Vorschläge werden von den Betroffenen abgelehnt. Damit dieser Tagesordnungspunkt abgehandelt werden kann, bittet mich der Klassenlehrer, mich der Wahl zur Verfügung zu stellen. Somit werde ich von den Eltern der Fünftklässler zum Elternratsvorsitzenden gewählt, und eine Mutter wird meine Vertreterin.

Meine Charlotte sagt schmunzelnd mit leiser Stimme: „Dich nehme ich nicht mehr mit zu einer Versammlung mit Wahl, damit du nicht wieder mit einem Posten nach Hause kommst." Mein ehemaliger Kollege lacht.

Die Wahl zum Klassenelternratsvorsitzenden verpflichtet zur Teilnahme an Sitzungen des Schulelternrates, Klassenzeugniskonferenzen und Versammlungen der Obleute für bestimmte Fächer oder Vorbereitung der Besprechungen in der Klasse mit den Eltern sowie kleinen Feierlichkeiten mit den Kindern der Schulklasse.

Heimische Vögel: Kuckuck (Öl)

25-jähriges Dienstjubiläum

Für mich wird das 25-jährige Dienstjubiläum vorbereitet. Einige Damen der Werbeabteilung decken die Tische im Sitzungsraum der Stadtsparkassenhauptstelle zum festlichen Rahmen, denn um elf Uhr wird die offizielle Feier beginnen. Der Leiter der Personalabteilung hat einige von mir benannte Kollegen eingeladen, die meine Feier bereichern sollen. Meine Kollegen und ich betreten gemeinsam den Raum. Ebenfalls erscheinen der Vorstand, der Bürgermeister der Stadt, der Leiter des Personalwesens und der Personalratsvorsitzende. Die Damen der Werbeabteilung reichen allen Anwesenden ein Glas Sekt zur Begrüßung. Da sich alle Personen kennen, kommt es gleich im Stehen zu lebhaften Gesprächen.

Der Direktor bittet zur Tafel und die Damen tragen das Essen auf. Eine Auswahl der Getränke steht auf der Tafel verteilt, und je nach Wunsch der Sorte schenken die Damen den Wein ein. Der Sparkassendirektor hält eine Ansprache, spricht den offiziellen Glückwunsch aus, beschreibt meinen beruflichen Werdegang und würdigt in spaßiger Form den Erfolg. Nach diesem förmlichen Teil des Tages bin ich in Eile, denn zu meiner selbst ausgerichteten Jubiläumsfeier nach Feierabend habe ich den Vorstand sowie Kolleginnen und Kollegen vom Gesamtinstitut, die mir gut bekannt und vertraut sind, in meine Filiale eingeladen. Auch zwei kulturelle Vereine, der Musikzug und der Gesangverein meines Wohnortes, wollen der Feier mit ihrem Auftreten einen besonderen Anstrich verleihen.

Meine Frau Charlotte hat bereits nachts und auch weiter in meiner Abwesenheit das kalte Büfett für etwa hundertfünfzig Leute gezaubert. Dieses Essen muss zur Filiale transportiert und dort aufgebaut werden. Ich muss noch nach dem Schließen der Filiale, bevor die Kollegen sowie die Vereine zum Feiern eintreffen, die Räumlichkeit dekorieren und somit zu einer Festhalle umgestalten.

Eintreffen der Jubiläumsgäste

Ein Filialleiterkollege hält die Laudatio mit gereimtem Text:

„Lieber Jubilar!
Auf dem Bauernhof in Ostreußen wurdest du groß,
doch die Heimat hatte dich fünf Jahre bloß.
Der Krieg trieb die Mutter und Kinder nach Thüringen,
dort mussten sie die ersten Nachkriegsjahre verbringen.
Aber im Jahre 1947 hatte der Vater die Familie wieder,
nach seiner Gefangenschaft ließen sich alle am Kalischacht nieder.

Dort wuchsest du schnell heran
zu einem schneidigen jungen Mann
mit viel handwerklichem Geschick.
Mit einer Malerlehre versuchtest du dein Glück,
doch die lastete dich nicht vollends aus.
Der Ehrgeiz trieb dich nochmal zur Schule 'raus.
Waren die anderen abends beim Tanzen,
schnürtest du fleißig deinen Ranzen.

Aber so bekamst du auf die Schnelle
bei der Kreissparkasse eine Stelle.
Nach der Lehre kamst du in die Giroabteilung,
dann brachtest du eine Zweigstelle in Wallung und Schwung.
1969 wurde für dich ein wichtiges Jahr,
das für dreierlei Dinge entscheidend war:
Du wechseltest zur Stadtsparkasse
– wahrscheinlich hatte die mehr Klasse!

Klasse ist auch deine liebe Frau!
Liebe Charlotte, das weiß ich ganz genau,
denn im Jahr 1969, frisch gefreit,
war euer Sohn nicht mehr weit.
So gewissenhaft, wie die beiden sind,
war natürlich ein Mädchen das nächste Kind.
Dies Baby wurde elf Monate später geboren
und dein Herz war endgültig verloren.

Dabei muss man wirklich bedenken:
Wie konnte Charlotte die Kinder ihm schenken?
Sie arbeiteten in der Kreissparkasse Rücken an Rücken
und fanden dabei immer mehr Entzücken.
Du hast auch nie über Betriebsfußball geunkt
– doch später hat es im Lokal ›Zum Fass‹ gefunkt.

Im Jahr 1972 begannst du, euer Haus zu bauen,
dabei habt ihr euch fast verhauen,
denn es war riesig groß geraten.
Das Nesthäkchen ließ bis 1977 auf sich warten.
Weitere Hobbys hast du noch nebenbei:
das Malen, die Tuba und die Singerei.
Zwischendurch sah man dich wieder zur Schule rennen,
jetzt darfst du dich Sparkassenbetriebswirt nennen.

Damit ging es im Beruf auch weiter
als qualifizierter Filialleiter.
Nachdem du die Organisations-, Kredit- und Wechselabtei - lung geschafft,
hast du dein Bündel zur Filiale gerafft.

Bald hattest du herausgefunden:
In deiner Filiale gibt es nette und potente Kunden.
So engagiertest du dich ungemein stark
und sammeltest für die Filiale Mark um Mark.
Auch mit Bausparen und Versicherungen
ist dir manches Geschäft gelungen.
Zum 25. Jubiläum sage ich mit Bedacht:
Du hast dich sehr verdient gemacht!
Und sieht man heute die große Gästeschar,
erkennt man, wie beliebt du bist und war'.

Wir alle wünschen, weitere Erfolge zu erringen,
dazu Gesundheit, inneres Glück vor allen Dingen.
Weitere Jubiläen sollst du erstreben.
Lasst uns das Glas erheben, hoch sollst du leben!"

Über die feierliche Würdigung des Kollegen habe ich mich gefreut. Hier ist wieder einmal erwiesen, dass es im Leben immer auf ein Geben und ein Nehmen ankommt. Auf Wunsch von Kolleginnen oder Kollegen habe auch ich oft zu besonderen Anlässen eine Lobrede gehalten.

Zur nächtlichen Stunde räumen Charlotte und ich die Kundenhalle auf, stellen die Reste des Büfetts, Teller und Gläser in den Frühstücksraum, denn am Morgen muss der Tagesrhythmus mit Kundenbedienung fortlaufen. Für den nächsten Tag habe ich Urlaub genommen, um alles richtig zu ordnen.

Wir lesen die Glückwunschschreiben des Vorstandes, des Personalrates, des Sparkassen- und Giroverbandes und einiger Kunden. Der Vorstand der Stadtsparkasse spricht auch schriftlich die Glückwünsche aus, gratuliert an diesem Tage zur 25-jährigen ehrenvollen Dienstzeit im öffentlichen Dienst und dankt für die langjährige treue Arbeit zum Wohl der Allgemeinheit und der Stadtsparkasse.

Kaltes Büfett

Abwärts in die Tiefe

Wir sind's, die ins Verborg'ne dringen,
bis an der Erde steinern Herz,
und mühevoll zum Lichte bringen,
Gesteine, Kohlen, Salz und Erz.
Was Menschen groß macht, Menschen zieret,
der Menschheit Schmuck, der Menschheit Kraft,
was wunderbar die Welt regieret,
vom Bergmann wird's gesucht, geschafft.

(Bergmannsspruch)

Grubeneinfahrt im Kalischacht

Meine Entscheidung, im Zufluchtsort zu bauen, ist für mich ein großer Gewinn. Hier bin ich aufgewachsen, habe meine Jugend durchlebt, und ich kenne viele Bürger, auch Leute, die wichtige Funktionen bekleiden.

Seit langer Zeit hege ich den Wunsch, die Grube des Kalischachtes zu besichtigen. Das Werk über Tage kenne ich, aber das Arbeitsleben unter Tage zu erkunden, ist mir bisher verwehrt geblieben. Mit einem Obersteiger, der im Kalischacht nicht nur arbeitet, sondern auch Führungen mit Besichtigungen für Landwirte in der Grube organisiert, bin ich gut bekannt. Oft habe ich ihm gegenüber meinen Wunsch geäußert, doch ich erhielt die Antwort: „Von der Werksleitung steht der Leitfaden fest, dass nur Bauern zur Besichtigung erwünscht sind. Diese Hofeigner sind die Abnehmer, die auch ihren Kalibedarf zum Düngen für ihre Felder kaufen."

Eines Abends ruft mich der Obersteiger an und sagt: „Morgen früh darfst du mit in die Grube einfahren. Ein angemeldeter Landwirt hat sich soeben krankgemeldet. Diesen Platz darfst du einnehmen. Vor der Grubeneinfahrt treffen sich die Teilnehmer in der Werkskantine. Ich werde dort wichtige Informationen geben und eine Anwesenheitsliste durchgeben. In der Spalte ‚Beruf' schreibst du einfach ‚Landwirt' hinein."

Nach den Anweisungen des Obersteigers am nächsten Morgen gehen die Grubenbesucher zum Umkleiden in die Kaue. In diesem großen Wasch- und Umkleideraum werden weiße Arbeitsanzüge zum Wechsel der Kleidung verteilt. Die eigene Bekleidung hängt man an einen Haken, der an einem Strick an die etwa sieben Meter hohe Decke der Kaue gezogen wird. Unten wird der lange Strick eingehakt. Ein Anhängeschloss sichert die oben hängenden Sachen. So können während der Schichtarbeit weder Kleidung noch Wertsachen abhanden kommen. An der

Decke des hohen Raumes hängen bereits die vielen Kleidungsstücke der Bergleute, die seit etwa einer Stunde im Kalischacht ihre Arbeit verrichten.

Im offenen, nur mit Eisenstäben gesicherten Förderkorb sausen wir Besichtigungsteilnehmer mit dem Obersteiger nach unten. In Tiefe der siebenhundertfünfzig Meter Sohle stoppt der Korb, und wir befinden uns auf der Hauptsohle des Schachtes. Hier ist das riesige Magazin angesiedelt, das alle Werkzeuge und Ersatzteile für den unterirdischen Maschinenpark im Bestand führt. Das Ersatzlager liefert, peinlich geordnet, alles von der kleinsten Schraube bis zu großen Elementen. In ungefähr neunzig Metern Entfernung vom Magazin stehen riesige bewegliche Maschinen und Fahrzeuge, die von den Grubenschlossern in zeitlichen Abständen gewartet oder repariert werden. Zum Holen von Ersatzteilen benutzen die Bergbau-Lehrlinge das Fahrrad, um täglich mehrmals die Strecke zu überwinden. Bei den großen Ausmaßen des Terrains wäre man zu Fuß ewig unterwegs.

Die Aushöhlung des Kaligestein-Grubenraumes, wo sich die Werkstatt und das Magazin befinden, ist schätzungsweise hundert Meter lang, dreißig Meter breit und zehn Meter hoch. Manche Maschinen, die zur Wartung angereiht dastehen, sind doppelt so groß wie eine Straßenbaumaschine zum Asphaltieren. Betrachtet man diese großen Fahrzeuge aus der Entfernung der Magazin-Lagerstätte, so erscheinen sie klein. Die gewaltige Gerätschaft kann nicht als fertige Einheit vom Hersteller in die Grubenräume transportiert werden. Nur in Einzelteile zerlegt können die Maschinen in den Förderkorb gestapelt, in die Grube gesenkt und in der Grubenwerkstatt wieder zusammengebaut werden, um diesen Koloss den Bergleuten für die Arbeit zu übergeben. Die großen Maschinen behalten ihre festen Standorte im Untergrund. Sie kommen nicht mehr ans Tageslicht. Es ist erstaunlich, dass die Maschinen und andere Geräte an den verchromten oder lackierten Eisenteilen keinen Rost bilden. Die Kaligestein-Umgebung wirkt wie ein Konservierungsmittel, das die Eisenteile rostfrei hält. Würde eine Gerätschaft zurück in den Tagebau gelangen, so sähe man in Kürze die Rostansätze an allen Eisenteilen, und sie wären dem Zerfall ausgeliefert. Der Übergang von der ‚Konservierung' zum Sauerstoffgehalt der Luft wirkt wie ein Rostbeschleuniger.

Der Einsatz der Fräse-Maschine hat lebenswichtige Bedeutung. Um schwere Unfälle zu vermeiden, werden die lockeren Gesteinsbrocken und Unebenheiten an den Deckengewölben und Wänden abgestoßen und geglättet. Auch die Straßen in der Grube sind gefräst, damit die profillosen Gummireifen der schweren Maschinen nicht beschädigt oder verschleißt werden. Eine lange Nutzungsdauer der Reifen ist dadurch gewährleistet.

Die Grubenbesichtigung der Besucher ist während der laufenden Arbeitsschicht der Bergleute punktgenau organisiert. Wir werden mit dem Kleinbus ohne Verdeck zu den verschiedenen Arbeitsstätten gefahren. Dort empfängt uns ein Vorarbeiter oder ein Steiger, und uns werden die Arbeitsvorgänge gezeigt. Die ergänzenden Erläuterungen gibt uns der Obersteiger, der weiterhin die Führung leitet.

Unter Tage

Der Kleinbusfahrer saust durch die Wendelstraße mit gleichmäßigen Windungen, die auch die verschiedenen Höhen der Stollen verbindet, nach oben oder nach unten zu den waagerechten Grubenbauten. Die Fahrweise ist ähnlich wie in den Bergen auf Serpentinen-Straßen. Hier jedoch verläuft die Drehung immer in der gleichen Richtung. Durch das Überwinden der Höhenunterschiede knackt es öfters in den Ohren.

Wir befinden uns auf der Sohle, wo der Neubau eines waagerechten Stollenbaus angelegt wird. Für den neuen Stollenbau steht ein Fahrzeug von der Größe einer Straßenbaumaschine bereit. Im Vorderteil ragt der circa drei Meter lange, mit vierzig Zentimetern Durchmesser starke Gesteinsbohrer heraus.

Der Vorarbeiter sagt: „Jetzt wird es laut und Sie werden gleich in eine weiße Kalisalz-Wolke gehüllt. Bleiben Sie ruhig und erschrecken Sie sich nicht!“ Er setzt den Bohrer in Betrieb. Man sieht noch, wie der Bohrer sich in das Kaligestein frisst, und im Nu umhüllt uns der Staub. Man schmeckt das Salz auf den Lippen. Die Augen können die weiße Wolke nicht durchdringen.

Große Bohrmaschine für neuen Tunnelbau

Nach dem Abstellen der Maschine und dem Absenken des Staubs erzählt der Vorarbeiter, wie nützlich und hilfreich der große Bohrer für den Kalibergbau ist: „Früher bohrten die *Hauer* mit kleinen Handbohrern Löcher ins Kaligestein. Diese gelernten Bergmänner hatten schwere Arbeit zu leisten und der Sprengmeister legte die Zündungen hinein. Täglich beim Schichtwechsel wurde vom Sprengmeister die Ladung gezündet. Das Kaligestein ist zerbröckelt, und die Arbeiter der nächsten Schicht konnten die Gesteinsbrocken zur weiteren Bearbeitung wegräumen. Dieser Bohrer ersetzt die Arbeit vieler Bergleute."

Wir fahren weiter zum ‚Stollenmundloch'. Von verschiedenen Stollengängen werden die Gesteinsbrocken zum ‚Roll-Loch', so nennen es die Bergleute, transportiert. Geröllschieber stoßen das grobe Material durch das steil abfallende Grubenloch und es stürzt in die Tiefe. Von diesem Füllort wird auf der Hauptförderungsstrecke das Abbruchgut zum Förderkorb gebracht, dort eingeladen und nach oben zum Tagebau in die Fabrik zur Weiterbearbeitung befördert.

Während der laufenden Schichtarbeit wird das Heben und Senken des Förderkorbes für die Kalisteinbrocken benutzt, und am Schichtbeginn und -ende stehen die Arbeitskumpel in diesen Körben hinter Gittern.

Die Hauptsohle der Grubenanlage liegt bei siebenhundertfünfzig Metern Tiefe. Die Bergleute arbeiten hier bei dreißig Grad Hitze. Die tiefste Sohle ist auf eintausendfünfzig Meter geteuft. Auf der tiefen Sohle sind keine Besichtigungen möglich, denn die Temperatur ist dort unerträglich. Der Kleinbus fährt uns durch Frischluftzonen; das Hineinpressen der frischen Luft in die Tiefen des Schachtes hat eine wichtige Funktion. Die erschöpfte, matte Luft in der tiefen, warmen Kaligrube muss erfrischt werden, damit die giftigen Substanzen bis zur Unschädlichkeit verdünnt und herabgesetzt werden. Ein Nebenprodukt der Kaliherstellung als Düngemittel ist das Element Brom. Chemisch konzentriert wird es flüssig und somit höchst giftig. In der erschöpften Luft ist Brom in leichter Form vorhanden. Zur Vermeidung von starker Zugluft, welcher der Bergmann mit Schweiß am Körper ausgeliefert wäre, sind bei den Frischluftanlagen lockere Trennwände mit Kunststoffmatten verhangen.

Auf den unterirdischen Straßen der Grube unterfahren wir die über der Erde angesiedelten drei Dörfer, wo ebenfalls Kalisalz abgebaut wird. Das Kali-Abbruch-Material von diesen Arbeitsbereichen wird auch in der Fabrik des Hauptwerkes verarbeitet. Der Kleinbusfahrer fährt uns ebenfalls zu den Arbeitsstellen dieser Bergleute.

Einige Bergmänner, die an den Kaligestein-Lagerstätten arbeiten, sind mir bekannt, weil wir seit Jahren im selben Dorf wohnen. Doch die vom Kalistaub bedeckten Gesichter sind schlecht zu erkennen. Ich muss schon genau hinschauen. Aber die mir bekannten Bergleute sprechen mich an, und es kommt zu kurzen Gesprächen. Wir haben viele Arbeitsstätten aufgesucht und die Arbeitsabläufe kennengelernt, die mich beeindrucken und auch zu Fragen angeregt haben.

In einer vollen Arbeitsschicht haben wir Eindrücke von dem bewegten Leben der unter Tage arbeitenden Bergmänner sowie den Maschinen erhalten. Kurz bevor die Sirene zum Schichtwechsel schrillt, hat der Förderkorb die Gruppe eingefangen und hoch ans Tageslicht transportiert. Auch den Fördermaschinisten, den ich gut kenne, dürfen wir begrüßen. Er erläutert uns das Schaltbild auf der großen Wandtafel, auf der die farbigen Lichter aufleuchten. Die beiden nebeneinander eingebauten Förderkörbe sind immer gleichermaßen in Bewegung. Während der eine nach oben zieht und dort entladen wird, ist der zweite in der Grube und wird dort beladen.

Nach der Umkleide in der Kaue treffen sich die Teilnehmer der Grubenführung in der Werkskantine zum kleinen Imbiss. Der

Obersteiger gibt einen kurzen Ausblick zum Tagesverlauf und stellt Fragen in den Raum: „Was meinen Sie, wieviel Kilometer sind wir unter Tage mit dem Kleinbus gefahren?" Einige Teilnehmer schätzen nicht mehr als zehn Kilometer. Die richtige Antwort wäre: dreiundzwanzig Kilometer. Die nächste Frage lautet: „Wieviel Deutsche Mark kostet zurzeit ein Sack Kalidünger?" Die Schätzungen waren bis zu vier Mark. Der Obersteiger antwortet: „Das Kaliwerk bekommt nur noch eine D-Mark für einen Sack." Die anwesenden Bauern schlagen die Hände zusammen und einer ruft: „Davon kann der Betrieb nicht mehr existieren!"

Die anwesenden Bauern sind bei ihrer Schätzung nicht aktuell informiert, weil sie seit längerer Zeit kein Düngemittel gekauft haben. Das ist die vorletzte Besichtigung, die vom Kaliwerk durchgeführt wurde, denn im folgenden Jahr wird die Produktion im Kaliwerk eingestellt. Einer der Gründe ist, dass Kalidünger von den osteuropäischen Ländern zu Spottpreisen die deutschen Märkte überschwemmen. Ich bin froh, die Grubenbesichtigung erlebt zu haben und um eine Erfahrung reicher geworden zu sein.

Heimische Vögel: Eichelhäher (Öl)

Und wieder kommt ein neuer Frühling (Öl)

Der Erweiterungsbau des Hauses

In den 1970-er Jahren hört man oft den Slogan: ‚Einmal im Leben!' Das Schlagwort sollte bekräftigen, dass man nur einmal im Leben ein Haus baut und deshalb baulich alles besonders schön gestaltet werden soll. Charlotte und ich sind eines Besseren belehrt worden.

In unserem Haus bemerken wir nach fünfzehn Jahren Nutzung im Keller eine feuchte Stelle. In Regenperioden vergrößert sich der feuchte Fleck. Eines Tages bin ich im Haus und ein sommerlicher Starkregen prasselt auf die schön geflieste, unterkellerte Terrasse. Die Tropfen springen zentimeterhoch auf den glatten Fliesen. Als der Regen nachlässt, betrete ich die Terrasse, schaue auf die glänzenden Fliesen und sehe, dass kleine Schmutzpartikel auf dem Wasser schwimmen und zwischen Brüstung und Wand verschwinden. Dort befindet sich ein feiner Riss. Ich zerschlage die Fliese, sehe darunter die Schadstelle und erkenne die Ursache, die zur nassen Stelle im Keller führt. So habe ich die Erkenntnis gewonnen, dass sich das Wasser manchmal lange Wege sucht, bis es irgendwo austritt. Von dieser schadhaften Stelle läuft das Wasser sechs Meter in horizontaler Richtung in der Wand entlang, bis es im Keller sichtbar wird.

Neben der Terrasse am Haus schließt sich die Flachdachgarage an. Ich stelle fest, dass Bauwerke mit Flachdach empfindlich gegen Witterungseinflüsse sein können; deshalb beschließen Charlotte und ich, die bestehenden flachen Bauten aufzustocken.

Der Anbau mit Aufstockung ist zum größten Teil fertiggestellt. Die Klinkerschale umfasst das Mauerwerk und der Bauunternehmer lässt die Klinkersteine von seinen Leuten verfugen. Der heruntergefallene feuchte Fugenmörtel liegt haufenweise auf der Erde unterhalb des Gerüstes. Nach Dienstschluss fahre ich bei drückender, schwüler Luft sofort nach Hause. Das Gewitter sehe ich bereits aufziehen. Schnell springe ich in meine Arbeitskleidung, knie mich zwischen die Stangen des Eisengerüsts und kratze den unten liegenden Fugenmörtel zusammen, damit bei Regen die Klinker nicht vom Zement bespritzt werden.

Mit dem Zusammenkratzen bin ich fast fertig, da schlägt ein Blitz ins Eisengerüst ein. Die Stahlständer sprühen Funken wie Wunderkerzen aus. Ich sitze zwischen den Gerüststangen. Gott sei Dank habe ich das Gerüst nicht berührt! Vom Schrecken hocke ich zunächst wie gelähmt unterm Gerüst und renne aber bald ins Haus. Erst jetzt wird mir bewusst, dass ich zum Glück nicht das Gerüst angefasst habe. Mein Schutzengel hat die Hand über mich gehalten.

Das Gewitter verzieht. Es hat nur wenig geregnet. Seit diesem Ereignis habe ich Respekt vor Gewittern. Man sollte auch ein trockenes Gewitter nicht unterschätzen! Um die Familie nicht zu beunruhigen, habe ich meiner Charlotte erst einige Tage später die kritische Situation geschildert.

Nachdem ich mich von diesem Schreck erholt habe, kommt mir der Gedanke: ‚Wem gehört das Haus, an dem ich viel Schweiß gelassen habe?'

Dies Haus ist mein,
und doch nicht mein,
beim Nächsten wird es auch so sein,
den Dritten trägt man auch hinaus,
drum sag mir bloß, wem gehört dieses Haus?
– Ich bin glücklich, dieses Naturereignis überlebt zu haben.

Die Arbeiten am Anbau sind noch nicht beendet, doch eine Fahrt nach Rom ist seit Monaten geplant und ein Teil des Reisepreises angezahlt. Es ist Herbst. Charlotte und ich stehen vor der Entscheidung und erwägen zwei Möglichkeiten. Soll ich die Restarbeiten am Bau vor Wintereinbruch weiterführen und zum Abschluss bringen? In diesem Fall müssen wir auf die Anzahlung des Geldbetrages verzichten.

Modell des erweiterten Baus des Wohnhauses

Die andere Seite der Medaille ist: Wir stoppen die Bautätigkeit und fahren nach Rom. Charlotte vertritt die Meinung: „Wenn wir jetzt diese Reisevorbereitung nach Rom verwerfen, werden wir gewiss in unserem Leben die Weltstadt nicht mehr zu sehen bekommen. Wir würden um das einmalige Erlebnis betrogen werden." Charlottes Einwand stimme ich zu. Unsere beiden älteren Kinder wollen nicht mitreisen. Somit ist die Fahrt für uns und die jüngere Tochter gebucht worden.

Droben steht die Kapelle
schauet still ins Tal hinab.
Drunten singt bei Wies' und Quelle
froh und hell der Hirtenknab'.

Peter Rosegger

Bergkapelle auf dem Weg nach Luzern

Sankt-Gotthardtunnel-Einfahrt

Die Reise nach Rom

Die Romfahrt ist vom bischöflichen Stuhl organisiert und wird von fach- und ortskundigen Leuten begleitet. Für die Reise steht ein Sonderzug zur Abfahrt bereit, der etwa vierhundert Fahrgäste einschließlich Kinder und Jugendliche aufnimmt.

Der Zug rollt über die Alpen in Richtung Süden und wird von beeindruckenden Landschaft-Schönheiten begleitet. Er passiert den längsten Eisenbahntunnel der Welt, den Sankt-Gotthard-Tunnel. Die Passagiere tragen saisongemäß herbstliche Kleidung. An diesem Wetter-Scheidepunkt stehen die eingeweihten Reisenden in der Schlange vor den Toiletten, um sich Sommerkleidung anzuziehen, denn plötzlich steigt das Thermometer auf 30 Grad Wärme.

Mit Blick auf den idyllisch gelegenen Luzerner See, inmitten der hohen Berge, erreichen wir die namensgleiche Stadt. Am Abend gehen wir über die berühmte *Kapell-Brücke*. Die Holzbrücke mit dem wunderbaren Schnitzwerk ist bei Dunkelheit voll beleuchtet, und im Hintergrund erstrahlt die Jesuitenkirche. Einige Jahre später ist die Holzbrücke den Flammen zum Opfer gefallen.

Die Koffer bleiben nachts im bewachten Zug und am nächsten Morgen geht die Reisegruppe mit leichten Taschen vom Hotel zum Bahnhof. So ein bequemes Reisen mit der Bahn bringt auch Freude. Die Kinder und Jugendlichen der Reisegesellschaft, aus den verschiedenen Abteilen, finden auf der langen Fahrt ihre Grüppchen und spaßen miteinander. Neugierig finden die Kinder schnell heraus, dass sie auch das Abteil des Bischofs betreten dürfen. Dort sitzen sie auf freien Plätzen, dem Fußboden und auch im Gepäcknetz und lauschen seinem Erzählen. Sobald der Bischof Ruhe benötigt, zieht er die Gardine am Abteilfenster zu. Die Kinder wissen, dass er dann nicht gestört werden möchte.

Aus dem Zug sehen wir im Tal auf einem seichten Hügel die St.-Gotthard-Kapelle, nach der auch der Alpenpass und der Tunnel benannt sind. Sankt Godehard war Abt in einem Benediktinerkloster der Erzdiözese Salzburg, und er wurde um die erste Jahrtausendwende Bischof unserer Diözese. Der Sonderzug bringt uns nach Norditalien, um uns in Assisi drei Tage Aufenthalt zu gewähren. Hier haben wir Zeit für Besichtigungen und zur freien Gestaltung.

Zur Begleitung der Reisenden zählen der Weihbischof, vier Diakone, die im folgenden Jahr die Priesterweihe empfangen wollen, ein Reiseleiter des bischöflichen Generalvikariats und ein Arzt.

Im Gewölbebauwerk mit farbigen Spitzbogenfenstern der Unterkirche des Klosters *San Francesco* in Assisi wird die Messe vom Weihbischof zelebriert. Die einschiffige Oberkirche ist mit Fresken von Giotto gemalt, die das Leben des Heiligen wiedergeben. Ebenso findet man Werke von drei in Italien bekannten Malern und ein hölzernes Chorgestühl mit künstlerischem Wert.

Fresken sind Farbgestaltungen, auf frisch gekalkten Wänden gemalt. Der Kalk muss noch feucht sein, damit die Farben in den Kalk einziehen können und mit dem Untergrund eine feste Verbindung bilden. Die leuchtenden Farbtöne erstrahlen im widerstandsfähigen Zustand am Decken- oder Wandbild. Die Malerei in vier Dreiecksgebilden versinnbildlichen die Grundsätze des heiligen Franziskus: Vermählung des heiligen Franziskus mit Armut, mit Keuschheit, mit Gehorsam und das vierte Bild zeigt ihn in der Herrlichkeit des Himmels von Engeln umgeben.

Die große Basilika *Santa Maria degli Angeli* mit Kuppel, inmitten der Stadt Assisi, birgt die kleine Kapelle des ursprünglichen Klosters von Franziskus in ihren Mauern. Das ‚Kirchlein in der Kirche', das unterhalb des gewaltigen Kuppelwerks steht, bleibt als kleine historische Kapelle wettergeschützt erhalten.

In der Nähe unserer Pension in Assisi befindet sich eine Eisdiele, die wir bei der Hitze öfters besuchen. Die Eiswaffel wird nicht mit Kugeln gefüllt, sondern gleich mit einem größeren Holzspachtel. Menge und Maß fallen immer unterschiedlich aus. Mit dem Eisberg in den Händen schlendern Charlotte mit Töchterchen und ich durch die Stadt in Richtung *San Pietro*. Eine durch große Autos auffällige Kolonne überholt uns vor der Kirche. Der Leitwagen ist mit Girlanden geschmückt, und die Autos der Hochzeitsgesellschaft folgen. Das Hochzeitspaar und mehrere kleine Kinder in festlich schmucker Kleidung mit Blumenkörbchen ziehen an uns vorbei. Die Jungen sind einheitlich gekleidet mit dunkelblauen Anzügen und Fliegen an den weißen Hemdskragen. Alle kleinen Mädchen und die Damen tragen lange Kleider. Die prunkvollen Karossen haben ausnahmslos Autonummern der Hauptstadt Rom.

Charlotte meint: „Das ist eine feudale Hochzeit! Wenn die Autos vom entfernten Rom bis in den Norden den weiten Weg finden, dann muss es etwas Besonderes sein. Lasst uns in die *San-Pietro-Kirche* folgen!"

Die Kirche im romanischen Baustil ist mit schönen Blumengebinden geschmückt. An allen Bänken des breiten Mittelganges sind Blumensäulen befestigt. Auch der Altarraum ist reichlich mit Blumen ausgestattet. Das Brautpaar steht vor dem Altar: der Bräutigam im schwarzen Anzug und die Braut im langen weißen Kleid mit Schleier. Die Schleppe breitet sich auf dem roten Teppich aus. Die schmucken Blumenstreukinder füllen den Altarraum. Ich denke: ‚Rom hat sehr viele Kirchen, aber warum hat diese Hochzeitsgesellschaft San Pietro in Assisi ausgewählt?' Diese stille Frage bleibt unbeantwortet. Es ist uns eine Freude, die italienische kirchliche Hochzeit anzuschauen.

Am Bahnhof in Rom werden die Reisenden des Pilgerzuges von Bussen und den römischen Reiseführerinnen abgeholt. Als Erkennungszeichen spannen sie farbige Schirme auf und begleiten die verschiedenen Gruppen in die wartenden Busse. Wir tragen unsere Koffer und folgen der für uns verantwortlichen Italienerin, die gutes Deutsch spricht, und sie informiert uns: „In den nächsten Tagen werde ich Sie im Bus und auch zu Fuß bei den Besichtigungen begleiten, und jetzt fahren wir gleich zur Basilika *Sankt Paul vor den Mauern.* So nennen wir Italiener die Kirche, die dem Apostel Paulus geweiht und außerhalb der alten römischen Stadtmauer gebaut worden ist. Sie wird auch *Basilica Ostiense* genannt, ist im Renaissance-Baustil mit vielen Säulen errichtet worden und gilt als zweitgrößte Kirche Roms."

Wir befinden uns im Innenraum der Basilika. Die mit Tiefenwirkung gearbeitete Kassettendecke ist vergoldet, und unterhalb dieser glanzvollen Decke fällt das Licht durch die Rundbogenfenster. Unten sind die hohen Wände mit großen Ölgemälden und Figuren von Heiligen ausgestattet, und Säulen tragen die Decke und das Dach. Zwischen den oberen und unteren Bereichen verläuft ein breiter Fließ, der alle vier Wände einschließt. Auf dem Fließ sind Ölgemäldeporträts von den Geistlichen, mit runden Rahmen umgeben, die bisher das Pontifikat bekleidet haben. Die Gemälde wirken durch die runde Form, hoch oben an den Wänden, wie farbige Medaillen von Päpsten.

In der Dämmerung erreicht der Bus unser Quartier in einem Schwesternhaus, das von einer Mauer umschlossen ist. Das Eingangstor ist videoüberwacht. Das ist praktisch, denn die Bewohner und Gäste des Hauses können jederzeit die Anlage passieren; eine Pförtnerin hält Wache.

Nach dem Abendessen gehen wir Drei bei Dunkelheit auf die Straße, um die lauwarme Luft zu genießen. Nach wenigen Straßenläufen erblicken wir den angestrahlten Petersdom. Dass wir in der Nähe des Vatikans wohnen, ahnten wir nicht, denn der Busfahrer hat uns bei Dunkelheit im Schwesternhaus abgeliefert. Mit dieser Unterkunft haben wir das ‚Glückslos' gezogen: Nach zehn Minuten Gehzeit sind wir im Zentrum von Rom angelangt. Diese Gelegenheit nutzen wir häufig für unsere Freizeitgestaltungen.

Unsere Reisegruppe trifft sich am nächsten Tag auf dem Petersplatz vor dem ägyptischen Obelisken, der im ersten vorchristlichen Jahrhundert aus Granitgestein angefertigt worden ist. Die italienische Dolmetscherin führt uns zu Fuß über die *Via Della Conciliazione* an der *Engelsburg* vorbei, über die Brücke des stadtbestimmenden Tibers und weiter zur *Corso Vittorio Emanuele* zum *Piazza Venezia*. Es geht am Nationaldenkmal Viktor Emanuels II. mit dem Grab des unbekannten Soldaten vorbei. Südlich des Nationaldenkmals liegen die archäologischen Zonen. Den Mittelpunkt nimmt das *Forum Romanum* mit den Kaiserforen ein. Im römischen Forum wurden die Waren zum Verkauf angeboten. An diesem Ort sind Volksversammlungen durchgeführt, Gerichtsurteile gefällt und auch manchmal vollstreckt worden. Die Senke zwischen dem *Palatin* und dem *Kapitol*-Hügel war vor der Gründung Roms, im Jahr 753 vor Christus, ein Sumpfgebiet, das von dem antiken Volk der Etrusker trockengelegt wurde. Die Römer haben auf diesem Gelände das *Forum Romanum* errichtet. Die heute noch stehenden Säulen und Mauern sowie der Triumphbogen des Titus zeugen von der hohen Kultur des Altertums. Der Tempel des Gottes Saturn, der Tempel von Kastor, die Basilika Emelia sind durch Brände zerstört und wieder restauriert worden.

Wir bewegen uns entlang der Prachtstraße *Via del Fori Imperiali*, die direkt zum *Kolosseum* führt. Die Abbruchwände bei der Außenschale des Amphitheaters sind weitaus sichtbar. Das ellipsenförmig gebaute, viergeschossige Bauwerk, von meterdicken Steinwänden umgeben, verbirgt im Inneren große Haufen an Bauschutt. Die längere Achse der Ellipse misst hundertachtundachtzig Meter. Römische Bürger, die in der Vergangenheit für ihren eigenen Bedarf Baumaterial benötigten, bedienten sich an dieser Ruine. Sie ist wie ein Steinbruch benutzt worden. Unweit des Kolosseums steht der *Triumphbogen* des Kaisers Konstantin. Leider ist er im unteren Bereich zwecks Renovierung eingerüstet, sodass die Steinfiguren und das kunstvolle Relief nur schlecht zu erkennen sind.

Eine weitere altertümliche Stätte ist das *Kapitol*. Die Burg, die auf dem gleichnamigen Hügel erbaut ist, ist im Mittelalter renoviert und die Außenanlage neugestaltet worden. Von dieser Erhöhung ist das tiefer gelegene Forum Romanum großflächig überschaubar. Michelangelo ist hier mit seinen Ideen und Plänen als Baumeister und Künstler tätig gewesen. Er hat den großen Vorplatz mit dem breiten Treppenaufgang gestaltet. Die Treppe führt zum Senatorenplatz. Auf hohen Sockeln im Vorfeld der Treppe stehen zwei Reiterstatuen, die den Mark Aurel versinnbildlichen. Als Kaiser der Römer vertrieb dieser im dritten Jahrhundert die Goten, Alemannen und Vandalen, und er begann, eine Mauer um Rom zu bauen. Der *Senatorenpalast* diente dem Senat des antiken Roms als Versammlungsstätte. Heute wird das Gebäude von den Italienern als Rathaus genutzt. Beim Brunnen mit der darüberliegenden Nische ist die *Roma* integriert; auch die beiden seitlichen Statuen des Tibers und des Nils sind ein Werk Michelangelos. Die Roma schützt die legendären Zwillingsbrüder und die Wölfin unter ihrem Arm. Für die Gründung der Stadt Rom hat uns einst mein Geschichtslehrer als Gedächtnisstütze den Spruch gesagt: Sieben, fünf, drei, Rom kroch aus dem Ei. Das Jahr und die Legende sind in meinem Gedächtnis festgeschrieben: ‚Nach der Geburt sind die Zwillingsbrüder Romulus und Remus ausgesetzt worden. Eine Wölfin säugt die beiden und ein Hirte findet die Wölfin mit den Kindern und versorgt sie. Die Wolfsmilch spendet den Brüdern Mut und Kraft. Als sie später tatenfreudig als Erwachsene zu Werke gehen, baut Romulus eine Mauer. Es soll die Grundmauer für die Stadt Rom werden. Remus verspottet seinen Bruder und springt über das noch niedrige Mauerwerk. Wutentbrannt erschlägt er seinen Zwillingsbruder Remus, und Romulus gilt legendär als der Gründer der Stadt Rom.‘

Die Kirchen Roms sind zumeist auf kurzen Wegen durch Fußmärsche erreichbar, und unsere Reisegruppe ist körperlich gut beweglich, deshalb treffen wir die italienische Begleitung oft am Ort der Besichtigungsstelle.

Die *Lateran-Basilika* in Rom ist die Urkirche des Christentums. Die vom Kaiser Konstantin im Altertum gestiftete Kirche ist, nachdem dieser zum christlichen Glauben übergegangen war, in dessen Regierungszeit erbaut worden. Im Inneren der Basilika zeugt das große zu besteigende Taufbecken, in dem die Christen bei der Taufe mit dem ganzen Körper untergetaucht wurden, vom Ursprung der Christenheit. Auf einem großen Gemälde ist die *Schlacht an der Milvischen Brücke* des Kaisers Konstantin und seines Gegners Maxentius dargestellt. Konstantin ist siegreich gewesen, und er ist somit Alleinherrscher des Römischen Reiches geworden. Die Legende erzählt: ‚Konstantin hat vor der Schlacht geträumt, er solle auf dem Feldzug ein Kreuz mit dem

Korpus Christi an der Spitze des Heeres führen. Es sei ihm prophezeit worden »*Unter diesem Zeichen wirst du siegen*«. Der Kaiser hat zu diesem Zeitpunkt noch an die römischen Götter geglaubt. Doch er vertraute dem Inhalt seines Traums und folgte dem Rat im Einvernehmen des christlichen Glaubens.'

Das Gemälde bekundet die Legende. Kaiser Konstantin reitet mit Standarte im Zeichen des Kreuzes an der Spitze des Heeres und seine Krieger folgen ihm. Helena, die Mutter des Kaisers Konstantin, hat sich schon lange dem Christentum zugewandt, und ihr Sohn holt für wichtige Entscheidungen stets einen Rat von ihr ein.

In der abseits der Basilika gebauten Kapelle befindet sich die *Heilige Treppe*. Es ist die Stiege von Jerusalem, die Jesus vor seinem Tod zu Pontius Pilatus geführt hat. Während der Regierungszeit von Kaiser Konstantin ist die Treppe in die Kapelle gelangt. Gläubige Christen steigen betend auf den Knien die Treppe hinauf. Die Stiege zählt achtundzwanzig Stufen. Die Päpste haben bis zum Bau des Petersdoms im *Lateran* residiert.

In den Zeiten der freien Verfügung suchen wir Drei gern allein gezielt interessante Sehenswürdigkeiten auf. Bei täglichen Temperaturen über 30 Grad gehen wir mit einem Eis in der Faust durch die Straßen von Rom, kaufen von Straßenhändlern geröstete Esskastanien und erblicken an den antiken Stadtmauern die wachsenden Kapern. Die kleinen Gewürzbeeren werden zu Hause gern beim Kochen für die Soße der Königsberger Klopse verwendet.

Wir kommen zum *Trevi-Brunnen*. Er ist ein Meisterwerk des römischen Architekten Nicolo Salei und im Jahr 1762 vollendet worden. Trevi wird er genannt, weil er am Knotenpunkt von drei Straßen steht. Die Touristen werfen Münzen ins Wasser-Sammelbecken, denn sie sind gutgläubig und meinen, dass sie deshalb bald wieder in die schöne Stadt an diesen Ort zurückkehren. In der Mitte des *Piazza Navona* befindet sich der großartige *Vierströme-Brunnen*. Er ist eines der bedeutenden Werke von Giovanni Bernini mit versinnbildlichten Darstellungen der vier Flüsse, nämlich des Nils, des Rio della Plata, des Ganges und der Donau. Die Figuren bilden mit ihren Bewegungen und ihrer Gebärdensprache höchste Bildhauerkunst des Barockstils ab. Als Baumeister schuf er auch die Säulengänge auf dem Petersplatz und das Treppenhaus zum vatikanischen Palais.

Wir befinden uns am *Pantheon,* dem Rundtempel des Altertums. Der Konsul Marcus Agrippa ließ das Pantheon im Jahre 28 nach Christus erbauen; das kann man der lateinischen Inschrift über der Vorhalle entnehmen. Es war das geweihte Heiligtum für alle Götter der Römer und auch der größte Rundtempel mit Kuppel der Antike. Das Pantheon ist aus Backsteinen mit einer Säulenvorhalle und Satteldach errichtet. Das Halbkugeldach hat in der Mitte eine runde Öffnung für den Lichteinfall. Im Innenraum des Pantheons haben die bekannten römischen Könige ihre Ruhestätten erhalten. Auch das Grab des berühmten Malers der Renaissance Raffael ist hier zu finden. Nach der Einführung des Christentums wurde es eine katholische Kirche.

Die Häuser des Zentrums der Stadt sind kunstvoll und aufwendig gebaut. Wir begegnen Pferdekutschen, sehen die Polizei hoch zu Ross, und Menschentrauben beleben die Straßen. Auf der *Spanischen Treppe* sitzen Grüppchen junger Leute in der Hitze des Oktobers in Gesprächen eingebunden oder um sich zu sonnen. Die Freitreppe der *Trinita dei Monti*, die zur gleichnamigen Kirche führt, zählt einhundertsiebenunddreißig Stufen.

In Rom gibt es mehrere Kirchen, die den Namen der Mutter Gottes tragen. Die Basilika *Santa Maria Maggiore* wird Maggiore genannt, weil sie die größte aller Marienkirchen Roms ist. Die Kassettendecke mit vertieften Füllungen, von vergoldeten Ornamenten eingefasst, erstrahlt in der Höhe des Raumes. Der Fußboden ist mit kunstvollen Einlegearbeiten in verschiedenen Farben des Marmors und auch in Mosaik verlegt.

An einem Nachmittag fahren wir mit dem Bus in die Albaner Berge zum Sommersitz des Papstes, nach *Castel Gandolfo.* Die Papstresidenz, die im klassischen Baustil errichtet ist, erreichen wir auf dem Berge. Von dem Plateau des Berges hat man, über die im Vordergrund bewaldete Landschaft hinweg, einen Panoramablick auf die *Ewige Stadt* Rom. Über den Dächern des Häusermeeres erkennt man einige markante Bauwerke. Der Petersdom, das Kolosseum und das archäologische Zentrum sind die herausragenden Blickfänge.

Auf der Rückfahrt findet in einer Lokalität eine Weinprobe statt. Ein italienischer Akkordeonspieler begleitet das Trinkgelage mit Musik, und er singt seine heimatlichen Lieder. Während die Erwachsenen den Wein aus den Albaner Bergen genießen, gehen zwei Diakone mit den Kindern und den Jugendlichen in den Ort und lassen sich das Eis schmecken.

Die Busse mit den außerhalb der Stadt untergebrachten Reisenden kommen über die *Via della Conciliazione* gefahren. An diesem Morgen treffen sich die circa vierhundert Reisenden am römischen Brunnen auf dem Petersplatz. Zu beiden Seiten des Domplatzes drängen sich die zweihundertvierundachtzig dorischen Säulen in Viererreihen angeordnet in die beiden Säulengänge. Im Hintergrund markieren Pinienhaine die eine Seite des Säulenganges. Der Kontrast des Bauwerks zum Grün der Bäume bietet eine naturverbundene Kulisse. Auf der balkonähnlichen Promenade stehen sechsundneunzig Heiligen- und Märtyrerstatuen. Im Mittelpunkt der Säulengänge steht der riesige *Petersdom* aus der Renaissance-Baukunst. Den römischen Brunnen mit den drei Schalen hat der Dichter Conrad Ferdinand Meyer in seinem gleichnamigen Gedicht sehr schön beschrieben:

Der römische Brunnen

Aufsteigt der Strahl und fallend gießt
Er voll der Marmorschale Rund.
Die, sich verschleiernd, überfließt
In einer zweiten Schale Grund;

Die zweite gibt, sie wird zu reich,
der dritten wallend ihre Flut,
Und jede nimmt und gibt zugleich
Und strömt und ruht.

Bernini-Brunnen auf dem Petersplatz

Das Portal in der Vorhalle zum St. Petersdom wird geöffnet, und wir erleben die bisher unvorstellbare Größe dieses Gotteshauses. Der Baldachin über dem Hauptaltar erscheint aus der Ferne klein. Bei den großen Entfernungen habe ich das Gefühl, das angepeilte Ziel nicht zu erreichen. Über dem Altar glänzt die verzierte goldene Rosette, ähnlich einer Sonne mit Strahlen. Der gewaltige Kirchenraum ist an Größe nicht zu übertreffen. Mehrere Altäre mit schönen Gemälden und Statuen gestalten den Innenraum.

Eine Öffnung im Fußboden, abgeschirmt mit schmiedeeisernem Gitter, erlaubt den Blick in die Gruft des Grabmales des heiligen Petrus. Wir steigen hinab in die *Heiligen Grotten* unter dem Petersdom. Inmitten der vielen Grabmäler der Päpste suchen wir den Pontifex des Zweiten Vatikanischen Konzils, Johannes XXIII., der inzwischen zum Vorbild geworden ist, obwohl er zunächst durch sein damals hohes Alter als Übergangspapst galt.

Nach der Mittagspause geht unsere Familie erneut zum Petersplatz, um den Turm der Kirche zu besteigen. Der erste Teil des Aufstiegs führt zum Außenbereich. Auf dieser Zwischenstation stehen die sechs Meter hohen Statuen, die von der Perspektive des Petersplatzes kleinformatig erscheinen. Nun steigen wir die Treppe in Richtung Turm hinauf. In Höhe des ersten Turmringes im Innenbereich des Doms ist ein umlaufender Balkon. Von diesem Standort schweift unser Blick in den Großraum des Hauptschiffs und zur kolossalen Kuppel der Basilika. Der Baumeister Michelangelo hat die Kuppel in sechszehn strukturierten Rippen, die in Fenstern auslaufen, genial eingeteilt. Die Kuppel hat einen Durchmesser von sechzehn Metern und zählt als größte Lebensleistung des Meisters. Die Besteigung verläuft weiter über eine Wendeltreppe mit zunächst gleichmäßiger Schwingung bis zur Halbkugel der Kuppel, aber dann werden die Treppenauftritte immer kleiner, und der Hohlraum zur Deckenrundung wird enger, sodass man stark gebückt weiterzieht.

Der Aufstieg hat sich gelohnt. Von der Beengung befreit, treten wir durch die Tür auf die kleine, vom Geländer umgebene Plattform. Wir genießen den herrlichen Blick auf das Stadtzentrum, den Domplatz und die schöne Anlage der *Vatikanischen Gärten*.

Nach der Turmbesteigung entdecken wir hinter dem Petersdom einen ‚*Deutschen Friedhof*', den wir uns genauer anschauen. Dort befinden sich Grabsteine und Familiengruften von deutschen Verstorbenen. Die Gehwege sind umsäumt von freistehenden Stelen, denen Büsten, aus Stein gehauen, aufgesetzt sind. Die Gesichter der Figuren sind schadlos und nicht verwittert. Der Friedhof wird als kleine Parkanlage mit Sträuchern, Bäumen und Palmen gepflegt; große Grabmale sind mit Statuen und farbigen Ölgemälden geziert. Manche Inschriften zeugen von ranghohen Persönlichkeiten. Obwohl der Friedhof unmittelbar am Petersdom liegt, gehört er zum römischen Staatsgebiet und nicht dem Vatikan. Der Friedhof ist bereits weit vor dem Ersten Weltkrieg entstanden.

Am nächsten Morgen feiert unser Weihbischof mit der Reisegruppe eine heilige Messe am Kathedra-Altar, der sich ein wenig abgeschirmt hinter dem Hauptaltar des Peterdomes befindet. Trotz der vierhundert Personen bleiben noch viele Sitzplätze leer. Diese Kapelle nimmt nur einen kleinen Teil des Domes ein. So kann man sich das gewaltige Bauwerk des Peterdomes vorstellen. Der Bischof zelebriert in verschiedenen Kirchen in Rom ein Pontifikalamt, und jedes Mal predigt ein anderer der jungen mitgereisten Diakone unserer Pilgergruppe.

Die Gruppe löst sich auf, um die Zeit der freien Verfügung zu nutzen. Unsere Familie schaut sich die Vielfalt der Altäre an und staunt über die kunstvolle Gestaltung und Einfügung monolithischer Denkmäler, die aus einem Steinblock gehauen sind. Der Bildhauer Bernini lässt den vergoldeten Stuhl mit dem heiligen Petrus, umgeben von Engeln und Wolken, emporheben; darunter stehen Figuren von vier Kirchenlehrern, und über ihnen schwebt das Symbol des Heiligen Geistes: Die weiße Taube ist von Engeln umgeben.

Eine Bronzestatue des heiligen Petrus aus dem 13. Jahrhundert steht auf einem mannshohen Sockel. Der oberste Apostel wird von den Christen verehrt. Die vorbeiziehenden Pilger betrachten das Monument und streichen über den rechten Fuß des Apostels. Durch den Verehrungsgruß der Millionen von Gläubigen ist der Bronzefuß im Verlauf der Jahrhunderte abgenutzt.

Am nächsten Morgen rüstet sich der Vatikan für die Papstaudienz auf dem Gelände. Der Petersplatz wird mit Barrikaden abgesichert. Alle Audienzteilnehmer werden kontrolliert hereingelassen und durch die Absperrungen geschleust. Die Vatikanwache der *Schweizer Garde* marschiert auf und bezieht Position. Weitere Wachleute stehen vor ihren Häuschen. Die Gläubigen füllen die Sitzplätze, und sie warten auf die Ankunft des Papstes Johannes Paul II.

Wir und gute Bekannte, die auch ihr jüngstes Mädchen dabei haben, sind glücklich, in der ersten Sitzreihe unsere Plätze zugewiesen bekommen zu haben. Der Papst kommt mit dem weißen *Papamobil* in die abgesperrte Gasse gefahren, wird von den Gläubigen jubelnd begrüßt, steigt kurz vor uns aus dem Wagen und reicht den Leuten der ersten Reihe die Hand. Er wendet sich auch den Behinderten zu. Den Heiligen Vater im direkten Kontakt zu erleben, schätzen wir als besonderes Glück ein. Langsam schreitet Johannes Paul II. zur Freiluft-Papstzone und begrüßt die jeweiligen Gruppen der Audienzteilnehmer in ihrer Landessprache. Fünfundzwanzig Kardinäle sind um den Papst versammelt.

Nach der Audienz gehen wir mit der italienischen Reiseführerin zu den *Vatikanischen Gärten*. Sie erinnert erneut, dass sich in Rom Diebe herumtrieben, die auf das Bestehlen von Touristen aus seien. Die Teilnehmer der Gruppe erfreuen sich der schönen botanischen Anlagen. Plötzlich hört man einen Aufschrei: „Meine Tasche!“ Tatsächlich hat sich ein Dieb unter die vielen Besucher gemischt, der einer Dame die Tasche entreißt, diese in eine Zeitung einwickelt und mit der Beute in der Menge verschwindet.

Ein Tag ist für die Besichtigung der *Vatikanischen Museen* eingeplant. An den Wänden im Museum hängen riesige handgeknüpfte Teppiche mit biblischen Motiven und Ölgemälde von namhaften italienischen Malern, besonders aus der Renaissancezeit, auch vom berühmten Maler Raffael. Wir gehen weiter bis in die *Sixtinische Kapelle*, die mit Fresken von Michelangelo ausgestattet ist. Das Genie hat hier eines seiner größten Werke an Decke und Wänden vollendet. An der Gewölbedecke ist die Schöpfungsgeschichte dargestellt – mit geheimnisvoll erhabenen Gestalten, die als Propheten ihre Weltvorstellung widerspiegeln. Im Mittelpunkt steht die ›Vertreibung aus dem Paradies‹. Ein Chronist des Mittelalters schreibt, Michelangelo habe mit dem Rücken auf dem Gerüst gelegen und die Fresken mit Blick zur Decke gemalt. Teilchen des frischen Kalkes lösten sich manchmal und fielen auf sein Gesicht und in die Augen des Künstlers. Der ätzende frische Kalk habe seine Augen geschädigt.

An der Altarwand hat Michelangelo das alles überwältigende Fresko vom ›Jüngsten Gericht‹ dargestellt. Die Mitte des Wandbildes beherrscht Christus in nach vorn strebender Haltung. Der gewaltige Körper von Christus ist zum Richten der Auferstandenen eingetroffen. Die Sünder und die Gerechten verharren in ruhiger abwartender Stellung, aber einige ergreifen die Flucht. Michelangelo hat sich selbst in der unteren Ecke des Bildes als Büßenden gemalt. In der Sixtinischen Kapelle finden einige der wichtigen feierlichen Zeremonien der römischen Kurie statt. Die Kardinäle und auch auserwählte Kirchenlehrer des ganzen Erdkreises sind hier im Jahr 1962 zusammengekommen, um mit Papst Johannes XXIII. das Zweite Vatikanische Konzil abzuhalten und wichtige Entscheidungen zu treffen. Die Kardinäle wählen hier im Konklave einen neuen Papst.

Am Nachmittag geht unsere Familie erneut zur *Engelsburg*, die sich in kurzer Entfernung vom Petersplatz befindet. Der Weg von unserer Unterkunft begünstigt, dass wir oft die *Engelsbrü-*

cke passieren. Bis unmittelbar zweihundert Jahre nach Christi hat die Engelsburg als Grabmal für Urnen gedient. Die Urnen mit der Asche der Kaiser sind hier beigesetzt worden. Auf dem Turm steht ein Engel; deshalb hat sie den Namen Engelsburg. Die Legende berichtet, dass ein Engel im Jahre 590 dem Papst Bregerius Magnus während einer feierlichen Prozession erschienen sei, und von diesem Zeitpunkt an habe die schreckliche Pest ihr Ende gefunden.

Blick über den Tiber zur Engelsburg (Öl)

Lange Zeit ist die Burg als Festung und Wohnsitz zum Schutz des Papstes und der Fürsten genutzt worden. Heute ist das *Castel Sant'Angelo* ein Museum. Die mit Engelstatuen belebte Brücke führt über den Tiber. Sie darf nur von Fußgängern betreten werden, damit sie von großen Belastungen geschützt wird und historisch erhalten bleibt.

Am späten Nachmittag fahren wir mit dem Bus zur *Domitilla-Katakombe*. Vor der unterirdischen Begräbnisstätte stehen einladend Palmen, Orangenbäume mit reifen Früchten und große Kakteen. Wir gehen in die Kirche, die zugleich den Eingang in die Katakombe bildet. Unser Bischof zelebriert hier zum Abschluss unseres Aufenthalts in Rom einen Gottesdienst, und ein Diakon hält die Ansprache. Aus der Kirche gehen wir direkt in die altrömische Katakombe, die den damals verfolgten Christen Schutz und Begräbnisstätte bot. Hier beginnt die Führung. Die Begleiterin führt uns durch verzweigte Gänge. In den ausgedehnten Gewölben fühle ich mich wie in einem Labyrinth mit unheimlichen Ecken und Winkeln. Sinnbilder und biblische Motive sowie Erlösungshoffnungen veranschaulichen die Anfänge der Christen. In den Seitenwänden sind Grabnischen in vier Stockwerken in den Stein gehauen. Die Toten sind darin beigesetzt worden. Figuren im Gestein und eingemeißelte Inschriften beleben die schroffen Wände.

Zum besseren Verständnis der Geschichte des Altertums habe ich für den Geschichtsunterricht während meiner Schulzeit einige Bücher von der alten ägyptischen, griechischen und römischen Geschichte gelesen. Nun ist mir das Glück beschieden, die Ereignisse dieser bewegten Zeit nachzuvollziehen. Über die vielen Eindrücke, die ich bei der Romfahrt erworben habe, denke ich nach. Mein Wissen von der alten Geschichte und dem Mittelalter ist nun bereichert. Mir kommen die Inhalte der Bücher ins Gedächtnis, die ich über das Altertum, das Mittelalter und die Ausgrabungen gelesen habe: *Götter, Gräber und Gelehrte*, *Ausgrabungen der Stadt Troja* durch Heinrich Schliemann, *Kampf um Rom*, aber auch *Der Kardinal*.

Mit dem Sonderzug verlassen wir die weltoffene Stadt Rom mit reichlich gespeicherten Eindrücken und fahren in Richtung Alpen. Am Abend kommen wir in der Zentralschweiz in Einsiedeln an. Wir werden bei winterlicher Kälte und Schnee im Hotel erwartet. Einen Tag verweilen wir dort, besichtigen das Benediktiner-Kloster, das im Barockstil ausgestattet ist. Das Gnadenbild der schwarzen Madonna aus dem 15. Jahrhundert ist ein Besuchermagnet für Touristen. Am Abend der letzten Station unserer Reise findet eine Lichterprozession in der Basilika statt.

Wir fahren durch das schöne, schneelandschaftliche Gebiet der Schweizer Berge und registrieren gedanklich die immer noch große Hitze in Rom im Gegensatz zum Norden. Zur Heimkehr in Deutschland ziehen die Wolken auf, und wir werden mit Regen bei typischem Herbstwetter empfangen.

Zu Hause angekommen, erwartet mich die vorübergehend unterbrochene Arbeitswelt. Die noch anstehenden Außenarbeiten am Anbau des Hauses muss ich vor dem Winter fertigstellen.

Die Reise nach Rom hat mich körperlich und geistig aufgebaut, denn meine berufliche Tätigkeit vor der Fahrt in Verbindung mit der körperlichen Arbeit am Bau bis in die Nacht hinein hat mir viel Kraft und Konzentration abverlangt. Bei der erholsamen Zugfahrt habe ich den Schlaf genossen, so oft mich die Müdigkeit überkam. Durch das reichliche Essensangebot kann ich die körperliche Widerstandskraft stabilisieren. Gut erholt und geistig wach werde ich zukünftig meine Kräfte in die Arbeitsprozesse einbringen.

Ein besonderer Dank gilt meiner Frau Charlotte, dass sie in jungen Jahren den Entschluss gefasst hat, ihren Beruf aufzugeben, um sich voll der Familie und besonders den Kindern zu widmen. Sie hält mir den Rücken frei und ich kann konzentriert meine Arbeit bewältigen. Charlotte ist für mich der Glücksfall, denn nur ein gemeinsames Miteinander kann schwierige Dinge des Lebens überbrücken und sie können zum Guten gewendet werden. Die beiden großen Kinder hat sie schulisch bis zum Abitur begleitet und sie können ihr Leben gestalten, auch im Studium ist sie hilfreich an ihrer Seite. Die Jüngste geht weiterhin schulisch ihren geraden Weg.

Einige Jahre später

Es ist ein heißer Sommertag und das Getreide ist eingeholt. Der Bauer hat in der Nähe unseres Hauses das Weizenfeld mit dem Mähdrescher abgeerntet. Für unsere Zwergkaninchen kann ich etwas Stroh gebrauchen, um den Kleinen ein weiches Lager zu bieten. Ich gehe aufs Stoppelfeld und stopfe mir zwei Säcke des liegengebliebenen, gehäckselten Strohs voll. Beim Abendessen bemerke ich, dass mein Ehering nicht mehr am Finger ist. Ich schütte die Säcke aus und werde nicht fündig. Meine jüngste Tochter, Charlotte und ich suchen auf dem Stoppelfeld bis in die Dunkelheit – ohne Erfolg. Am nächsten Tag nach Schulschluss sucht meine Tochter erneut auf dem Felde, denn es ist Eile geboten. Der Bauer könnte mit dem Trecker kommen und das Stoppelfeld mit dem Pflug schälen. Wo soll man den Ring noch suchen? Meine Tochter wollte schon das Suchen beenden, da sieht sie in der Mittagssonne pures Gold strahlen. Der Ring hat sich auf einem Strohhalm aufgefädelt, und die Sonne reflektiert den Glanz.

Nach geraumer Zeit schneide ich an einem schönen Tag die lange Rabatte der hüfthohen Buchsbaumhecke. Mit einer Hand bediene ich die elektrische Heckenschere und mit der anderen streiche ich die losen Ästchen und Blätter von der Hecke ab, damit das Abgeschnittene zusammengeharkt werden kann. Mehrere Meter der Buchsbaumhecke sind bereits bearbeitet, da kommt mein kleiner Enkelsohn zu mir gelaufen. Er kann noch nicht sprechen, aber er zieht mich an der Hand, führt mich ein paar Meter zurück und zeigt mir zwischen den Zweigen der Hecke meinen vom Finger abgestreiften Ehering, der glänzend im Geäst liegt.

An einem frostigen Herbsttag ziehe ich die Arbeitshandschuhe an und stapele Kaminholz. Bei der bewegten Arbeit wird mir warm und ich entferne die Handschuhe. Als ich die Arbeit beendet habe, gehe ich ins Haus. Ich lege die Hände in den Schoß und bemerke, dass etwas anders ist. Beim Betrachten meiner Hände sehe ich, dass mein Ehering fehlt. Ich gehe aus dem Haus und stapele das Feuerholz um, in der Hoffnung, den Ring zu finden. Es ist vergebliche Mühe. Der Ring bleibt verschwunden.

Im kommenden Frühjahr ziehe ich meinen alten Anorak an, der im Keller überwinterte. Mit dem Spaten beginne ich, ein Beet anzulegen und will für diese Tätigkeit meine alten Arbeitshandschuhe anziehen. Die Handschuhe stecken noch seit Herbst in den Taschen des Anoraks. Beim Anziehen fühle ich in einem Handschuhfinger einen harten Gegenstand. Das ist mein verloren geglaubter Ehering!

Charlotte spricht zu mir: „Dreimal verloren, dreimal wiedergefunden. Aller guten Dinge sind drei. Bewache das dreimalige Glück, dass es dir nicht mehr entgleite, denn bis zur goldenen Hochzeit, sofern Gott will, solltest du den Trauring treu bewahren.“

Heimische Vögel: Meisenarten (Öl)

Abschied von der Sparkasse

Meine Urlaubstage im heißen Sommer habe ich für Arbeiten im Haus und Garten verwendet. Am ersten Arbeitstag nach dem Urlaub sind in meinem Terminkalender dicht gedrängte Eintragungen vermerkt. Die dichte Terminfolge bedeutet für mich nichts Neues. Die Kundenberatungen, besonders nach meiner längeren Abwesenheit, sind in den Stau geraten. Verschiedene Kunden warten, bis ich wieder im Dienst bin.

Im Verlauf des Vormittags bekomme ich plötzlich einen heftigen Stich in die Brust, und der Schmerz verlagert sich auf den linken Oberarm und zieht zur Schulter. Ein Kunde sitzt mir gegenüber an meinem Schreibtisch. Ich bin beratend tätig. Das Gespräch führe ich zu Ende und verabschiede ihn. Meine Schmerzen habe ich unterdrückt. Niemand erhält Kenntnis von meinem schlechten körperlichen Zustand.

Ich denke: ‚Das ist ein eigenartiger Schmerz, den ich nicht beschreiben kann. So etwas habe ich nie gehabt, aber von Erkältungskrankheiten abgesehen, bin ich immer gesund geblieben.' Ich kann mich kaum sammeln, da steht der nächste Kunde in meinem Raum. Lückenlos gehen die Gespräche weiter.

Die Schmerzen ziehen von der Schulter in das Schulterblatt, und ich bin froh, dass die Mittagspause beginnt. Meine Kolleginnen und Kollegen essen im Sozialraum. Ich stelle die Rückenlehne meines Schreibtischsessels schräg und lege meine Beine auf den Schreibtisch. Nach dieser Ruhestellung lassen die Schmerzen nach. Da ich den Schmerzreiz nicht deuten kann, meine ich, es sei nur eine vorübergehende Erscheinung gewesen. Nach der Mittagspause habe ich weitere Kundengespräche, die ich mit leichtem Schmerz durchhalte.

Es ist Feierabend und meine Mannschaft kommt in mein Zimmer und verabschiedet sich ahnungslos, wie täglich üblich, mit Handschlag. Ich setze mich an meinen Schreibtisch, um noch

Einiges aufzuarbeiten. Unverhofft schießt mir wieder ein starker Schmerz in das Schulterblatt und mir flimmert die Luft vor den Augen. Mit dem Griff zum Telefonhörer informiere ich kurz meine Charlotte, dass ich sofort mit dem Auto nach Haus komme, denn ich habe Schmerzen, die ich nicht einordnen kann.

Kaum bin ich zu Hause angekommen, steht Charlotte mit ihrem Auto vor der Garage. Ich steige in ihren Wagen um, und wir fahren zum Hausarzt, der bereits durch meine Frau informiert ist. Während der ärztlichen Untersuchung ist der Krankenwagen unterwegs. Bei der Blutuntersuchung im Krankenhaus wird festgestellt, dass ich einen Herzinfarkt erlitten habe. Der Oberarzt gibt mir zu verstehen: „Sie haben großes Glück, dass Sie überlebt haben, obwohl Sie noch nicht aus der Gefahrenzone heraus sind und sich in unserer Behandlung befinden. Nur jeder zweite Patient überlebt einen Herzinfarkt und Sie haben zu allem Übel noch fast den ganzen Tag mit diesen Symptomen gearbeitet."

Während meiner Krankheitsphase benachrichtige ich meine Rentenversicherung, denn ich kann nicht ahnen, ob ich meine Arbeit wieder aufnehmen kann. Nachdem ich einigermaßen genesen bin, nehme ich meinen Arbeitsplatz ein. Die Rentenversicherung hat inzwischen die ärztlichen Gutachten eingeholt. Da ich ohnehin kurz vor dem Rentenalter stehe und viele Arbeitsjahre nachweisen kann, erhalte ich den Bescheid, dass ich sofort in den Ruhestand gehen darf.

Im Gespräch mit dem Sparkassenvorstand gebe ich kund, dass ich dem Angebot der Altersversorgung folgen werde, aber ich bleibe so lange an meinem Arbeitsplatz, bis ich alle laufenden Vorgänge fertiggestellt habe und eine geordnete Übergabe erfolgen kann. Für diese Tätigkeiten räume ich mir etwa einen Monat Zeit ein.

Mein letzter Arbeitstag nähert sich und ich bereite meine Abschiedsfeier vor. Da ich mit einer großen Anzahl der Geladenen rechne, reserviere ich den Sitzungssaal in der Hauptstelle. Von einem Feinkostladen bestelle ich ein kaltes Büfett und für Getränke ist gesorgt.

Nach Feierabend treffen der Vorstand, alle Kolleginnen und Kollegen mit leitenden Funktionen und gut bekannte Mitarbeiter sowie meine Familie ein.

Alle Anwesenden begrüße ich:

„Sehr geehrte Herren des Vorstandes, liebe Kolleginnen, Kollegen und Gäste,

ich begrüße Sie, Euch sehr herzlich und freue mich, dass alle meiner Einladung gefolgt sind. Dass Ihr gekommen seid, werte ich als Zeichen der Freundschaft und Ausdruck der Verbundenheit. Besonders begrüße ich die Herren Direktoren. Ich freue mich, dass Sie trotz knapp bemessener Zeit an meinem Abschiedsabend teilnehmen. Herzlichen Dank!

In der Mitte des letzten Jahres hätte ich nicht geglaubt, dass ich heute in den Ruhestand gehen werde. Viele Höhepunkte habe ich beruflich erreicht. Das 40-jährige Dienstjubiläum hätte ich im nächsten Jahr gern mit Euch gefeiert, doch das sollte nicht geschehen.

Ich bin dankbar, dass der Gesundungsprozess bei mir eingekehrt ist. In den letzten Monaten habe ich die ‚Feuerprobe' am Arbeitsplatz bestanden. Aber das konnte ich zum Zeitpunkt der Rentenantragstellung nicht vorausschauen.

Heute danke ich allen sehr herzlich, die mir während meiner Krankheit mündlich und schriftlich Genesungswünsche übermittelt und an mich gedacht haben. Mit dem heutigen Tage bin ich genau sechsundvierzig Jahre im Arbeitsleben eingebunden und davon einundvierzig Jahre in der Sparkassenorganisation tätig. In diesen Jahren ist die Zeit nicht nur schnelllebiger, sondern der Wortschatz auch griffiger und die Sprache ist inzwischen, nicht nur im Dienstgebrauch, voller Power und Abkürzungen.

Einige Veränderungen des Wortschatzes während meiner Arbeitszeit möchte ich kurz schildern:

ALS die Mitarbeiterzeitung ›Wir vom großen S‹, nicht
›Die Fürma‹, hieß,
man beim ›Sparkassenbrief‹ nicht auf ›Deka‹ verwies,
wir nicht ›Anleger‹ mit ›Aktien‹ geködert,
man Filialen ›eröffnet‹, nicht Geschäftsstellen ›verhökert‹
– das ist lange her …

ALS der Mitarbeiter noch den ›Kunden bediente‹,
nicht mit dem ›Computer kommunizierte‹,
der Kassierer dem Kunden noch ›Geld gab‹,
nicht ,Scheine aus Geldautomat‹,
man nach Telefonat ›Auf Wiederhören‹ hauchte,
nicht mit ›Tschüss‹ abtauchte,
man zur Begrüßung ›Guten Morgen‹ noch wünschte,
und nicht nur mit ›Hallo‹ die Nase rümpfte
– das ist lange her …

ALS die ›Kids‹ noch ›Kinder‹ hießen
›gesprochen‹, nicht ›getalkt‹ wurde,
man ›anrufen‹, nicht ›phonen‹ sagte
wir uns ›ausgeruht‹, nicht ›relaxt‹ haben
– das ist lange her …

ALS der ›Lover‹ noch der ›Freund‹ war,
man mit ›Hi‹ noch ›Guten Tag‹ meinte,
wir nicht ›happy‹ sondern ›fröhlich‹ lebten,
›kalorienarm‹ und nicht ›light‹ aßen
– das ist lange her …

ALS ›Shopping‹ noch der ›Einkaufsbummel‹
und ›Verbindung‹ noch keine ›Connection‹ war,
›flott gehen‹ noch nicht ›Walking‹ hieß,
die Arbeit ›eingeteilt‹, nicht ›getimt‹ wurde –
das waren noch Zeiten – und
– das ist lange her …

ALS man statt zur ›Lasershow‹ noch ins ›Kino‹ eilt',
die ›Party‹ gab, statt ›Fete‹ feiert,
noch ›Musik‹ hört, nicht ›Techno-Groove‹,
statt ›Brunch‹ gab ›Sektempfang und Menü-à-la-carte‹.
Nun, liebe Gäste, wird es ›hart‹,
Drum hebt das Glas! – Das find' ich klasse:
Auf unsere ›First-Class Stadtsparkasse‹!

Wir fahren fort in der Tagesordnung, kommen zum Punkt »Verschiedenes« und ich verweile beim heutigen Sprachgebrauch:
Vielleicht hat noch jemand etwas zu ›maulen‹?
Der möge sich durch die Tische ›kraulen‹!"

Der Vorstandsvorsitzende, eine Kollegin, ein Filialleiter und ein seit jungen Jahren mir gut bekannter Kollege begeben sich nach und nach ans Rednerpult, um die Anwesenden mit ihren Vorträgen zu behelligen und erheitern.

Zwei Vorträge erscheinen mir beeindruckend. Der Filialleiterkollege ist in seiner frühen Jugend zur See gefahren. Er ist ein freundlicher, humorvoller Mensch und hat auch auf Umwegen die Sparkassentätigkeit erklommen, ähnlich meinem beruflichen Weg. Unser abwechslungsreiches Leben führt oft zu teilnahmeerweckenden Gesprächen. Als junger Matrose hat der Kollege das Glück erfahren, eine Fahrt mit dem Segelschulschiff ›*Gorch Fock*‹ zu erleben. Eines Tages äußert er den Wunsch, er hätte gern ein Bild für seine Kellerbar von diesem großartigen Schiff. Die Bar ist nach dem Vorbild einer Kajüte eingerichtet. Zum Geburtstag habe ich ihm ein Ölgemälde dieses Schiffes auf stürmischer See geschenkt. Bei privaten Feiern im Kollegenkreis der Filialleiter bringt er seine Gitarre mit, und es werden Seemannslieder gesungen. Zu meiner Abschiedsfeier hält er diese Rede aus Seemannssicht:

„Man kann den Wind nicht ändern, aber die Segel richtig setzen. Diese Erkenntnis gilt nicht nur für die Seefahrt, sie lässt sich

ebenso auf den beruflichen wie den privaten Bereich von uns allen an Land übertragen.

In dieser Erkenntnis werden uns zunächst die Grenzen unseres Handelns aufgezeigt. Jedoch, der Einzelne steht nicht machtlos da. Wir sind aufgerufen, unsere Möglichkeiten zu nutzen, uns den Herausforderungen des Lebens zu stellen.

Du als scheidender Filialleiter bist jemand, der seine Möglichkeiten genutzt hat und sich auch den Anforderungen in jeder Lebensphase angepasst hat. Schon in deiner frühen Jugend hast du die Segel richtig gesetzt und den Kurs deines beruflichen Lebens, das du heute hier mit uns beenden willst, bestimmt.

Nach einer Lehre im Handwerksberuf und einem Gesellenjahr hast du dich wieder auf die Schulbank gesetzt und bist zur Handelsschule gegangen. Eine Lehre bei der Kreissparkasse schloss sich an. Auch in dieser Zeit hast du dich an der Abendoberschule weitergebildet. Aber dann war dir der Wind bei der Kreissparkasse nicht mehr genehm und du hast erneut Segel gesetzt. Dieses Mal in Richtung Stadtsparkasse. Das war im Jahre 1969.

Nach dem Durchlaufen einiger interner Abteilungen hast du dann als Filialleiter diese Stelle übernommen. Deshalb hast du bei der Sparkassenakademie deinen Betriebswirt gemacht. Du musstest auch bekanntermaßen für diesen Rang die Aufnahmeprüfung bestehen. In der Zeit deiner Abwesenheit habe ich dich in deiner Filiale vertreten. Dein Kollegium stand mir damals bei Fragen und Unwissenheit hilfreich zur Seite; somit habe ich deine Filiale in guter Erinnerung. Die Feier zum 25-jährigen Dienstjubiläum habe ich im Gedächtnis und im nächsten Jahr hättest du die vierzig Jahre feiern können. Aus persönlichen Gesprächen mit dir weiß ich, dass du dieses Ziel auch gern erreicht hättest.

Aber nun hat dich eine kräftige Windbö erwischt und du musst deine Segel neu setzen, um wieder auf den rechten Kurs zu kommen. Darum hast du heute Abend Freunde, Bekannte, Kollegin-

nen und Kollegen um dich versammelt, um dich mit ihnen aus dem Berufsleben zu verabschieden. Die Anzahl der hier Erschienenen spiegelt deine Beliebtheit und Kompetenz wider. Mit dir geht ein Stück mehr Filialleiterkultur dahin.

Meine Ausführungen möchte ich beenden und deiner Charlotte diesen Blumenstrauß überreichen. Bei unseren privaten freundschaftlichen Treffen in eurem Haus und Garten hat sie unsere große Runde immer wunderbar bewirtet. Dir wünsche ich gute Gesundheit und möge der Wind zukünftig immer aus der richtigen Richtung deine Segel füllen!"

Gorch Fock mit gesetzten Segeln (Öl)

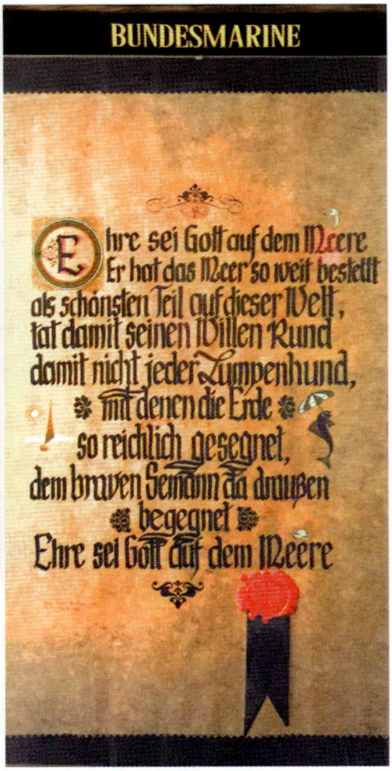

Gott zur Ehre

Der Kollege, der mich seit jungen Jahren auch privat sehr gut kennt, hält die Laudatio:

„Lieber anstrebender Rentner,

wir fallen über das Büffet bald her –
bis es gibt nichts mehr.
Doch zunächst, das ist so üblich –
wird geredet, beschwingt und wenig betrüblich.

In Reimen wird es diesmal sein –
manchmal war's für mich 'ne Pein.
Richtige Worte zu finden, war nicht immer leicht –
mancher Satz ist daher dürftig und recht seicht.

Im Jahre 1969 bist du zur Stadtsparkasse gekommen –
viel hattest du dir vorgenommen.
Jung und fesch bist du gewesen –
charmant, humorvoll und belesen.
Jetzt bist du alt geworden –
niemandem bleibt dies heut verborgen.

In die Organisation hat es dich zunächst verschlagen. –
An ungewohnte Arbeiten musstest du dich wagen.
Doch belesen, wie du warst, was ich bereits sagte -
und du dich unermüdlich plagtest.
Du schafftest auch diese Bürde –
verrichtetest du Handlangerarbeiten mit Erfolg und Würde.
Auch auf Filialen warst du hier und dort –
und du setztest deine Bemühungen fort.

Doch bald wurde es dir zu bunt, –
es musste anderweitig gehen rund.
Du wechseltest dein Betätigungsfeld, –
denn du wolltest wieder arbeiten mit Geld.
Die Wechselabteilung war dein neues Domizil –
Wechsel von Kaufleuten und Firmen gab es viel.

Den Wechselankauf und -einzug korrekt zu buchen –
die vielen Fälligkeitstermine nicht lange zu suchen.
Auch die Rediskontierung war möglich, –
allerdings nicht täglich.
Ein neues Betätigungsfeld musste her. –
Die Filiale lockte sehr.
So kam, was kommen sollte –
und unser heutiger Rentner auch wollte:
Die Filiale reizte dich sehr. –
In der Wechselabteilung hielt dich nichts mehr.

Bis heute hattest du dort zu tun –
ohne Rast und ohne Ruhen.
Kümmerst du dich um das Wohl der Kunden, –
nicht immer kamst du problemlos über die Runden.
Viele Überstunden mussten sein –
manch' Plagen und viel Pein.
Fleißig warst du, ohne Frage –
über Tage, Monate und Jahre.
Ansehen hast du damit erworben –
kurz gesagt: Aus dir ist etwas geworden!
Nach Filialleitung von dreißig Jahren –
werden viele Kunden fragen:
Wer macht für dich jetzt weiter?
So locker, sachlich, manchmal heiter?!

Dein Steckenpferd war der Wohnungsbau, –
den liebtest du, dort warst du besonders schlau.
Ob Erbbaurecht oder Eigentum, –
die Kollegen in der Kreditabteilung hatten viel zu tun.
Nichts war bei dir unmöglich. –
Sonderkonditionen manchmal nötig.
Gefordert hast du allesamt –
dich selbst, deine Mitarbeiter und den Vorstand.

Deine Kreditanträge waren häufig schwer –
auch ich als Sachbearbeiter liebte sie nicht sehr.
Umfangreich waren diese Dinger –
nur Arbeit klebte an den Fingern.
Sehr gut vorbereitet sind sie allerdings gewesen, –
man brauchte nur ausgiebig zu lesen.
Und fertig war der Kreditvorgang –
mit viel Grundschuld, manchmal blank.
Auch Versicherungen mussten sein –
Bausparverträge obendrein.
Alles wurde miteinander verquickt –
viele Anträge waren sehr verzwickt.

Die Zufriedenheit im Kundenkreis war groß, –
doch was machen sie jetzt bloß?
Denn ziemlich schnell hast du sie nun verlassen, –
manche können es noch gar nicht fassen.
Auch wir vor Ort konnten es kaum verstehen –
doch wir haben jetzt eingesehen:
Irgendwann musstest du gehen.

Dreißig Jahre in deinem kleinen Kämmerlein –
viel Arbeit, einsam, das war nicht immer fein.
Stundenlang hast du dort gesessen –
Umwelt und Familie oft vergessen.
Vom Schreibtisch zwei Meter bis zum Beratertisch –
Im Aquarium hat mehr Platz ein Fisch.

Die Zielvorgaben stimmten immer –
unermüdlich hocktest du in deinem Zimmer.
Auf eine erfolgreiche Berufslaufbahn schaust du zurück –
stets hattest du das Interesse der Kunden und Mitarbeiter im Blick.

Hinaus in die frische Luft musst du nun –
im Haus, Hof und Garten ist jetzt viel für dich zu tun.
Gern denken wir an die Zeit mit dir zurück –
und verlieren sie nicht aus unserem Blick.
Gute Erinnerungen bleiben unauslöschlich, –
die Zusammenarbeit mit dir unvergesslich.
Schreibtisch und Schrank sind nun leer –
es gibt in der Sparkasse für dich zu tun nichts mehr.
Diese Feier noch – das ist klar,
dann geht´s nach Haus – wie wunderbar.
Dies ist heute ein bedeutender Schritt –
beginnen wird ein neuer Lebensabschnitt.
Genieße ihn besonders mit Deiner Familie –
in Harmonie, bei guter Gesundheit und viel Liebe!

So, lieber Rentner – liebe Leute,
das soll 's gewesen sein von mir für heute.
Gedanken in Versform vorzutragen war mein Ziel.
Ich hoffe, es wurde nicht zu viel.
Ich bin am Ende mit meinem Latein –
und ich gebe zu, mancher Reim konnte einfältiger nicht sein.
Aber nur einen kleinen Rückblick wollte ich geben –
und keinen Anspruch auf ein literarisches Kunstwerk erheben.
Magen und Kopf sind leer, die Kehle ist trocken –
nur das Büfett kann mich jetzt noch locken."

Eine Kollegin meiner Filiale schließt sich den Rednern mit einem Lächeln an:

„Wir alle haben soeben dem Vortrag der Würdigung gelauscht, der, wenn auch stark gerafft, einundvierzig Jahre Sparkassenleben an uns vorbeiziehen ließ. Die Älteren unter uns sind sicherlich ein wenig berührt davon, wie schnell die Zeit vergangen ist. Die Jüngeren können sich wahrscheinlich so viele Jahre Sparkassenarbeit

gar nicht vorstellen. Egal ob alt, ob jung, alle, die wir heute hier zusammen sind, haben deinen Sparkassenweg ein Stück begleitet. Manchen von uns wird bei den Vorträgen die eine oder andere Anekdote eingefallen sein, die du gemeinsam mit uns erlebt hast.

Ebenso wollen wir mit dir zusammen deinen letzten Arbeitstag ausklingen lassen. Es bleibt uns nur noch, dir unsere besten Wünsche mit auf den Weg zu geben.“

An die Gäste richte ich die folgenden Worte:

„Zum Abschluss meiner Arbeit haben Sie mir einen wunderschönen Abschied bereitet. Ganz herzlich danke ich für die Bereicherung meiner Abschiedsfeier durch die liebenswürdigen Beiträge, humorvollen Reden und Reime, die herzhaften, geistigen Ergüsse und ebenso die freundlichen Wünsche. Die mir sehr angenehmen Gäste haben zur lebhaften Geselligkeit und zum fröhlichen Ausklang dieses Abends beigetragen. Alle Gäste haben in reicher Fülle, während meiner aktiven Zeit, Freude ausgestrahlt, die mir, wie viele Höhepunkte im Leben, unvergesslich bleiben. Meine geheimen Wünsche für den Verlauf dieser Feier sind weit übertroffen worden.“

An den Vorstand gerichtet, sage ich:

„Ich freue mich sehr, dass Sie meiner Einladung gefolgt und auch ans Rednerpult getreten sind, um mir die guten Wünsche für die Zukunft persönlich auszusprechen. Das langjährige Wirken für die Stadtsparkasse ist nicht vergessen. Mein Selbstwertgefühl haben Sie besonders gestärkt, und so scheint es sich für mich in der Tat zu bestätigen: ›Jeder nimmt, jeder gibt, so ist das Leben, und jeder gibt, was er hat.‹ Ich habe mich zeitlebens bemüht, nach bestem Willen vielseitig zu geben, und ich erhalte nun reichhaltige Früchte zurück. – Der Dichter Goethe sagte einst »Der Anblick des Gebers ist, wie die Gaben, sehr erfreulich«. Nun bitte ich zum kalten Büfett!“

Inspiriert durch die Abschiedsgeschenke meiner Kollegen widme ich mich in den nächsten Tagen dem Lesen von Büchern. Besonders fasziniert mich *Klingsors letzter Sommer* von Hermann Hesse. Er berichtet über die letzten Lebenstage des Malers Klingsor. Dieser sitzt an einem Platz, an dem das Leben pulsiert und malt sein letztes Ölgemälde auf die Leinwand. Die präzise Bildbeschreibung des Dichters mit genauen Farbbezeichnungen setze ich in Öl um.

Klingsors letzter Sommer, nach H. Hesse (Öl)

Den Auftritten in den Vereinen bin ich zunächst ferngeblieben und ich verweile in der Hoffnung, eines Tages wieder im Blasorchester mitspielen zu können. Die wöchentlichen Proben und die Geselligkeit vermisse ich ein wenig. Besondere Freude wird mir regelmäßig zuteil, wenn eine Abordnung des Orchesters meine Familie und mich anlässlich einer Feier zu Hause besucht oder am ersten Mai mit Mailiedern weckt, ebenso auch in der Adventszeit, wenn uns die Bläser mit Weihnachtsliedern im Garten überraschen.

Schon die Abendglocken läuten (Öl)

Neu gesetzte Segel

Zu Beginn meines Ruhestands sind meine drei Kinder noch im Studium. Charlotte und ich müssen zunächst unsere Geldausgaben neu planen. Unser Sohn wird bald seine Studienzeit beendet haben, und bis zu dieser Zeit soll die finanzielle Lage geregelt sein. Für mich ist wichtig, die neue Situation und die Art des Lebens in den Alltag einzuordnen. Der Arzt gibt mir die Empfehlung: „Sie dürfen sich nicht hinter den Ofen setzen und Ihren Zustand bedauern, sondern die Grenze der Belastbarkeit voll ausnutzen, besonders bei der körperlichen Arbeit. Sie werden selbst spüren, wo Ihre Kraftanstrengung zur Überbelastung führt. Schließen Sie sich auch einer Herzsportgruppe an!"

Radfahren mit Enkelkindern am Fluss (Öl)

Die Ansage des Kardiologen nehme ich ernst und spüre die stetige Besserung meines körperlichen Zustandes. Der Herzsport unter Leitung und Betreuung von Therapeuten bewirkt eine Heilung von Leib und Seele. Bei diesem Sport ist immer ein Arzt anwesend. Mein Körper wird stabiler, und schließlich verrichte ich sämtliche Arbeiten, ohne darüber nachzudenken, ob ich die gesteigerte Leistung erbringen darf.

Mein Betätigungsfeld sehe ich im Haus, Garten und beim Helfen in der großen Familie. Die Aktivitäten in den Vereinen nehme ich auf und mit der Zeit merke ich, dass ich wieder voll belastbar bin. Ich wende mich meinen Hobbys zu, gebe mich dem Malen hin und spiele auch wieder Tuba. Sogar längere Märsche, auf der Tuba spielend, sind für mich kein Hindernis. Über die Entwicklung meines körperlichen Zustandes bin ich erfreut.

Die Jahre vergehen und ich habe das Glück, mich über acht Enkelkinder zu erfreuen. Ich sehe, wie die Kinder heranwachsen, sich schulisch entwickeln und den verschiedenen Hobbys nachgehen, denn die Familien unserer drei Kinder wohnen in unserer nächsten Umgebung. Charlotte oder ich können jederzeit unterstützend mitwirken.

Den Fahrdienst mit dem Auto zu den Hobbyveranstaltungen der Enkelkinder führe ich häufig durch. Sie sind mit unterschiedlichen Freizeitbetätigungen an verschiedenen Orten unterwegs. Mir macht es Freude, die gegensätzlichen Betätigungen, wie Fußball, Reiten, Klavierunterricht und Musizieren mit Blas- sowie Streichinstrumenten anzuschauen. Die schulischen musikalischen Veranstaltungen besuchen Charlotte und ich mit den Enkelkindern. Die Konzerte der Bigband oder der Schulorchester hören wir uns gern an. Auch die Reitturniere werden besucht. Das besondere Interesse wird durch das Mitwirken unserer Enkelkinder geweckt.

Einige Enkelkinder entwickeln besonderes Interesse für Fahrten in heimatlicher Umgebung; deshalb fahre ich mit ihnen oft in verschiedene Richtungen zu Museen, Burgen, Schlössern oder in reizvolle landschaftliche Gegenden. Bei einem winterlichen Ausflug geht es mit dem Auto auf den Hügel, der eine alte Burg und eine Kirche trägt. Ich stellte den Wagen ab, um das Gelände in winterlicher Idylle zu besichtigen. Die Kinder entdecken zwei Esel, die ganz zutraulich bis zum Zaun kommen und sich streicheln lassen. Gegenüber der Kirche steht das Pfarrhaus. Der Pfarrer ist Tierliebhaber und unterhält im Pfarrgarten in mehreren Ställen eine reichhaltige Kaninchen- und Hasenzucht. Das Grundstück ist frei zugänglich. Die Kinder haben Freude an der Vielfalt der verschiedenen Rassen mit farblichen Unterschieden, putzigen Gesichtern oder riesigen bis zu kleinen Löffeln.

Wir bewegen uns weiter in Richtung des Turms der Burg, Da entdeckt die Oma Charlotte, entlang des Pastorengrundstücks aufgereiht, einige Porutscher, an dem Holzzaun hängend. Die Kinder schnappen sich diese Rodelelemente, sausen damit den Abhang hinunter und tummeln sich des Nachmittags im Schnee.

In der Abenddämmerung kommen die freilaufenden Hühner nach und nach angerannt, passieren die geöffnete Tür im Nebenraum des Glockenturms der Kirche. Sie nehmen Schlafplätze im Inneren des Gebäudes auf der breiten Leiter ein. Für die Kinder wird es nun interessant, denn die nachfolgenden Hühner und der Hahn wollen ihre Stammplätze erobern. Es folgt ein Schieben und Hacken und andere müssen ihren Platz von der oberen Sprosse räumen, um sich unten einzurichten, Nach viel Rempelei dauert es einige Zeit bis die Rangordnung hergestellt ist und die Nachtruhe beginnen kann. Für solche Tagestouren mit kleinen Erlebnissen sind unsere Enkelkinder stets zu begeistern.

Zum Glück bin ich stets optimistisch ans Werk gegangen und habe mich bemüht, bestmöglich aus schwierigen Situationen freizukommen. In meinem Leben bin ich oft mit Glück gesegnet worden. Nicht im Ziel wird man groß, sondern auf der Strecke, die zum Ziele führt.

An einem Wochenende betätige ich mich im Garten und plötzlich bekomme ich Schmerzen in der Brust, und mir flimmert die Luft vor den Augen. Ich gehe ins Haus, lege mich aufs Sofa und Charlotte verständigt unseren Sohn, der inzwischen als Arzt einen ausgiebigen Erfahrungsschatz hat. Er ist schnell zur Stelle, ich nenne ihm die Symptome, er bestellt sofort einen Rettungswagen.

Fernmündlich spricht er mit dem Kardiologen des Krankenhauses. Dort werden die Vorbereitungen für die Katheter-Untersuchung eingeleitet. Bei meinem Eintreffen ist alles vorgesorgt und das Ärzte- sowie Pflegeteam behandelt meinen zweiten Herzinfarkt. Dank der Schnelligkeit und der ärztlichen Kunst habe ich den Ernstfall glücklich überstanden.

Ein weiteres Ziel des Lebens dürfen Charlotte und ich ansteuern: Unsere Goldene Hochzeit ist in Sicht. Die Vorbereitungen zum frohen Ablauf der kirchlichen und privaten Feier übernimmt unsere jüngste Tochter, und ihre beiden Geschwister stehen ihr helfend zur Seite.

Die Goldhochzeit wird im eigenen Haus gefeiert. Überrascht sehen Charlotte und ich am frühen Morgen ein Plakat mit dem Aufdruck unseres Hochzeitsporträts in Lebensgröße an die Wohnzimmertür geklebt und mit dem Tagesprogramm versehen.

Die Festtafel ist eingedeckt, das kalte Büfett ist getafelt und um 11 Uhr treffen die Gäste ein. Abordnungen von Institutionen und Vereinen überbringen ihre Glückwünsche. Die Urkunden vom Innenministerium des Landes, vom Landkreis, vom Bürgermeister der Gemeinde und vom Ortsrat werden uns übergeben. Die Speisen werden gereicht, und die Gläser klingen. Es kommt zu lebhaften Gesprächen und die kleinsten Enkelkinder verweilen gern auf einem Schoß der Anwesenden. Langsam verabschieden sich die offiziellen Gäste und die Verwandten und Geladenen richten sich auf 14 Uhr ein, um zur Kirche zu gehen.

Der Herr Pfarrer hält eine feierliche Andacht. Seine Ansprache leitet er mit den Worten von Friedrich Schlegel ein:

„Das erste in der Liebe ist der Sinn füreinander
und das Höchste ist der Glaube aneinander. –

Am 19. April 1969, im Jahr der ersten bemannten Mondlandung, stand das Brautpaar vor dem Traualtar, um einander das Ja-Wort zu geben. In diesem Jahr fällt dieser Tag auf den Karfreitag; deshalb findet die Feier am 17. April, dem damaligen standesamtlichen Hochzeitstag statt.

Den Traugottesdienst hatte der Freund des Bräutigams zelebriert, der damals frisch geweiht eine Stelle als Kaplan innehatte. Nach alter Tradition wurde im Hause der Brauteltern gefeiert und in deren Wohnort war auch die kirchliche Feier.

Mit ihren 21 Jahren hat die Braut Vertrauen zu dem Mann geschöpft, der, acht Jahre älter, vom gelernten Maler zum Sparkassenbetriebswirt in leitender Stellung aufgestiegen war. Trotz seines beruflichen Aufstiegs hat er sein handwerkliches Können beim Hausbau der Eltern eingesetzt und ehrenamtliche Tätigkeiten in der Pfarrgemeinde oder in Vereinen ausgeübt. Sie hatte sich also einen vielseitigen Mann mit großem Engagement im Beruf, mit hohem Verantwortungsbewusstsein für Familie und Freunde und vielen interessanten Talenten, der Umsetzung kreativer Bauvorhaben und der Hobbymalerei in Aquarell und Öl als Lebenspartner ausgesucht.

Gestützt auf seine Familienhistorie hat er im Jahre 2011 das Buch mit dem Titel »Heimat deine Sterne« als Roman geschrieben. Die Gedanken, eines Tages ein Buch zu schreiben, hat er ein halbes Leben lang mit sich getragen. So konnte seine Frau Charlotte davon ausgehen, dass es ihr mit diesem Mann an ihrer Seite, den sie von Beginn an als einen sehr angenehmen und belesenen Gesprächspartner eingestuft hatte, nicht langweilig werden würde.

Charlotte hatte sich nicht nur in diesen Mann verliebt, sondern sie mochte auch seinen Familiennamen, den sie bei der Heirat gern annahm. Die Bezeichnung ›Familienname‹ ist in diesem Fall gerechtfertigt, da im Hochzeitsjahr der Sohn zur Welt kam und elf Monate später die ältere Tochter. Somit war mit Beginn der Ehe zugleich ein Familienleben entstanden, das einer ehelich-partner-

schaftlichen Zweisamkeit ein Stück weit entgegenstand. So war es für Charlotte nicht mehr denkbar, ihre Vollzeitbeschäftigung in der Sparkasse, wo sie vor allem den lebendigen Kontakt zu den Kunden und das eigenverantwortliche Arbeiten geliebt hatte, weiter fortzusetzen. Auch gemeinsame Wünsche wie größere Reisen, etwa zur Mittsommernacht ans Nordkap, wurden auf die rosarote Wolke der Träume für die Zukunft befördert.

Jedoch spielt das Leben oftmals anders, als man es sich in den jungen Jahren des Verliebtseins ausmalt. Charlotte hat ihren Beruf nicht wieder aufgenommen, sondern sich – zugunsten der beruflichen Weiterentwicklung ihres Mannes – um das gesamte Management der Familie gekümmert, und auch die Reise nach Spitzbergen hat höchstens in der Vorstellung stattgefunden.

Die Anforderungen innerhalb der Familie ließen dem Gedanken eines auf eigenen Luxus fokussierten Lebens keinen Raum, denn zunächst galt es, die drei Kinder zu versorgen – hier wäre noch die zweite Tochter zu nennen, die als Nachzögling 1977 geboren wurde – alle drei in ihren schulischen Belangen und persönlichen Interessen zu fördern und jeweils durchs Studium zu begleiten. Dazu kamen später pflegerische Aufgaben für nahestehende Verwandte, derer sich insbesondere Charlotte mit voller Hingabe, Geduld, und Zuverlässigkeit angenommen hat. Damit hat sie im Laufe ihrer Ehe Qualitäten gezeigt, die ihr Mann schon am Anfang ihrer Beziehung in dem Wesen dieser jungen, schönen Frau erkannt zu haben schien. Wenngleich ihn zunächst ihre Unbefangenheit, ihr Charme und ihre Fröhlichkeit besonders bezaubert hatten, so war es doch auch ihre Unbeirrbarkeit, ihre Denkweise und Durchsetzungskraft, auf die er im wahrsten Sinne des Wortes ›bauen‹ konnte, denn nur aufgrund dieser Eigenschaften konnte er mit Charlotte zusammen ein großes Haus für seine Familie bauen, in dem heute Kinder und Enkelkinder ein- und ausgehen und das von seiner jüngsten Tochter und ihren Kindern mit bewohnt wird.

Das Engagement für Kranke hatte Charlotte in jener Zeit, in der sie viel Kraft in die Pflege von Familienangehörigen investiert hat, bei den Johannitern in einem Schwesternhelferkurs entwickelt. Dass ihr Sohn, der zunächst mit einer Ausbildung zum Sparkassenkaufmann in die Fußstapfen seines Vaters getreten war, dann noch Medizin studieren und sich somit genau in diesem Tätigkeitsfeld professionalisieren würde, hatte sie zu diesem Zeitpunkt nicht vermutet. Das Medizinstudium ihres Sohnes kam in den vergangenen Jahren ihrer Familie zugute, wenn ein medizinischer Rat oder schneller Handlungsbedarf gefragt waren.

An solchen Begebenheiten, in denen das Schicksal über das Leben bestimmt, spielt der Satz ›... in guten wie in schlechten Zeiten, in Gesundheit und Krankheit, bis dass der Tod euch scheidet‹, dem Sie beide mit Ihrem ›Ja‹ die ewige Gültigkeit zugesagt haben, eine besondere Rolle. Zu den ›guten Zeiten‹, die das Goldhochzeitspaar im Laufe seiner Ehe genießen durfte, zählen natürlich die vielen schönen Ereignisse mit den Kindern und Enkelkindern genauso wie der Spaß und die Freude an der gemeinsamen Aktivität in den Vereinen, wie dem Gesangverein, dem Musikzug bzw. dem Blasorchester sowie der Kolpingfamilie oder betrieblich ausgerichtete Geselligkeiten und die glücklichen Stunden mit Bekannten und Freunden.

Es gibt einige Reisen, die das Goldhochzeitspaar als ‚besonders' erlebt hat und denen beide ebenso unschätzbaren Wert beimessen, dass sie – nach eigener Aussage – genau diese Reiseziele noch einmal wiederholt anpeilen würden. Diese waren: Die Fahrt im Herbst des Jahres 1988 nach Rom und auch die individuell ausgestaltete Reise 1992 nach Ostpreußen in die Heimat Masuren des Mannes an ihrer Seite. Auch die Teilnahme am Passionsspiel von Oberammergau im Jahre 2000 bleibt unvergesslich. Ob sich der Wunsch des Jubelpaares, gemeinsam eine dieser Reisen zu wiederholen, erfüllt, hängt sicher auch von der Gesundheit und vom Willen Gottes ab, der den beiden hoffentlich in der nächsten Zeit gegeben sei.

Mögen dem Goldhochzeitspaar weitere glückliche, gesunde Jahre und ein Teil der Träume beschieden sein!"

Nach der Ansprache erhält das Goldhochzeitspaar den Segen und der Pfarrer überreicht die Urkunde des Bischofs ‚*Zum Goldenen Ehejubiläum*'.

Eine Sängerin betritt den Altarraum zum Sologesang. Zu meiner und Charlottes Überraschung singt sie alle Strophen des Liedes ‚*Heimat deine Sterne*'. Das Lied spiegelt den Titel meines Romans wider. Mir schießen die Tränen in die Augen und Charlotte ergreift meine Hand. Der Organist greift wieder in die Manuale und die Gäste singen die bekannten Lieder. Die kirchliche Zeremonie endet mit dem Lied ‚*Lobet den Herren*'.

Im Hause klingt die Feier mit reichlich Essen und Trinken und dem Ständchen einer Abordnung des Blasorchesters aus. Die musikalischen Untermalungen sind sehr unterhaltsam, und sie bereichern den festlichen Rahmen. Die Feier war und bleibt uns ein unvergessliches Erlebnis.

Die weltweit verbreitete Corona-Krankheit setzt ihren Lauf fort. Seit fast zwei Jahren beherrscht die böse Krankheit den Erdkreis. und es ist noch kein Ausweg in Sicht. Im großen Maße wird, beim Ausbruch der radikalen Krankheit, die Lunge durch Viren geschädigt oder zerstört. Die Menschen versuchen, sich mit Mundschutzmasken vor der Ansteckung zu schützen.

Ich erinnere mich an meine Kinder- und Jugendzeit als die damals herrschende Lungen-Tuberkulose auch die Erkrankten dahinsiechen und sterben ließ. Der Tuberkulose-Bazillus hat ebenfalls die Lunge zerstört, bis endlich eine Tablette dieser Krankheit den Nährboden entziehen konnte.

Während der Corona-Pandemie bekomme ich erneut Probleme am Herzen. Es muss dringend eine Korrektur an der Herzklappe durchgeführt werden. Meine Charlotte darf mich nur bis zum Eingang der Universitätsklinik begleiten und ich habe mich durch die aufgestellten Barrieren im Inneren des Gebäudes geschleust. Wegen der Ansteckungsgefahr sind Krankenbesuche völlig ausgeschlossen. Der schwierige Eingriff in die Herzkammern nimmt für mich einen glücklichen Verlauf. Meinen normalen Herzschlag habe ich zurückerobert. Charlotte bekennt voller Freude: „In deinem Leben hat dein Schutzengel über dich gewacht und dein schwaches Herz beschützt."

Ein kleines Zitat aus der Bibel kann bedenkenlos auf unsere Nachkommen angewandt werden:

> *Fragt eure Väter, wie es früher war,*
> *und eure Alten fragt, woher ihr kommt.*
>
> (Zitat: 5. Mose 32, 7)

Die Kinder fragen oft zu spät nach unseren und ihren Wurzeln. Durch Erzählen sollen heimatliche Erlebnisse und Geschichten stets lebendig bleiben.

Inhalt

Adalbert Bieneck wurde 1939 in Gansen/Ostpreußen geboren und unmittelbar nach dem Zweiten Weltkrieg in Reichenbach/Thüringen eingeschult. Durch die Wirren des Krieges musste er innerhalb der ersten drei Schuljahre vier Schulwechsel hinnehmen.

Nach Ende der Volksschuljahre begann er eine Malerlehre. Bei seinem Meister erhielt er Möglichkeiten zu künstlerischen Betätigungen. So wirkte er auch bei Aufträgen der Schriftmalerei, Kirchenmalerei sowie bei Vergoldungen oder Sgraffiti auf Hausfassaden und Restaurierungen von Kunstgegenständen mit. Seine Fähigkeiten im künstlerischen Gestalten zeigen sich u. a. in den Bildern der Kapitel und auf dem Umschlag dieses Buches.

In verschiedenen Formen der schulischen und beruflichen Weiterbildung erfüllte sich, nach einer Ausbildung bei der Sparkasse bis hin zum Betriebswirt, seine Lebensaufgabe.

Der Roman »*Heimat deine Sterne*«, den der Autor bereits in der zweiten Auflage veröffentlicht hat, stellt gleichsam die Vorgeschichte zum vorliegenden Buch dar.